NEW
COMPANY
MANAGEMENT

第2版

一看就懂的
新公司管理
全｜图｜解

林科炯◎编著

中国铁道出版社有限公司
CHINA RAILWAY PUBLISHING HOUSE CO., LTD.

内 容 简 介

本书循序渐进地讲解了初创公司管理工作的方方面面。全书共包括 10 章，其主要内容有：创业者必备素质、善用人才、制度管人、人员招聘、人才挑选、员工试用、入职与离职管理、员工保障、绩效管理、选拔人才、财务管理和公司执行力。

全书着重于实践操作，为入行不久的私营企业主及管理人员展示和讲解了一套非常实用地对人、财、物、信息的管理方法和策略，引导管理者用更轻松、更简单、更实用的方式来管理公司。

本书作为创业入门实用书籍，能帮助刚刚步入创业门槛的私营业主对公司内部的人员、财务、制度等进行管理和使用。同时也适合于想要了解公司入门管理却还没找到入门捷径的社会人士，以及希望通过本书了解公司管理的创业者。

图书在版编目（CIP）数据

一看就懂的新公司管理全图解/林科炯编著.—2 版.—北京：中国铁道出版社，2019.3（2022.1 重印）

ISBN 978-7-113-25097-3

Ⅰ.①一… Ⅱ.①林… Ⅲ.①公司-企业管理-图解 Ⅳ.①F276.6-64

中国版本图书馆 CIP 数据核字（2018）第 255904 号

书　　名：**一看就懂的新公司管理全图解**（第 2 版）

作　　者：林科炯　编著

责任编辑：张亚慧　　编辑部电话：(010)51873035　　邮箱：lampard@vip.163.com

封面设计：MX DESIGN STUDIO

责任印制：赵星辰

出版发行：中国铁道出版社有限公司（100054，北京市西城区右安门西街 8 号）

印　　刷：佳兴达印刷（天津）有限公司

版　　次：2016 年 5 月第 1 版　2019 年 3 月第 2 版　2022 年 1 月第 3 次印刷

开　　本：700 mm×1 000 mm　1/16　印张：15　字数：262 千

书　　号：ISBN 978-7-113-25097-3

定　　价：49.00 元

在如今大众创业的浪潮下，不少人都有这样的想法：与其为人打工不如自己当老板。在有一定经济基础和从业经验后，很多人会选择自主创业，因此私营企业主或管理人员越来越多，但这部分人刚开始却不一定清楚如何来经营和管理公司，如何来招人、用人以及管人。

于是，我们针对这部分读者专门策划了本书。本书立足于"切实可用"这一前提，讲解新公司在成立后如何进行人事、行政、财务等管理，帮助读者即学即用，短时间内成为胸有成竹的运营者。

本书内容

本书共 10 章，结合图示、图片和表格等对象对公司的管理等知识进行专业而深入的讲解，详尽有序地将企业管理制度的 4 个主要管理对象（人、财、物、信息）介绍给读者。

第 1 章　主要讲解创业者应该具有哪些素质，才能管理好和使用好员工，从而为自己创造效益。

第 2 章　主要讲解如何使用人、管理人，做到各尽其力，各司其职，让整个公司或企业高速有效地运作起来。

第 3 章　主要介绍使用制度来管理和要求员工的行为，以更好地营造出健康、和谐的生产关系，从而提高生产力。

第 4 章　主要介绍一些常用的招聘渠道和招聘方式，以及招聘中出现的误区等，帮助开公司或企业的新手或管理者，作为参考，使其更有效、快速地招聘到合适的人才来为公司或企业效力，从而创造价值。

第 5 章　主要介绍一些面试官怎样通过面试来发现、发掘和招聘到人才的一些常用方法和技巧。

第 6 章　主要介绍一套完整的员工试用、培训、入职到最后的离职程序和细节操作。

第 7 章　主要介绍一些常用和实用的员工保障的策略和方法，让员工更加心甘情愿地为公司工作和创造效益。

第 8 章　主要讲解绩效管理在竞争考核中来挑选干将的常用方法，帮助经营者和管理者找到合适和真正的左右手。

第 9 章　主要介绍如何与财务部门打交道、相关的财务知识，以及如何让公司资金发挥更好的作用。

第 10 章　主要讲解如何提高和挖掘员工执行力的常用方法和策略。

前言
PREFACE

本书特点

真实而实用

本书在创作过程中侧重于实践方面的讲述，摒弃"假、大、空"的套话，全面结合建立新公司管理的各种实践操作，帮助读者从细节入手，切实掌握新公司管理入门的技巧。

全面而详尽

本书以通俗易懂、简洁美观的方式讲解了新公司对人、物、财、信息四大对象的管理知识，为读者详细描绘了新人管理新公司的常用方法、策略以及相关实例。

可操作性强

全书内容涉及新公司管理入门的各个方面，在相关章节中配有大量图解、图示和表格来帮助读者更高效直观地学习新公司管理知识。

读者对象

本书作为创业入门实用书籍，能帮助刚刚步入创业门槛的私营业主或相关营销者、管理者对公司内部的人员、财务、制度等进行相关管理和使用。同时也适合于想要了解公司入门管理却暂时没找到入门捷径的社会人士，以及希望通过本书了解初创公司管理的相关读者。

编　者

2018 年 10 月

目　录

第1章　管他人之前先提升自身能力...1

　1.1　好老板必备要素..2

　　1.1.1　挖掘下属潜力..2

　　1.1.2　鼓励下属奋力..3

　　1.1.3　建立沟通渠道..4

　　1.1.4　给予萝卜和大棒..5

　1.2　要懂得怎样放权..6

　　1.2.1　为什么要授权..7

　　1.2.2　如何进行授权..7

　　1.2.3　授权的注意事项..9

　　1.2.4　找对你打算放权的人..9

　　1.2.5　放权后也要适时询问...10

　　1.2.6　给予支持措施...10

　　1.2.7　为下次放权做"检讨"...10

　1.3　管理中的危机应对...11

　　1.3.1　应对不听话的员工...11

　　1.3.2　遭遇冲突时的应对...12

　　1.3.3　危机应对方法...12

　1.4　善于权利制衡...13

　1.5　明升暗降法巧妙运用...14

　1.6　管理者应懂得的 N 条法则..14

　　1.6.1　手表定理——制定唯一有用的标准...14

　　1.6.2　鲶鱼效应——调动员工积极性...15

　　1.6.3　责任分散效应——工作分配落到实处...16

　　1.6.4　二八定理——分清主次工作...17

　　1.6.5　青蛙效应——居安思危...18

　　1.6.6　螃蟹效应——避免互扯后腿...19

　　1.6.7　刺猬效应——保持适当距离...19

第 2 章　人才管理，公司要善用人才 21

2.1　对能力强大的人才重用 22
2.1.1　能人虽少，威力巨大 22
2.1.2　不能因为有风险而不使用能人 23
2.1.3　放开手脚用能人 23
2.1.4　企业的发展离不开人才 23
2.1.5　两种人才缺一不可 24
2.1.6　人才是制胜之本 24
2.1.7　寻求既懂技术又善经营的精明之士 25

2.2　忠诚第一，能力第二，奸人坚决不任用 25
2.2.1　忠诚比能力更重要 26
2.2.2　对有才无德的人需早加防范 27
2.2.3　道德准则不能违规 28
2.2.4　任用帅才需先考察人品 29
2.2.5　选接班人不能赌运气 30
2.2.6　反对你的人并不是不忠 31
2.2.7　使用将才的多个标准 32

2.3　知人善任，用好人才是关键 33
2.3.1　给能人以用武之地 33
2.3.2　把人才用在合适的岗位上 34
2.3.3　"大材小用"是资源浪费 37
2.3.4　用人应考虑负面条件 38
2.3.5　重视个性鲜明的人才 38
2.3.6　不拘一格选人才 39
2.3.7　防止助手变对手 39
2.3.8　欲得千里马，先爱百里驹 40

2.4　判断员工是否适合现在的职位 41
2.4.1　观察员工的表现 41
2.4.2　询问员工的感受 41
2.4.3　考察员工的业绩 42
2.4.4　重视多方的反馈 42
2.4.5　利用测试表 42

2.5　怎样留住人才，为我所用 ………………………………………………… 42

　　2.5.1　从招聘环节做起 ………………………………………………… 43

　　2.5.2　留意培训环节 …………………………………………………… 43

　　2.5.3　做好在职员工的工作 …………………………………………… 44

第3章　有法可依，管人要用制度说话 ………………………………… 45

3.1　公司管理重在有法可依 …………………………………………………… 46

　　3.1.1　纪律是公司的生命 ……………………………………………… 46

　　3.1.2　"人治"不如"法治" …………………………………………… 48

　　3.1.3　没有规矩，不成方圆 …………………………………………… 48

　　3.1.4　对违规的人绝不手软 …………………………………………… 49

　　3.1.5　实施惩罚也要按规矩来 ………………………………………… 49

　　3.1.6　人情归人情，事情归事情 ……………………………………… 50

　　3.1.7　管理要讲究层次分明 …………………………………………… 51

3.2　制定制度的好处有哪些 …………………………………………………… 52

　　3.2.1　制度不完善，麻烦就不断 ……………………………………… 52

　　3.2.2　令行禁止，监督好使 …………………………………………… 53

　　3.2.3　好制度会使坏人变好 …………………………………………… 53

3.3　制定公司制度要注意哪些问题 …………………………………………… 54

　　3.3.1　制度的制定及形成时要把握和遵循的原则 …………………… 54

　　3.3.2　制定规章制度要让大家参与 …………………………………… 55

　　3.3.3　规章制度的设计要点 …………………………………………… 56

　　3.3.4　一定要推行"标准化" …………………………………………… 58

　　3.3.5　避免使公司的规定流于形式 …………………………………… 58

　　3.3.6　公司/企业规则制度修订程序 …………………………………… 60

3.4　新公司到底要制定哪些制度 ……………………………………………… 61

　　3.4.1　行政管理制度 …………………………………………………… 61

　　3.4.2　人力资源管理制度 ……………………………………………… 62

　　3.4.3　营销管理制度 …………………………………………………… 64

　　3.4.4　质量管理制度 …………………………………………………… 64

　　3.4.5　采购与仓储管理制度 …………………………………………… 65

3.5　怎样避免制度化管理的误区 ……………………………………………… 66

第4章 人员选拔，招聘工作一步到位 69

4.1 招人不难，几大误区须防范 70
4.1.1 学历误区 70
4.1.2 经历误区 71
4.1.3 测评误区 72
4.1.4 程序误区 73
4.1.5 相貌误区 73

4.2 有条不紊，怎样制订招聘计划 74
4.2.1 招聘应坚持的原则 75
4.2.2 招聘计划的内容 75
4.2.3 招聘计划的制作流程 76

4.3 选择招聘渠道，广泛搜罗人才 77
4.3.1 现场招聘 77
4.3.2 网络招聘 78
4.3.3 校园招聘 78
4.3.4 媒体广告 79
4.3.5 人才介绍机构 79
4.3.6 内部招聘 80
4.3.7 员工推荐 81

4.4 未雨绸缪，做好招聘前的准备工作 82
4.4.1 申请招聘费用 82
4.4.2 选择招聘时间和地点 83
4.4.3 招聘前的工作会议 84
4.4.4 招聘的文案设计 84
4.4.5 招聘物品准备 85
4.4.6 招聘的现场安排 85

4.5 千里姻缘一线牵，高效预约应聘者 86
4.5.1 电话预约值得注意的细节 86
4.5.2 电话预约面试时的规范谈话流程 88

第5章 慧眼识才，如何挑选人才 89

5.1 如何组织面试 90
5.1.1 筛选简历 90
5.1.2 通知面试 90
5.1.3 正式面试步骤 91
5.1.4 面试小结和建议 91

5.2 面试的提问方式 92
5.2.1 面试前的准备 92
5.2.2 常用的招聘提问方式 92
5.2.3 高效面试的技巧小提示 94

5.3 几种新的面试技巧 95
5.3.1 行为描述面试技巧法 95
5.3.2 能力面试技巧 96
5.3.3 压力面试 97
5.3.4 惯性心理测试 100

5.4 识别求职者谎言的秘诀 100
5.4.1 口头语言 101
5.4.2 肢体语言 101

第6章 员工试用、入职与离职管理 105

6.1 新员工试用期培训与管理 106
6.1.1 试用期应注意的法律问题 106
6.1.2 为什么要对员工进行培训 108
6.1.3 员工培训的方法 109
6.1.4 员工培训的步骤 111
6.1.5 试用期员工管理误区 111
6.1.6 试用期内用人单位是否可以解除劳动合同 112
6.1.7 如何处理劳动合同与服务期不一致 113

6.2 新员工入职培训与管理 113
6.2.1 员工招聘录用管理制度 113
6.2.2 明确培训目的 114
6.2.3 拟定详细的新员工培训计划 115

6.2.4 培训评估 115

6.2.5 员工转正定级工作标准及考核办法 116

6.2.6 如何做好新员工的入职管理 116

6.2.7 入职员工管理规定 117

6.3 新员工入职劳动合同管理 119

6.3.1 劳动合同的基本内容及订立原则 119

6.3.2 劳动合同的风险预防 120

6.3.3 劳动合同的法定必备条款 121

6.3.4 劳动合同的变更 124

6.4 员工离职时的妥当处理 125

6.4.1 员工离职处理原则 125

6.4.2 离职的流程 126

6.4.3 离职缘由和影响 129

6.4.4 进行离职谈话 130

6.4.5 离职防范与目标 133

6.4.6 离职手续/证明 134

6.4.7 离职处理技巧 135

6.4.8 员工离职管理制度 136

第 7 章 员工有保障，企业发展的根本 137

7.1 确定员工薪资水平 138

7.1.1 确定薪资水平的要点 138

7.1.2 薪资制定的科学方法 138

7.1.3 给予员工合理的激励 140

7.1.4 薪资总额包含的内容 142

7.1.5 根据生命周期定薪资 142

7.1.6 公司成本核算指标 143

7.2 用福利留住人心 144

7.2.1 福利的具体形式 144

7.2.2 奖金的具体形式 145

7.3 员工福利与奖金的设计 147

7.3.1 奖金的设计 147

7.3.2 津贴补贴的设计 148

7.3.3 福利的设计 150

　　　7.3.4　弹性福利计划 150

　7.4　薪酬体系调整与管理 151

　　　7.4.1　薪酬预算的方法 151

　　　7.4.2　自助式薪酬管理 152

　7.5　员工社保购买和处理办法 153

　　　7.5.1　了解员工社保购买的险种类型 153

　　　7.5.2　社保缴费基数和比例算法 153

　　　7.5.3　员工离职停缴社保处理 155

　　　7.5.4　在职员工社保卡遗失的补办处理 155

第 8 章　绩效管理，在竞争考核中挑选干将 157

　8.1　合理进行绩效考核 158

　　　8.1.1　什么是绩效考核 158

　　　8.1.2　不同人员的绩效考核要点 158

　　　8.1.3　绩效考核的类型 161

　　　8.1.4　绩效考核各种模板 162

　8.2　怎样制定绩效考核目标 167

　　　8.2.1　绩效目标的内容 167

　　　8.2.2　绩效目标制定的 SMART 原则 167

　　　8.2.3　绩效目标的分解 168

　　　8.2.4　绩效目标制定的关键环节 168

　8.3　掌握必要的绩效考核方法 169

　　　8.3.1　只有绩效考核还不够 169

　　　8.3.2　绩效管理要走出误区 169

　　　8.3.3　合理考核可以产生绩效 170

　　　8.3.4　考核是为了发现人才 171

　　　8.3.5　确定绩效考核的期限 171

　　　8.3.6　将工作态度纳入考核之中 171

　8.4　鼓励竞争，深层次挖掘员工的潜力 172

　　　8.4.1　把收入和业绩挂钩 172

　　　8.4.2　点滴功劳也要立刻奖励 173

　　　8.4.3　好经理带出好队伍 173

　　　8.4.4　让属下给自己打分 173

8.4.5 制造工作中的危机感 174
8.4.6 人才都是逼出来的 174

8.5 奖勤罚懒，鼓励和扶持创新 174

8.5.1 对有贡献者论功行赏 175
8.5.2 奖励不当会使人变坏 175
8.5.3 成就感激发人才创造力 175
8.5.4 给员工创造脱颖而出的机会 176

8.6 利益分享，给员工应有的待遇 177

8.6.1 重金之下必出能人 177
8.6.2 留住最佳业绩贡献者 177
8.6.3 金钱上做一点牺牲是必要的 178
8.6.4 让能人先富起来 178

第9章 做好财务管理，公司才能出利润 179

9.1 不可不懂的财务知识 180

9.1.1 新公司如何建账 180
9.1.2 短期财务报告中应涉及哪些重要变量 180
9.1.3 成长性公司财务管理经常出现哪些隐性问题 181
9.1.4 管好、用好资金从哪几个方面入手 181
9.1.5 解决现金流问题的措施有哪些 183
9.1.6 如何加强公司财务控制 183
9.1.7 如何找一个好的兼职会计 184

9.2 如何与税务部门打交道 185

9.2.1 了解公司要交哪些税 185
9.2.2 无偿转让不动产也要缴纳增值税吗 185
9.2.3 公司的公益性捐赠需要纳税吗 186
9.2.4 要成为增值税的一般纳税人应当提供哪些资料 187
9.2.5 怎样进行税务登记 187
9.2.6 国地税合并后一起申报缴纳 189
9.2.7 公司没有收入怎样申报 190
9.2.8 公司经营有困难时能否申请延期缴纳税款 191
9.2.9 应对税务检查需要掌握的实用技巧 191

9.3 细节是小公司"损益表"的调节器 192

9.3.1 一手抓增收，一手抓节支 192

9.3.2 不疏小利，积少成多 193

9.3.3 节约首先要杜绝浪费 193

9.3.4 千方百计提高工作效率 193

9.3.5 采购是公司节约的源头 193

9.3.6 减少内耗带来的资源浪费 194

9.3.7 发挥办公用品的最大价值 195

9.3.8 在合法避税上找回一些利润 196

9.4 让公司出的每一分钱都产生价值 198

9.4.1 手头资金要用活 198

9.4.2 保证公司不花"冤枉钱" 198

9.4.3 把握投资的"商情" 199

9.4.4 投资前要调查摸底 199

9.4.5 读懂报表，活用报表 200

9.4.6 设一个精明的财务机构 201

9.4.7 让财务部门参与重大决策 202

9.4.8 利用商业信用借贷 202

9.5 新公司需要的财务管理制度 203

9.5.1 对流动资产的管理 203

9.5.2 固定资产的管理 203

9.5.3 成本费用核算管理 204

9.5.4 财务报表 204

9.5.5 对财务档案的管理 205

第 10 章 公司管理，执行力也很重要 207

10.1 管理执行不到位，公司发展没希望 208

10.1.1 企业发展慢，根源在执行 208

10.1.2 想法再好不如执行到位 208

10.1.3 执行到位就要做到"三位一体" 209

10.1.4 完美执行力的五大标准 210

10.1.5 高层用人观，影响员工执行力 210

10.1.6 既要愿意执行，更要执行到位 210

10.2 如何提升员工执行力 211

10.2.1 清空团队"污水"，调动员工积极性 211

10.2.2 营造归属感，让员工找回自我价值感 212

10.2.3　给员工的承诺一定要兑现 212

10.2.4　高层朝令夕改，人心涣散 213

10.2.5　尊重员工是调动员工积极性的有效方法 213

10.2.6　多给新员工积极正面的导向 214

10.2.7　实现人性化的岗位安排 214

10.3　深入分析员工个人因素，挖掘员工执行力 215

10.3.1　针对虎头蛇尾类型的员工 215

10.3.2　针对害怕出错类型的员工 215

10.3.3　针对丧失感觉类型的员工 216

10.3.4　针对敷衍了事类型的员工 218

10.3.5　针对没有团队意识类型的员工 219

10.4　提升执行力的几条锦囊妙计 221

10.4.1　对员工多点激励，员工就多点动力 221

10.4.2　给管理人员多一点放权，让其发挥最大潜力 222

10.4.3　在小事上多给员工一些指导和帮助 223

10.4.4　适时给下属"戴高帽"和表扬 224

10.4.5　亲身指导，在共事中让员工感受专业 225

第1章

管他人之前先提升自身能力

作为公司或企业的创办者和管理者，一定要具备相应的条件和素质，这样才能做好工作。掌握一些管理员工的方法，从而使得公司或企业更加健康、积极地发展，获取更多的收益，同时也能走上所谓的成功之道，否则您就可能是创业失败阵营中的一员。

好老板必备要素

懂得怎样放权

管理中的危机应对

手表定理——制定唯一有用的标准

鲶鱼效应——调动员工积极性

二八定理——分清主次工作

青蛙效应——居安思危

刺猬效应——保持适当距离

1.1 好老板必备要素

随着我国经济的发展，经济结构开始转型，国家提出了大众创业、万众创新的口号，作为我国经济新常态下的发展双引擎之一，也就是鼓励大家进行投资创业，支持个体户和小微企业等，这是一个对老百姓非常有利的国策。

不过在投资创业前，一定要知道一个要创业的老板应该具有哪些必备的要素；否则，即使国家再扶持鼓励，也不一定成功。下面就对这些要素进行介绍。

1.1.1 挖掘下属潜力

每个人的潜力都是无限的，就像无穷的宇宙一样，只要进行科学合理的开发，就会像广告中说的"你的能量超乎你的想象"，因此作为一个好老板，不仅要用好员工现有的能力和技能，还要开发员工的潜力，让他们更好地发光发热，来为公司谋利。

当然，开发员工潜力时，不能"随意开垦"，一定要有科学的方法，如图1-1 所示为开发员工潜力的四大法宝。

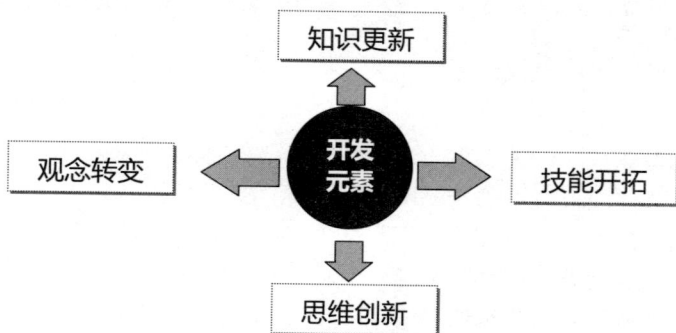

图 1-1　潜力开发的元素法宝

具体实际的、可操作的内容，如图 1-2 所示。

定期或不定期地给员工做技能培训，让其掌握最新的业内知识。

鼓励员工自我学习，给予所有人竞聘上岗的机会，让大家能够凭能力晋职。

辅助员工设立目标，并且使目标具体化，让员工能明确地向着目标前进。

通过会议、讨论等措施，让员工不断地思考、反思，积极乐观地看待问题。

即便只是员工不成熟的意见，也要倾听并给予解答或肯定。好的建议与构想，需在公司公布宣传并给予奖励，这会促使更多人一起为公司努力。

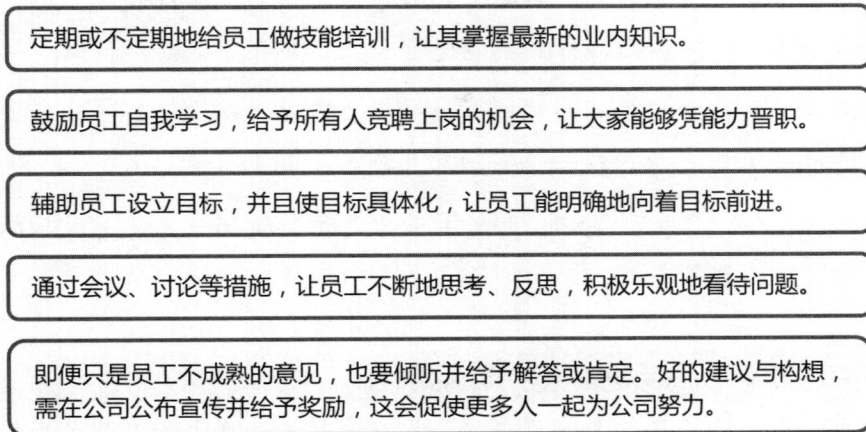

图 1-2 员工潜力开发具体操作内容

1.1.2 鼓励下属奋力

在管理中，常常会强调，要最大限度地调动员工的积极性和工作热情，来让他们自愿、主动的工作，为公司/企业的目标实现创造可靠的动力支持，从而推动整体业务的发展。

当然，要调动和鼓励员工、下属奋力，可简单、笼统地理解为：趋利避害，大体上有如图 1-3 所示几个方面。

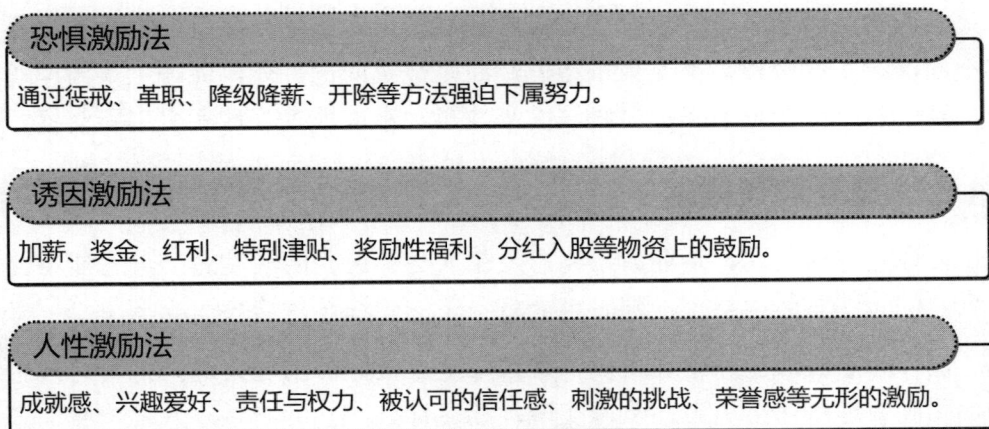

恐惧激励法
通过惩戒、革职、降级降薪、开除等方法强迫下属努力。

诱因激励法
加薪、奖金、红利、特别津贴、奖励性福利、分红入股等物资上的鼓励。

人性激励法
成就感、兴趣爱好、责任与权力、被认可的信任感、刺激的挑战、荣誉感等无形的激励。

图 1-3 激励的方法

对于图 1-3 所示的几种激励奋力方法，在实际运用中，可以进行如下操作。

- 惩戒要事先告知原则，一旦发现就要即时惩戒，不能拖延，惩戒需保证公正公平的原则，并且不能违背人权，要有度，适可而止。

- 大方的老板对下属的功劳不会仅仅口头表扬，适当地给予物质奖励才能使员工更尽心尽力——要想马儿跑，不能不给草。

- 学会信任、尊重、关怀、赞赏并肯定员工，哪怕只是一句简单的夸奖都会使人感到温暖。

【恐惧激励法——拿破仑开枪搭救溺水人】

有一天，有一个士兵掉到水里去了，他在喊救命，岸上的人都很着急，他们想救他，可是他们都不会游泳。结果，拿破仑来到这里说："你们怎么不救他？"他们说："因为我们都不会游泳，只有掉水里的那一个人才能游几下。"拿破仑说："你们真笨。"

拿破仑告诉水里的人，不要往后游了，再往后游的话他就会死的，那个人没听见，拿破仑借了旁边人的枪，他打了两下枪，告诉水里的人说如果再不往前游他就要再开枪了。那个人终于听见了，很害怕，就使劲游着回来了。

从上面的小故事我们可以清晰地看出，若不是拿破仑向落水士兵的身后开枪，这个士兵很可能被河水冲走而溺死。

充满智慧的拿破仑并没有通过鼓励和利诱士兵求生，而是告诉落水士兵，你不向前游，就必死，不是被水淹死，而是被我的枪打死，促使士兵向岸边游去，这就是一个经典的恐惧激励法的小故事，常被很多管理者引用和借鉴。

1.1.3　建立沟通渠道

沟通是任何公司、企业或组织以及个人必不可少的活动之一，它能将公司或企业的想法传达给员工，同时也能将员工的想法传达给公司。

而作为老板或公司管理人员，必须要建立良好的沟通渠道来将公司或企业的意图高效地传达给员工，从而实现预期目标。

而在沟通过程中，需要具有 3 个沟通要素且必须注意要素的比例，如图 1-4 所示。

文字 10%

沟通要素

声音 40%

肢体语言 50%

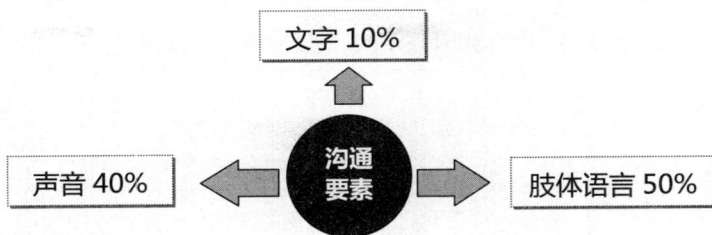

图 1-4 沟通的要素以及比重

在实际沟通中，公司的管理人员或企业的老板可采取如图 1-5 所示的方式。

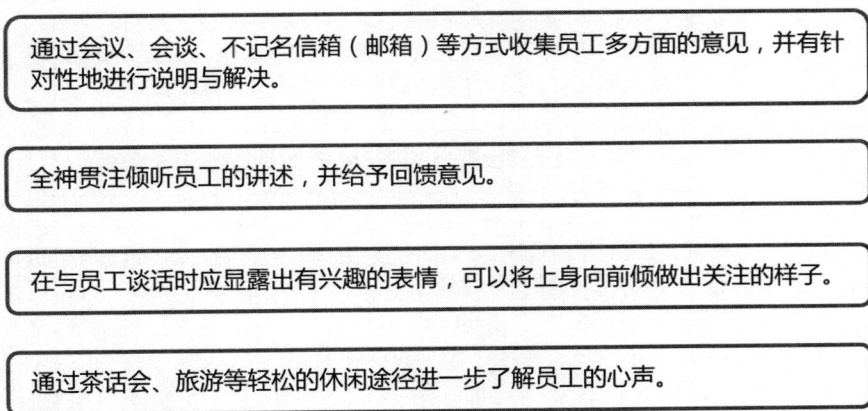

通过会议、会谈、不记名信箱（邮箱）等方式收集员工多方面的意见，并有针对性地进行说明与解决。

全神贯注倾听员工的讲述，并给予回馈意见。

在与员工谈话时应显露出有兴趣的表情，可以将上身向前倾做出关注的样子。

通过茶话会、旅游等轻松的休闲途径进一步了解员工的心声。

图 1-5 沟通的方法

1.1.4 给予萝卜和大棒

给予萝卜和大棒，可简单将萝卜理解为赞美和鼓励，而大棒可理解为批评勉励和惩罚。

作为管理人员或老板可适度将萝卜交给那些努力工作、勤勉上进且对公司发展有利的人，而将大棒"打"在那些懈怠、拖延等不利于工作和公司业务的人身上，当然是对事不对人。

下面分别列举在实际工作中得体实用地给予萝卜和大棒的几条操作，如图 1-6 所示。

给予萝卜的几种常用方法

1. 找出值得赞美的事情，发自内心地表扬员工。

2. 配合眼神和肢体语言，真诚地表示关心。

3. 拥有一双善于发现员工优点的眼睛，一看到对方的闪光点就要及时地表示鼓励，这会让当事人觉得自己很受重视，让旁观者看到后模仿其更加努力。

给予大棒的几种常用操作

1. 对事不对人地进行批评。

2. 要找出具体的错处，批评要使员工心服口服。让员工知道过错造成了多大的损失，老板是多么的失望、伤心或头痛烦恼。

3. 不要损伤员工的自尊心，即不得在公共场合公开责备对方。

4. 批评时不可高声骂人，不得说脏话，需要用恰当的语气语调进行批评，切记"有理不在声高"。

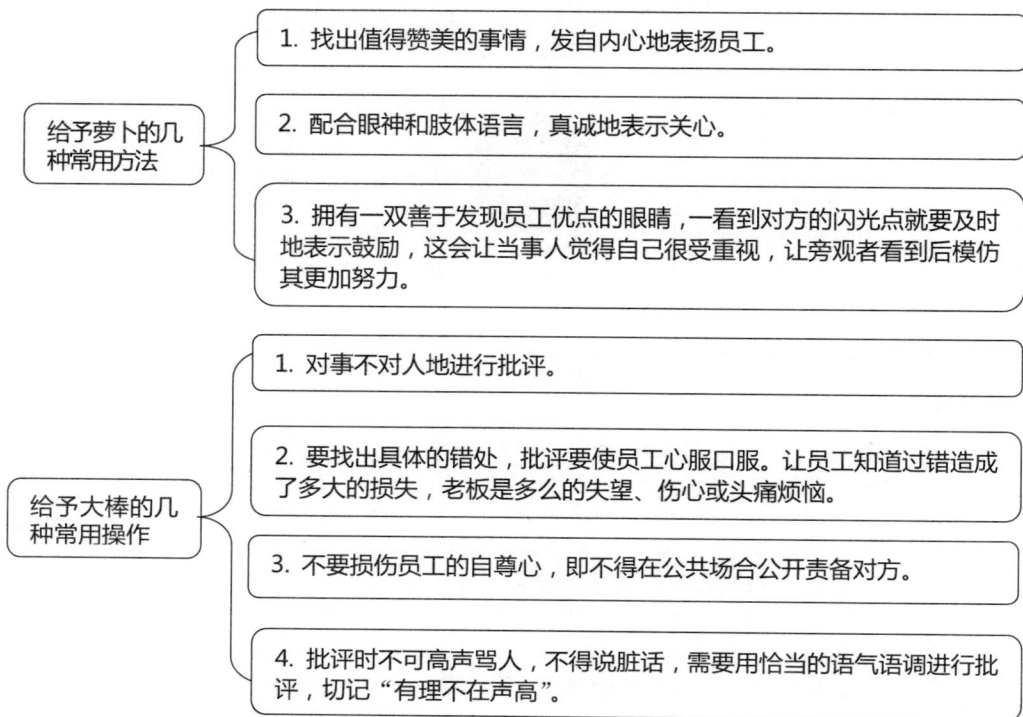

图 1-6　激励的方法

1.2　要懂得怎样放权

我们要进行创业，其中最明确和直接的目的就是通过他人来实现自己的目标，从而获利。所以我们在管理公司或企业时，也应该让他人来做事和管理，不要事必躬亲。

【不适当放权的后果】

从前有个将军，他对部队的管理，大到军事策略制定，小到将士的小奖励和惩罚，都要过问和管理，军队的素质和战斗力都非常强。

但这样就出现了两个问题：一是将军本人特别累，二是其他职位的人员很少有事情可做，这时就有人对他劝谏说："将军为何不将相应的事情分给相应的人员去做呢，这样您不仅不会太累，而且还能让其他人有事可做呢。"将军没有听从劝谏，最后英年早逝，医官诊断为工作疲惫劳累而死。

在上面的案例中，可以直观地看出这个将军事必躬亲，不放心权力下放，从而出现了两个问题，所以作为老板或管理者一定要懂得适当放权，不要把所有的事情都做了。

下面我们就对公司放权进行一些实际介绍。

1.2.1　为什么要授权

我们创业的一个最直接的目的，就是让别人来帮自己赚钱获利，也就是自己让别人来做事，而自己就是告知他们怎样来做，做什么等。所以要将公司一些不太核心的事务，交给其他合适的人来做，也就是放权或授权。

创业者授权会带来 5 个方面的积极作用，如图 1-7 所示。

| 1 | 创业者需要掌握的不是具体的做事方法，而是让别人做事的方法，也就是由以前的做事变成用人。 |

| 2 | 只有通过授权才能将有关责任和任务有效地分配给不同的员工，达到优势互补的效果，使任务顺利完成，并有效地提升团队绩效。 |

| 3 | 授权能让创业者腾出更多的时间，减少琐碎及重复性工作，专注处理一些重要任务。 |

| 4 | 授权能激励员工，令下属有独立的自由，让员工更富成就感、创造力、创新意识和主人翁精神。 |

| 5 | 授权能提高员工的责任心，能促使员工不断创新，增强公司的灵活性，并提高服务水平，增强市场竞争力。 |

图 1-7　授权的积极作用

1.2.2　如何进行授权

当然，创业者在授权前，必须搞清楚授权的 3 个要素，如图 1-8 所示，也就是要弄明白：到底要给员工授予什么权利。

工作指派	权力授予	确认责任
授权负责某一项工作，在授权时除需说明工作性质、工作范围外，还要明确所要求的工作绩效。	合理适度授予权力以完成工作的需要，要注意，权力的不足或过度都不可取。	确认是授权不授责，还是被授予者对工作绩效负全责，若为后者，当公司出现问题时被授权者要负连带责任。

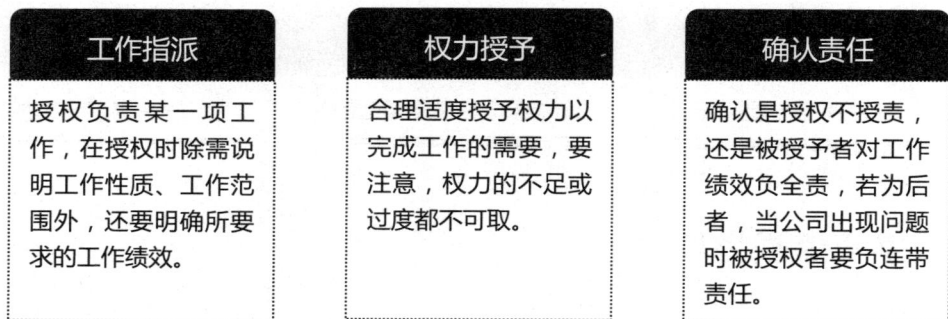

图 1-8　授权的 3 要素

在工作中授权并不是一个笼统的行为，它可以根据工作性质的不同进行类别授权，如图 1-9 所示，这样就可以让工作的方方面面都有负责人或管理人，从而更好地落实工作。

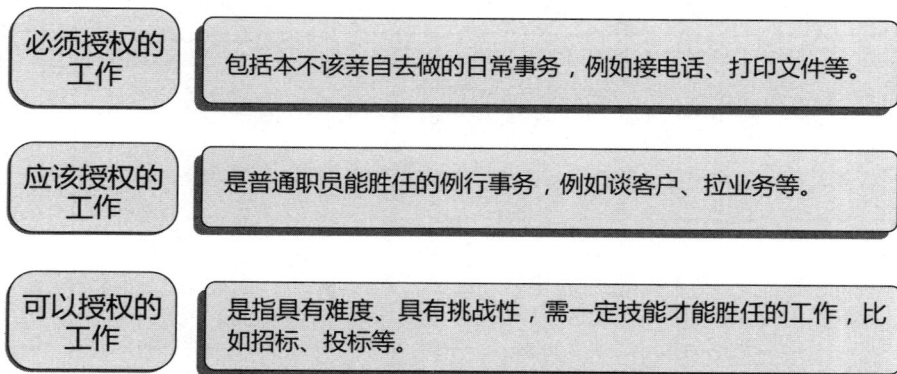

必须授权的工作	包括本不该亲自去做的日常事务，例如接电话、打印文件等。
应该授权的工作	是普通职员能胜任的例行事务，例如谈客户、拉业务等。
可以授权的工作	是指具有难度、具有挑战性，需一定技能才能胜任的工作，比如招标、投标等。

图 1-9　授权的分类

上面介绍了授权的要素、分类，那么具体的授权该怎样操作呢？下面分别进行介绍。

● 确信员工有足够的能力去应对工作，解决困难。

● 向员工解释工作时应清晰表达做什么，为什么做，什么时候做。

● 有目的地视能力而授权，不同的事情可更改被授权人。

● 适度授权，事先应确定对方可用的人力、物力、财力、技术及其他资源，讨论应达到怎样的目的。

- 不要刻意告诉员工应如何具体完成工作。

- 授权不是授予后就完全不再考虑这个问题，应给予被授权者信任并随时与其进行充分交流，给予辅导与支持，共同解决问题。

- 不能因为员工的工作失误而打击其信心。

1.2.3　授权的注意事项

我们在授权过程中一定要注意到哪些权限可以授予，哪些权限在授予后要进行监督，哪些权限该授予哪些人等，因为这些都关系到创业的成败，下面分别进行介绍。

- 不能授权的工作包括关系公司前途命运的重要会议和未来计划。

- 选拔员工，直接下属和关键部门的人事任免权也需亲自把关。

- 考核绩效办法、重大经营决策等需和合伙人商讨得出结论。

- 选择合适的人进行授权，例如要熟悉候选人的优缺点，并认真评估其经验和才能。

- 授权时要先明确任务目标，并准备一张全面的权限核对表，以确保任务的权责范围都已包括在内。

- 根据被授权者的经验水平以及信任程度，来确定是严加控制，还是相对地让其自由发挥。

- 要时刻监督工作进度，但不能干涉具体工作，只在必要时进行提醒和鼓励，在任务结束时需兑现奖惩。

- 确定被授权者时，要亲自将其介绍给团队成员，并把责任介绍清楚。这有助于被授权者被团队接纳，并提升其责任感。

1.2.4　找对你打算放权的人

《阴符》中写道：成者，得人也；败者，失人也。我们可以直观地理解为：事业的成功，是因为选择了合适的人；失败，也是因为选择了不合适的人。

创业虽比不上治国安邦，但其道理是相通的，所以我们在授权前，一定要弄清楚哪些人可以授权，创业者可以从 4 个方面结合考虑，如图 1-10 所示。

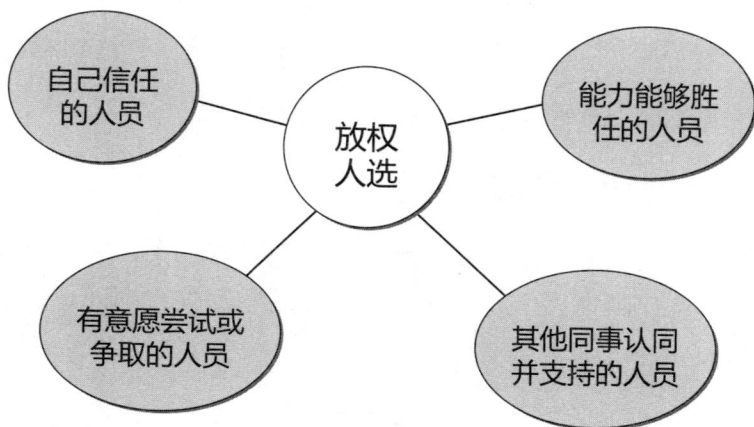

图 1-10　放权的合理人员因素

1.2.5　放权后也要适时询问

我们将相应的权利授予他人后，不能不闻不问，做甩手掌柜。要对其工作进展情况和能力发挥状况进行适时询问，这样不仅体现了老板对其的关心，同时也要考察他是否完全能够在实际工作中胜任赋予的权限工作，以此保证整个事务的顺利开展，避免出现因授权人员能力不够或工作不到位而带来的负面影响和损失。

1.2.6　给予支持措施

我们将相应的权利授予指定对象前，就应该考虑到有哪些地方或事项需要公司/企业或他人甚至是自己的支持与帮助，在授权过程中，就清楚应该告知哪些人员应该为其提供支持帮助，哪些人可以寻求帮助，哪些事务、东西、权限可以使用等，最大限度让受权人顺利地开展工作并将工作做得完善些。

1.2.7　为下次放权做"检讨"

我们在做很多事情后，都要进行经验的总结，无论是成功或失败，都要从中吸取经验或教训，当然公司放权也应该这样，对放权成功的案例进行成功分析，对放权失败的案例进行失败检讨，从而为以后的放权提供经验教训。

1.3 管理中的危机应对

管理危机是在管理工作过程中经常遇到的，毕竟管理和被管理之间始终有一组矛盾存在，当然，矛盾也就会促使事务的向前发展，所以面对管理危机时不用慌张和害怕，正确应对即可。

下面将管理中常见的危机解决方法进行介绍。

1.3.1 应对不听话的员工

在经营管理中，总是会碰到一些不服从安排的员工，总是阳奉阴违，甚至对着干，这时可以采取如下几种方法来应对和解决，如图 1-11 所示。

按规矩办事

创业初始时，我们就应明确公司的各种"规矩"，努力工作的人奖，怠慢工作的人罚，依据条理与规章制度办事，能较好地管理习惯性不好好工作的员工，鞭策他们认真工作。

委婉处理

对于非故意捣乱的员工，应了解其不听话的具体原因，将批评夹在好评之中，与之亲切交流，委婉地阐述公司立场，打破其心中的隔阂，共同解决问题。

树立权威

1. 遇到蓄意挑衅者，不要轻易放过第一个犯事者，需合情合理地惩处员工。
2. 不能纵容员工，私下里可以和员工说笑，但一到工作时间就应当"喜怒不形于色"。
3. 原则问题不能轻易妥协，员工拖延工作的习惯有时候也是老板惯出来的。

逐个击破

如是一群人都不听话，则需要逐个击破，找出业务能力强、态度温和，只是随大流的员工私下交谈做心理工作，并在公司公共场合适当地给予其奖励，分化这一不听话的员工团体，找到支持者后再处理带头闹事者。

图 1-11 应对不听话员工的实用方法

1.3.2　遭遇冲突时的应对

对于一些与客户有直接业务对接或洽谈的公司或企业，当遇到与客户发生冲突时，一定要妥善处理和公关，因为一旦处理不当，就会"伤到"其他客户或潜在客户的心，这样不仅会丢掉眼前的客户，而且其他客户也会被吓跑。

那么，对于新手创业者在遭遇突发的冲突时，可参考并灵活运用以下几点来处理和公关，如图 1-12 所示。

缩小影响范围

请客户到办公室商量问题，别在大庭广众下和对方讨论，避免别的客户听到只言片语造成负面影响。

以理服人

有理有据客气应对，针对其提出的疑义进行解释，既维护自己的尊严和权益，又不造成太大的冲突。

引导客户实现双赢

用理智去处理问题，耐心聆听客户的抱怨，消除他的怒气，引导客户和自己达成双赢。

避免争执

笑脸迎人，尽量不要和客户争执，先道歉再询问究竟是怎么回事，尽可能地绕开容易产生争论的问题，另想解决办法。

给足面子

在客户面前一定要给足对方面子，让他感觉到公司的诚意与解决问题的决心。

打感情牌

在没办法的情况下，要让客户觉得大家都在为他着想，有些事情公司已经尽力了但确实是无能为力，只能用别的办法进行弥补。

图 1-12　应对客户冲突的方法

1.3.3　危机应对方法

危机的应对，又称"危机公关"，也就是专门来应对和处理突发的危机情况，将这些突发和意外的"灾害"化解或将其转危为安，这对新手创业者相当重要，否则将会对公司或企业带来不小的损失，严重的可能面临事业夭折甚至惹上官司。

在处理突发的危机时，可以事先建立一套有效的应对处理机制，以避免危机出现时措手不及，如图 1-13 所示。

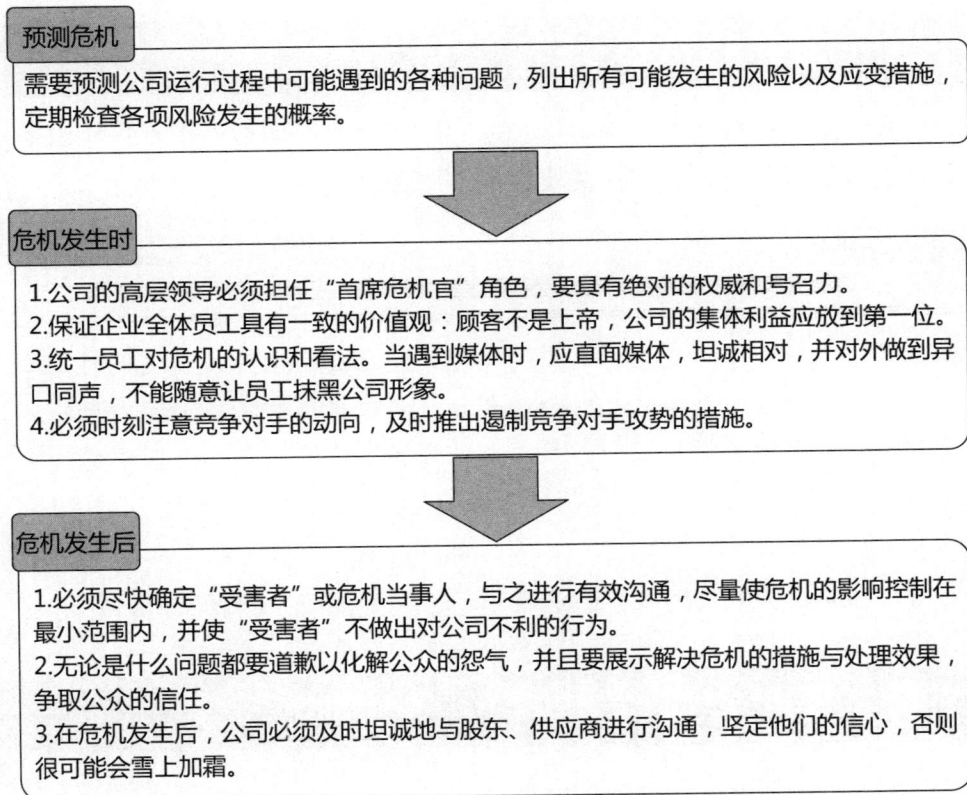

预测危机

需要预测公司运行过程中可能遇到的各种问题，列出所有可能发生的风险以及应变措施，定期检查各项风险发生的概率。

危机发生时

1.公司的高层领导必须担任"首席危机官"角色，要具有绝对的权威和号召力。
2.保证企业全体员工具有一致的价值观：顾客不是上帝，公司的集体利益应放到第一位。
3.统一员工对危机的认识和看法。当遇到媒体时，应直面媒体，坦诚相对，并对外做到异口同声，不能随意让员工抹黑公司形象。
4.必须时刻注意竞争对手的动向，及时推出遏制竞争对手攻势的措施。

危机发生后

1.必须尽快确定"受害者"或危机当事人，与之进行有效沟通，尽量使危机的影响控制在最小范围内，并使"受害者"不做出对公司不利的行为。
2.无论是什么问题都要道歉以化解公众的怨气，并且要展示解决危机的措施与处理效果，争取公众的信任。
3.在危机发生后，公司必须及时坦诚地与股东、供应商进行沟通，坚定他们的信心，否则很可能会雪上加霜。

图 1-13　应对突发危机机制

1.4　善于权利制衡

权力制衡其实是一种平衡手段，让各方的势力或影响力平衡，达到相互制约、牵制和监督的作用，最明显的是国外的三权分立制度。

当然在公司或企业中，权利制衡主要用于员工和部门之间，从而实现老板对全局的控制。

如公司或企业中某一员工居功自傲，这时不仅要对其进行勉励和鞭策，还应故意冷落他，同时将注意力转移到另一个或多个员工身上并格外照顾和培养。

当然，对于部门之间的权利制衡，主要是将权限分配给不同的部门，常见的是将决策权、执行权和监督权分给不同的部门。

1.5　明升暗降法巧妙运用

明升暗降很好理解，就是表面上看起来是薪水、职位等上升，实际上是要换取重要的或想要的东西，造成实际的下降或损失。

【明升暗降】

小林虽然三十出头，但却是公司的元老级人物，长期担任财会部部长，掌握着公司的经济命脉，被誉为老板的左右手。在公司生意红红火火的当口，小陈升职，当了公司的副总裁，财会部部长一职被老板的亲戚顶替。上任后，小林才知道这个职位是闲职，一点权力也没有，这才明白自己遭遇了明升暗降的权术。

在本例中小林表面上是当上了公司的副总裁的高位，但却失去了手中关系着公司命脉的财务部长的职位，这就是一个典型的明升暗降案例。

1.6　管理者应懂得的 N 条法则

创业者作为管理者不仅要知道一些制衡权术，而且还要知道一些管理御人的方法和法则，而其中几条基本的法则一定要掌握，如手表定理、二八定理以及鲶鱼效应等，下面介绍常见管理者应懂的 N 条法则。

1.6.1　手表定理——制定唯一有用的标准

手表定律（Watch Law）又称为两只手表定律或矛盾选择定律。可简单将其理解为：当有一只表时，我们可以明确时间，当有两只不同时间的手表，而且无法确定哪只表的时间准确时，我们就会感到迷茫，不知如何选择，从而陷入疑惑和混乱。

而创业者要避免在公司管理运作方面出现迷茫、疑惑和混乱，就必须将多余的"手表"扔掉，保留唯一一块准时的"手表"来"报时"，具体的操作有下列几个方面，如图1-14所示。

1	制定出的目标一定要明确。
2	绩效考核时一定要按照既定的绩效目标来进行，千万不能临时随意变更，否则，很容易让员工对公司的方针产生疑惑，进而对公司失去信心。
3	管理制度一定是对事不对人，即一视同仁，要"制度面前人人平等"。
4	在管理运作方面，"一个上级的原则"一定要遵守，否则必然会引起混乱。

图 1-14　手表定理的实际运用

1.6.2　鲶鱼效应——调动员工积极性

鲶鱼效应源自一个渔夫捕鱼的故事：挪威人吃沙丁鱼，但还没等到靠岸许多沙丁鱼就缺氧死掉了，渔夫为了保证它们的鲜活，就放了一些鲶鱼进去，鲶鱼好动，且会捕食沙丁鱼，所以沙丁鱼就和鲶鱼一起四处游窜，激起水花无数，这样就丰富了水里的氧气，刺激了沙丁鱼的运动活力，延长了它们的存活时间，保证了挪威人吃上了鲜活的沙丁鱼。

在上面的故事中，可以看出捕食者鲶鱼让缺氧的沙丁鱼积极起来"保命"，激起水花丰富氧气，从而"延寿"。

那么在实际的创业管理中，为了调动员工的积极性，我们可以专门"引进"或"演变"鲶鱼，让这些沙丁鱼员工积极起来，可具体的操作有以下几个方面。

（1）鲶鱼型的领导

对于缺乏创新和主动性，且人浮于事，效率低下的团体组织，创业者就应以"鲶鱼"的方式来整顿纪律，规范制度，改造流程，合理配置人员和岗位等，将无能的沙丁鱼赶走"吃掉"，有能力的沙丁鱼存活，整个组织的活力都被调动起来，从而使集体的力量更加强大。

要成为或应用鲶鱼式的领导，领导者必须具备一些特质，如图1-15所示。

一	能够迅速发现公司或企业内部存在的病症所在，并能够果断有效地"治愈"这些病症，并建立相应的制度，防止旧病复发。
二	作风强势，能够科学地制定好的决策，同时能让决策落实，并且及时评估政策的有效性。
三	有明确的发展目标和方向，正确认识公司和目标之间现存的差距，能够有效地识别和任用相应人才，裁减掉不适合组织发展的拖后腿人员。

图 1-15　鲶鱼型的领导特质

（2）鲶鱼型的员工

若公司或企业中存在做事效率低下的情况我们可以像"渔夫"一样，放入几条"鲶鱼"员工，来让其他员工知道，若不努力、不积极工作，就会被这条鲶鱼"吃掉"。

（3）鲶鱼型的分配制度

鲶鱼型的分配制度可简单将其理解为：让员工明确知道自己努力工作和做好哪些工作，可以得到多少收入或分红，从而调动员工的积极性，努力工作，从而使整个公司或企业的工作氛围调动起来。

1.6.3　责任分散效应——工作分配落到实处

责任分散效应也称为旁观者效应，是指对某一件事来说，如果是单个个体被要求单独完成任务，责任感就会很强，会做出积极的反应。但如果是要求一个群体共同完成任务，群体中的每个个体的责任感就会很弱，面对困难或遇到责任往往会退缩。因为前者独立承担责任，后者期望别人多承担点儿责任。"责任分散"的实质就是人多不负责，责任不落实。

责任分散效应很好验证了"一个和尚挑水喝，两个和尚抬水喝，三个和尚没水喝"的道理，要解决这种问题最直观的方式就是将工作分配落到实处，明确分工和职责。

【责任分散效应表现】

一个办公室里原本有 3 个人，每次办公室的花草都由老罗负责。后来，办公室又新来了一位同事，老罗就和那位新同事商定轮流浇灌和打理，两个人也配合得相当好，办公室花草还是生机盎然，鲜活漂亮。再后来，又来了一名新同事，他来不久后，办公室的花草都大不如从前，大家面面相觑。

原来，老罗和原来的同事都认为花草应该由最后来的同事负责，而那位刚进入的新同事却认为花草打理已经有人负责了，自己只需要做自己本职的工作就行了。由此可见，当大家都认为别人会承担某种责任的时候，恰恰没人承担责任。

在上例中，我们就可以清楚看出：花草因为没有指定负责人而随意生长，与三个和尚没水喝的故事基本相似。而面对这种情况，管理者只需指定一个专门负责人来管理或者制订一个花草轮流管理规定解决，将具体的工作落到实处。

1.6.4 二八定理——分清主次工作

二八定理有很多种称谓，如 80/20 定律、帕累托法则（定律）、巴莱特定律、最省力的法则、不平衡原则等，其大意是：在任何特定群体中，重要的因子通常只占少数，而不重要的因子则占多数，因此只要能控制具有重要性的少数因子既能控制全局。

用我们自己的话可将这个定理概括为：事情分主次，不能眉毛胡子一把抓。

对于创业者来说，要将二八定理用于管理运作中，可按照如下几个方面。

(1) 战略目标

细化分解企业总体战略目标，首先在各个运营单位的层面上分解形成相应的运营单位目标，然后按照部门设置将每个运营单位目标分解为部门目标，再按照业务流程将部门目标分解为流程目标。通过层层分解，也就是将目标责任落实到位，最终把公司/企业总体战略目标分解为金字塔形的目标体系。

(2) 识别风险

按目标体系识别各层级目标面临的各种风险因素，并广泛、系统地收集与风险因素相关的内、外部信息，并对可能导致的各种潜在风险事件及影响后果分门别类地进行分析。其次，采用定量和定性的方法，逐个或逐类评估风险因素发生的概率及其影响程度，并按照优先原则划分和确立必须进行管理和控制的 20% 的主要风险。

（3） 内部控制

确定风险管理范围和控制力度，将 20%主要风险降至可接受程度，并结合企业综合因素，如管理能力、财力以及人力等，确定风险管理范围和控制力度等。

内部控制框架所采取的措施，只要能合理保证目标实现即可，不需要加大投入避免各种风险的发生。所以只要把握好成本效益这个主要 20%，就能实现成本和效益的平衡。

（4） 财务管理

财务战略制定者尽量寻找和发掘那些重要的 20%，充分利用它，并且砍掉无用的 80%。

（5） 投资活动

财务管理部门必须对企业的长短期投资做深入的分析与评价，以确定最有利的投资方案，让 20%的投资项目吸收 80%的资金，并且让 20%的资金分散在 80%的项目中，或者让 20%的资本带来了 80%的利润。

（6） 营运资金

在营运资金的管理中运用 80/20 法则。如在处理应收账款时，对大客户加强重视，将他们作为重要的 80%，而将其他 80%小客户作为 20%，这样就可以提高应收账款的利用效率。

1.6.5　青蛙效应——居安思危

青蛙效应是指把一只青蛙扔进开水里，它因感受到巨大的痛苦便会用力一蹬，跃出水面，从而获得生存的机会。但当把一只青蛙放在一盆温水里并逐渐加热时，由于青蛙已慢慢适应了那惬意的水温，所以当温度一升高到一定程度时，青蛙便再也没有力量跃出水面了。于是，青蛙便在舒适之中被烫死了。它启示我们要时刻具备危机意识，居安思危、防微杜渐。

对于新手创业者来说，管理者与员工对环境之变化没有疼痛的感觉，最后就会像这只青蛙一样，被煮熟、淘汰了仍不知道。

一个公司或企业不要满足于眼前的既得利益，不要沉湎于过去的胜利和美好愿望之中，而忘掉危机的逐渐形成和看不到失败一步步地逼近，最后像青蛙一般在安逸中死去。

【居安思危】

一只野狼卧在草上勤奋地磨牙，狐狸看到了，就对它说："天气这么好，大家都在休息娱乐，你也加入我们队伍中吧！"野狼没有说话，继续磨牙，把它的牙齿磨得又尖又利。

狐狸奇怪地问道："森林这么静，猎人和猎狗已经回家了，老虎也不在近处徘徊，又没有任何危险，你何必那么用劲磨牙呢？"野狼停下来回答说："我磨牙并不是为了娱乐，你想想，如果有一天我被猎人或老虎追逐，到那时，我想磨牙也来不及了。如果平时我就把牙磨好，到那时就可以保护自己了。"

1.6.6　螃蟹效应——避免互扯后腿

螃蟹效应描述的是用敞口藤篮来装螃蟹，一只螃蟹很容易爬出来。多装几只后，就没有一只能爬出来了。不为别的，这是相互扯后腿的结果。

创业者要想让公司或企业健康快速地发展，就必须在最大限度上避免出现的螃蟹效应，也就是避免员工内斗，相互牵制和拆台。

为了避免螃蟹效应对公司或企业带来的负面效应，我们可以从以下几点来有效避免和减少。

- 塑造团结协作的企业文化。

- 建立公平、公正、公开的管理制度。

- 建立科学、合理、高效的绩效考核制度。

- 建立完善的人才选拔、任免制度。

- 强化公司的执行力。

- 让"服务"和"人性化"作为我们工作的标准。

1.6.7　刺猬效应——保持适当距离

刺猬效应是指刺猬在天冷时彼此靠拢取暖，但保持一定距离，以免互相刺伤的现象。

在管理实践中，就是领导者如要搞好工作，应该与下属保持"亲密有间"的关系，即为一种不远不近的恰当合作关系，否则容易将自己的不足和缺点暴露，让员工讨厌和反感，导致工作开展不顺利，同时也容易在工作中丧失原则。

【刺猬效应】

通用电气公司的前总裁斯通在工作中就很注意身体力行刺猬理论，尤其在对待中高层管理者上更是如此。在工作场合和待遇问题上，斯通从不吝啬对管理者们的关爱，但在工余时间，他从不要求管理人员到家做客，也从不接受他们的邀请。正是这种保持适度距离的管理，使得通用的各项业务能够芝麻开花节节高。

与员工保持一定的距离，既不会使你高高在上，也不会使你与员工互相混淆身份，这是管理的一种最佳状态。距离的保持靠一定的原则来维持，这种原则对所有人都一视同仁：既可以约束领导者自己，也可以约束员工。掌握了这个原则，也就掌握了成功管理的秘诀。

第2章

人才管理，公司要善用人才

无论我们做任何事情，都是围绕着人来做，所以我们做事情的立足点必须放在人上面，做到以人为本。作为创业者，更应该知道怎样来使用、善用、管理人，做到人为我用，才为我使，各尽其力，各发其光，各司其职，让整个公司或企业高速有效地运作起来。

能人虽少，威力巨大

寻求既懂技术又善经营的精明之士

忠诚比能力更重要

反对你的人并不是不忠

给能人以用武之地

重视个性鲜明的人才

防止助手变对手

做好在职员工的工作

2.1　对能力强大的人才重用

现在有句很流行的话：能力越大，责任越大，担子越重。作为创业者或管理者，对于能力高的人才，要给予相应的重用，让其挑起更重的担子，为公司或企业的发展提供更大的引擎动力。

2.1.1　能人虽少，威力巨大

能人，汉语词语，出自《韩非子·有度》："数至能人之门，不壹至主之廷；百虑私家之便"。

在以前，人们将其理解为逞能的人，后来被引申为能干的人，有作为的人。在公司或企业中，管理者若发现这样的能人，不要让其流失，同时需好好的使用，让其尽量发光发热，毕竟千里马不是随处可见的。

同时重用能人，对创业者或管理者及公司企业，有如图 2-1 所示的几个好处。

使管理者变得更加完美

任用有能力的员工，可以实现员工与管理者的一种良性互补，同时极大地提高和增强公司实力。

提高管理者的威信

重用有能力的员工，使管理者更最具有感召力和说服力，它既表明老板的自信、豁达和强大，又说明领导具有爱才、惜才，求才若渴的美德，使其他员工更能信服。

收获下属的衷心

大多数员工都希望得到重视和重用，一旦有能力的人才得到真正的重用，他将会衷心地为公司或企业服务，并竭尽全力。

确保公司或企业的整体高效运行

选用能干人才，就是很好地实践了二八定律，这样就会让这能干的 20% 带动剩余的 80%，同时产生 80% 的效益，让公司或企业整体运营良好高效。

图 2-1　任用能干人才的好处

2.1.2 不能因为有风险而不使用能人

能人既可以为公司或企业创造出良好的效益，同时也因为其能力强大带来如下几点负面效应。

- **不易留**：能人，不易留有两个方面原因，一是其他公司会费心思将其挖走。二是能人容易看不起公司，容易将老板炒掉，甚至他认为适合自身发展的公司是竞争对手那里。

- **喧宾夺主**：能人由于能力高，在他的领域中能顺风顺水，运用自如，这样就会让其周围或公司的人员对其产生钦佩、信服，有时候其风头盖过老板或管理者。

- **破坏力大**：能人会影响到周围的人，而有些人对其从心里佩服，就会跟从他，所以，公司能人就像楼房的承重墙，一旦出现问题，就像楼房的承重墙出现问题一样，会影响到公司整体业务、工作和人事这幢大楼的稳定和安全。

以上几点可以看出，公司或企业使用能人是有一定的风险，但作为公司的领导或管理者，一定不要因此而不用这些能人，只要以大胸怀和大气量以及领导艺术就可以将这些能人好好地利用起来，让其尽力、尽才，记住自己才是千里马的"骑士"。

2.1.3 放开手脚用能人

公司要用能人就要放开手脚的用，让其在最大的范围空间内，发光发热，不需要太多的怀疑和牵制掣肘，同时做到用人不疑，疑人不用，这样就可让被用的能人感到公司对其信任，赢得其心，从而更加卖力和尽力。

2.1.4 企业的发展离不开人才

人才就像是汽车的零部件，只不过有一些是发动机，有一些是螺丝钉，但要想这部车开得更快、更好、更安全，零部件缺一不可。所以许多公司或企业都会从外部挖人才，或投入大量财力和人力来培养人才，因为他们知道人才的重要性，知道企业的发展离不开人才。

【企业离不开人才】

小林开了一家软件公司，内部工作人员在 50 位左右，每人都有一台台式电脑，是典型的办公室办公方式，但有一天突然一位员工不辞而别，而这位员工所使用的电脑设置了多重开机密码，后又无法联系上，这就导致该台电脑无法正常启用，对于这样的常见问题，公司成员都不会处理，无奈之下，老板只能在外面请了一位电脑维修工来修理，老板原以为这样的简单问题只需十几元钱，没想到这位电脑修理工最后收取的是 50 元，这就让老板感到吃了哑巴亏，同时还耽搁了工作，后来这位老板小林，专门为公司聘请了一位后勤人员，专门负责公司网络和电脑维修。

上面的例子就是公司缺少电脑网络人才，致使小林吃哑巴亏，并耽搁工作，所以企业离不开专职人才。

2.1.5 两种人才缺一不可

公司或企业的大体结构分为外壳和内核，其中外壳就是公司的管理人员，内核是公司专家型技术人才。其具体说明如图 2-2 所示。

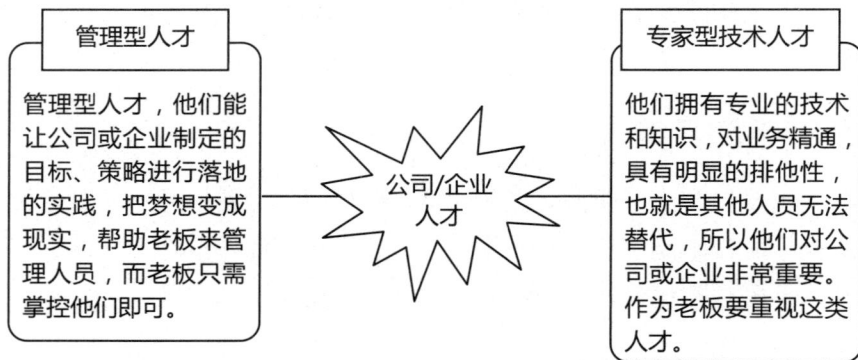

图 2-2 公司或企业不可缺少的人才

2.1.6 人才是制胜之本

任何事务的发展都是由无到有，从小到大，由弱到强。公司和企业也不例外，而要让公司或企业由小到大，由弱到强，最根本的还是重视人和人才。

有了人之后，才会挑选出人才，若人都没有，又到哪里去挑选人才呢。所以人是根，人才是致胜之本。

【人才是致胜之本】

我们熟知的三国演义中，刘备遇到水镜先生后，其中有一段对话大意是：水镜先生告知刘备，虽然是英雄，但没有自己的势力和地盘，而到处投靠他人，是因为缺乏人才，后向他举荐了卧龙和凤雏，后来的剧情都清楚，刘备自从得到卧龙——诸葛亮后，先后得到荆州、益州，然后在四川建立王业，形成了三国鼎立的态势。

虽然是历史故事的情节，但可以看出刘备虽是一代英雄，但单靠其自身，只能到处投靠他人，但自从得到人才后，他的创业才能从无到有，从小到大。所以作为新手开公司一定要认识到人才是致胜之本。

2.1.7 寻求既懂技术又善经营的精明之士

既懂技术又善经营，我们可以将其理解为：既要知道这个东西是怎样做的，它具有哪些特质等，又要知道怎样将这个东西推销出去，并掌握发展方向。这样就会很好地协调和促进技术和经营的相互发展，其好处有以下两点：

- 经营让经营者知道技术怎样来发挥以及发展方向，知道哪些技术可以改进，哪些技术需要改进，哪些技术需要保留，最大限度符合市场发展方向，使自身处于主动的状态。

- 技术让经营者知道如何去巧妙经营，知道自己的优劣势和家底，避免出现外行指挥内行的瞎指挥。

2.2 忠诚第一，能力第二，奸人坚决不任用

作为新手创业者，公司或企业就是全部的心血，所以我们首先要保证它不被别人盘算和拿走，当然不仅是对外，在对内也是这样，特别是选用人员时，要选择那些对自己忠诚的，其次才考虑能力，若是奸人就坚决不用。

【隐藏在身边的大尾巴狼】

以前有一个中年人，经过多年打拼，除了养家糊口的必要开销外，将积蓄拿来开了一个小型的加油站，由于经营有道，所以生意还不错，后来由于业务扩展，特招聘了一年轻人，这位年轻人看起来不仅踏实肯干，而且学习业务能力也很强，得到老板的重视，并将一些经营方法和权限交给他，但经过一年多时间后，这位年轻人掌握所有的经营和业务后，通过卑鄙的手段从这位中年老板的手中将这个油站和业务全盘接收，导致他原来的老板一无所有。

在上面的实例中，我们可以看出中年老板雇佣了一个奸人，从而损失掉了自己的加油站，所以在创立和经营公司或企业时，一定要识别忠奸，奸臣坚决不用。

2.2.1　忠诚比能力更重要

人之所以为人者，在德于才，其以德为先，德之不存，才从何来。

——蔡元培

忠诚是一种品格、一种处世原则，一种操守，一种人生观，立身之本，具有先天因素。而能力是处理事务的具体思维和方法，可以通过后天学习和培养来提高和完善。

在开公司或企业中，我们需要忠诚的员工，同时也需要有能力的员工，这是因为公司或企业的生存依靠少数员工的能力和智慧，却需要绝大多数员工的忠诚和勤奋，所以那些既忠诚又有能力的人员对公司就显得特别重要。

但对于那些有能力，而不忠诚的员工，我们需要有方法的谨慎使用，不能让其参与到公司重要或核心的事务中，也不能参与到管理中，或是直接将其辞退，尽量避免为公司或企业带来损失。

【公司间谍】

某位大酒店的高级副总裁在完整下载客户列表与高级数据库时被抓获，他计划把这一信息带到新的公司。凭借高管身份，他经常能够以需要第三方处理为由而得到大量数据，这通常不会受到怀疑。但是这一次，他并没有通过正常渠道，而是直接找到负责数据库的 IT 员工，并匆忙地要求把"一切数据"提取出来。警觉的数据库管理员把他的可疑行为报告了老板，于是整个计划被揭开。

2.2.2　对有才无德的人需早加防范

夫聪察强毅之谓才，正直中和之谓德。才者，德之资也；德者，才之帅也，是故才德全尽谓之圣人，才德兼亡谓之愚人，德胜才谓之君子，才胜德谓之小人。

——《资治通鉴》

我们在公司/企业管理运行时，在选拔人才方面，特别是挑选管理人员，一定要先全面考察这个人的德行，再看他的才能，若该人是德才兼备，则最好，若是只有才而没有德，则最好防范和疏远。

【有才无德的学者培根】

弗兰西斯·培根是英国文艺复兴时期最重要的散作家、哲学家。他不但在文学、哲学上多有建树，在自然科学领域里也取得了重大成就，算是非常有才。而且从小就抱负不凡，一心要做出一番轰轰烈烈的事业来。然而命运似乎要捉弄这位踌躇满志的贵族子弟。

在他 19 岁那年，父亲一病不起，年轻的培根突然发现自己成了一个被人抛弃的人。为了能出人头地，他费尽心机。终于找到了一个值得投靠的人，那就是他姨父的政敌，女王的宠臣艾塞克斯勋爵。在 23 岁那年，培根出任英国下院议员和艾塞克斯勋爵的私人顾问。艾塞克斯经常送钱给培根，把挥霍无度的培根从债主手中解救出来，还向培根赠送了一大笔财产和一套华丽的住所。

然而这一切并没有使这位才华横溢的贵族就此满足。他过着放荡的生活，因挥金如土，被债权人送进了监狱。当然，又是他的救星艾塞克斯把他从监狱里保释出来。艾塞克斯还想在仕途上提携一下培根，但是由于培根的姨父塞西尔的极力反对，培根一直没有得到女王的宠幸。

正在培根为自己官场不得志而郁郁寡欢时，他的靠山、红极一时的艾塞克斯勋爵失去了女王的宠信。政敌们要以叛国罪审判艾塞克斯。从艾塞克斯那里得到好处最多的培根，见风使舵，摇身一变，竟然主动要求参加起诉。

法庭上，艾塞克斯做梦也没有想到，曾榨取了他难以计数财产的培根，竟然指控他阴谋篡夺王位。培根的演说使得众人群情激奋，法官以不容辩驳的事实判定艾塞克斯死刑。培根把自己的恩人送上了断头台，满以为会得到一大笔赏赐，但当他得知这次出卖良心的举动代价仅仅是1200英镑时，便大失所望，回到书斋去写他的论文了。

56岁时，培根如愿以偿，当上了他父亲曾经当过的掌玺大臣，次年任皇家大法官。年岁的增长，并没有使他的品德有什么改变。1621年，他因受贿、舞弊，被投入监狱。出狱后，他隐居家中，把全部精力投入科学实验、哲学研究和文学创作中。1626年冬天，因在露天试验雪的防腐消毒作用，受风寒患病而死，终年65岁。

2.2.3 道德准则不能违规

各行各业都有自己的职业操守，这些职业操守也可简单将其理解为行业的道德准则，但道德准则明显广于职业操守。如松下幸之助尊奉的道德准则是：做一个端端正正的商人，勤勉礼让，安分守己，屈己待人。通用公司的韦尔奇则将"正直是我们建立成功企业的基石——包括我们产品的质量与服务，我们与客户或是与供应商之间的关系必须是率真的"。作为道德准则。

对于创业者来说，不管经营的是大企业，还是小公司，管理不同素质、文化的员工，最低限度就是把握好道德准则这条红线。

无论是在招聘过程中，还是新进的员工甚至是老员工，管理者必须从侧面仔细考证他的道德观，避免引狼入室。一旦发现其道德问题后，决不能姑息，必须吸取教训，尽可能地防范以后再出现类似问题。

【道德准则只能违规零次】

通用公司的一个员工因为道德问题，给通用爆出了丑闻，给公司带来了一些负面影响。

当记者采访韦尔奇的时候问道："您如何处理这类丑闻，而不使通用受到伤害呢？"

韦尔奇答道："如果真能做到，那将是多么好的事，我说过，我不可能一个人维持整个组织行为的完美无缺，但我有一个道德标准，那就是正直。我每次在会议上都会谈到它，违反这个原则，只会有一个结果——开除。"

记者又问："立即吗？"

韦尔奇说："立即，这位员工曾有一次听证的机会，但遗憾的是，他没抓住。他也许想走捷径，'眨眨眼'装看不见，但对这种行为我们从不眨眼，没有任何捷径可走。"

2.2.4 任用帅才需先考察人品

人品是指人的个人修为、品行，以及为人处世的能力。作为管理者或公司高级管理人员，一定要有优良的人品，因为管理者需要良好的人品才能够实现其管理，才能成为别人效仿的榜样，才能做到上梁正，下梁也正的良好公司组织结构。

同样，管理者具有良好的人品，才能达成更多的业务，同时提高公司的对外整体形象。

那么作为老板选用帅才时，应该选用包含具有以下品质的人。

- **谦虚：** 我们在管理过程中，面对的管理对象有素质、修养和能力上的千差万别，正如人们常说的人上一百形形色色，所以，管理者必须以谦虚为本，虚心向管理对象学习，正如古语所说，"满招损，谦受益"。

- **诚实：** 管理者对管理对象必须以诚相待，实事求是，坦诚交换意见与想法，妥善处理分歧。不能耍两面派手段，当面一套，背后一套，表面赞同，背后反对。

- **心胸开阔：** 我们在管理人前，需先将这些容纳下，就像放书的书架，只有先将书放进书架，才能对这些书进行相应的管理，常言道：宰相肚里能撑船，所以管理者应心胸开阔，能容人、容事，不斤斤计较。尤其是在经营管理企业的过程中，更要把握好诚信原则，要与人为善，获取人心。为此，管理者应具有善待他人，尊重他人，平等待人的品质。这样才能使员工感到有一种公平感，积极性才能充分调动出来。善于倾听不同意见，团结一切可以团结的同志共事。

- **吃苦耐劳**：管理的本质其实更多的是服务，让被管理者更加舒适、自愿地被用，所以管理者必须做到服务认真、态度端正，礼貌待人，工作热情、周到，而且管理者的事情繁杂，很多事情会突如其来，加班加点是家常便饭，经常是休息日也是工作日。因此，吃苦耐劳精神也是管理者所不可缺少的素质。

2.2.5　选接班人不能赌运气

作为创业者或管理者，在选人或做事时，都必须进行周密的思考，切合实际的行动，不能抱着赌一赌或搏一搏的想法，靠运气或天意来决定，这些不切实际的想法和情景，只能也只应出现在荧屏上。

同样的，选择接班人时，也不能赌运气，也就是说不能把"宝"压在一个人身上，必须有多个备选，同时也不能在时机上赌运气。

在选择接班人应该注意以下几点。

- **多个候选人**：多个接班人候选。可以保证需要接班人时就有，不会出现没有接班人人选的尴尬，同时增加接班候选人的斗志和工作能力的提升，并且稳定自己的地位。

- **避免内定接班人**：内定接班人容易让其他优秀人才失去斗志，出现松懈，也容易激发内定接班人的骄傲情绪，同时容易出现抢班夺权的情况，过早地危及自己的地位。

- **能力考验**：接班人会对公司、企业前途或命运起着非常重要的作用，决定其存在、兴、亡。所以接班人的能力必须得过硬，不光是纸上谈兵，必须具有实际应用能力，所以我们必须在适当的时机为其提供实战的能力，让其展示才能，然后进行综合评估。

- **特殊认命**：在特殊时期，如人事更迭频繁时，就需要尽快地确定接班人，以免变故，这时就没有过多时间来综合详细地考察接班人的素质和能力，完全靠眼力和胆识了。

2.2.6　反对你的人并不是不忠

君子和而不同，小人同而不和。

——《论语》

在管理中，作为创业者或管理者，一定要清楚哪些人是对自己忠诚，哪些人只是迎合，但有时反对自己的并不是不忠，赞同自己的也未必是忠。在这里笔者想用被唐太宗骂为乡巴佬的魏徵的实例来佐证。

魏徵敢于直谏，经常与唐太宗的意见相悖，而且有时候，惹得唐太宗很不高兴，甚至龙颜大怒。有一次下朝后，唐太宗在后殿气愤地说一定要杀了这个乡巴佬，但经过皇后的巧妙劝说后，放弃这个想法并采纳了魏徵的策略。

通过上面的简单历史典故即可清楚看到魏徵在很多国策上并不是一味迎合唐太宗，而是很多时候提出一些反对意见，但这些意见利国利民，最终也被采纳认可，被唐太宗和历史认定为忠臣。

所以在创业和管理中遇到反对自己意见的人，不一定是不忠。那么怎样来判断是反对自己的人是不是忠诚，可以从如下几点来判定。

- **是否对事**：真正为公司或企业前途着想和打算的人，当领导者或管理者提出不合时宜、不完善或错误的方针方案时，这些人会提出相应的看法，而不是对领导者或管理者本人的反对或攻击，是对事而不是对人。

- **是否拉帮结派**：反对自己的人是否在公司或企业中刻意找到或拉拢那些不太赞同或反对企业/公司文化、制度或方案的人员，实现小集体对抗，若出现这些不是反对，而是不忠。

- **是否造势**：故意把公司或企业的不足或具体策略方案的不足，进行扩大宣传或故意抹黑，弄得公司或企业内部人心不安，甚至出现分裂的情况。

- **是否故意拆台**：有些真正反对自己的人，他不会进行过分表现，他/她会在暗中进行不配合和拆台，甚至出现阳奉阴违，表面支持背地里反对。

- **是否正直**：对于那些正直的人士，他们不太会进行委婉或让人接受的方式进行"劝谏"，而是直来直去，很容易伤人心、违人意，所以在考察反对自己人是否对自己不忠时，可以通过他/她的人品和正直程度来进行判定。

2.2.7 使用将才的多个标准

将才相对于帅才，要略显低点。我们在公司或企业的管理中，选择的将才有多个标准作为参考。

- **聚人心**：能够将公司或企业中的人心聚在一起，使其成为一个有机整体，而不是散沙，也就是能得到员工的支持和拥护，同时能忠诚于公司或企业。

- **惜才爱才**：不仅要关爱下属，而且要懂得珍惜人才，爱惜人才，把同事当作兄弟姐妹，这样不仅可以得到他们的心，还可让其死心塌地为公司或企业卖力。

- **不争功夺利**：不与下属争功劳和夺利益，这样不仅失去人心，不利于公司或企业的生产发展，同时增加了个人的利欲心和野心，公司或企业也很难驾驭管理这类将才。

- **做事细致**：做事踏实认真，注重工作上的细节，但不是追求完美，故意钻牛角尖和挑刺，同时将事务的合适部分留给相应人员去完善。

- **处事冷静**：优秀的将才（管理者）都具有处事冷静的特点，他们善于从事情的多个方面来考虑，并考虑到涉及的各利害关系方，不易冲动行事，不优柔寡断，往往会在周密思考后果断做出决定或清晰地阐明自己的观点，既能较为妥当处理事情，同时又有利于形成良好的人际关系，使人信服。

- **协商安排**：一个优秀的管理者，能让下属主动"追随"，而不是"绑缚"，依赖的是人格魅力和领导力，而不是权力。在通常情况，对事务进行协商安排，很少对下属发号施令。这样往往能让下属心甘情愿地完成被安排的任务，同时营造出和谐团结的团队氛围。

- **勤劳**：从某些方面来说，管理者不仅是服务和管理员工，同时也是一个标杆和榜样，是一面旗帜。所以管理者一定要具有勤劳的品质，让其他员工，愿意主动多干一些"分外"事。

- **有冲进和干劲**：作为将才，就一定要有带领"士兵"冲锋陷阵的干劲，这样才能带领员工实现公司、企业的一个个目标，为公司、企业的发展做出贡献。

- **制度办事**：作为好的将才，不能单凭个人的喜好对部分人员进行喜欢和重用，对不喜欢的人员进行疏远和忽视，一定要公平，也就是周而不比。同时按照公司企业制度来进行功过的判定和奖惩。

2.3　知人善任，用好人才是关键

公司或企业得到人才后，做到了识人，而要用好人才，就必须了解这个人才，知道他/她擅长于哪方面，因为人无完人，不可能十八般武艺样样精通，然后将其放置到合适的岗位工作中，做到用好人才。

2.3.1　给能人以用武之地

我们经常会听到有人说自己是怀才不遇或别人不了解自己，有些还会用李白"天生我材必有用"的诗句安慰自己，有些觉得屈才，还发出了不为五斗米折腰的叹息。

作为公司或企业的领导或管理者，要给真正的能人或自认为是能人的人以用武之地，让其尽量展示能力，也就是俗话说的："是骡子是马拉出来遛遛"，这样真正的能人能突显其能力，那些"所谓的能人"，也会客观地知道自己的不足，从而服从公司的决定。

但能人不是能对所有的事务都能精通，他们或许只能独当某一面，所以我们在让其有其用武之地时，一定要将其放置在他们善于的"地头"，否则他们也会失去所长，而且这些能人，也会感到自己怀才不遇，从而导致人才的流失。

【鄙人索马】

孔子有 72 位非常有名的弟子，也就是我们常听到的 72 贤人，子贡（以能言善辩著称）就是其中一位。有一次孔子东游，马逃脱了束缚，吃了别人的庄稼，农民把马扣留了，子贡自动请求去说服那农民，取回马儿。孔子就顺着子贡的请求，让他去试一试，结果子贡将所有道理都给农夫讲了，农夫就是不还马，回来报告孔子。

孔子说："用别人听不懂的道理去说服他，就好比请野兽享用太牢，请飞鸟聆听九韶一样，这是我的不对，并非农人的过错。"，于是再派马夫前去。

马夫对农夫说："你从未离家到东海之滨耕作，我也不曾到过西方来，但两地的庄稼却长得一个模样，马儿怎知那是你的庄稼不该偷吃呢？"，那农民听后觉得很有道理，就将马还给了他。

在上面的例子中，我们看出孔子用人之道，子贡是贤人，当然也就是能人，先按照他的请求让他要回马儿，给他用武之地，虽然没有要回，再让马夫去要马儿，这样子贡就会心服口服，若先让马夫去要回马，而忽视子贡的请求，这会让子贡不服。

2.3.2　把人才用在合适的岗位上

人才就像是修建楼房的石材，有些是可以用来作为栋梁的柱头，有些是可以用来填补空隙的碎石，只有将这些石材用在合适的地方，才能够修建起一幢完整而又安全的大楼。

同样的，创业者或管理者，需要将不同类型、不同能力的人才用在合适的岗位，才能让其各尽其才、各司其职，各尽其力。这样不仅可以留住人才，同时利于公司整体发展。

作为老板或管理者，怎样将合适的人才放置到合适的岗位上，下面介绍几种常用的方法。

（1）根据能力匹配岗位

在招聘、调动或晋升员工时，一定要让其能力匹配相应的岗位，在招聘员工时，可用岗位的要求标准来衡量，来判断该员工是否匹配该岗位。

而对于岗位的调动或晋升方面，则需要领导者或管理者采取能力匹配的相应措施。

- **阶段能力评估**：在同一工作岗位上，员工都会经过 4 个阶段，分别是磨合→发展→成熟→饱和。作为管理者一定要知道员工当前的能力处于哪个阶段，再做出相应的岗位调动的措施。

- **设置缓冲地带**：设置缓冲地带，就是先让其尝试去做部分或大部分，但不是给予全部，在这其中对其能力进行考察，在必要时出手干预，同时给自己或对方留有余地，避免带来重大损失。图 2-3 所示为常见的设置缓冲地带的方法。

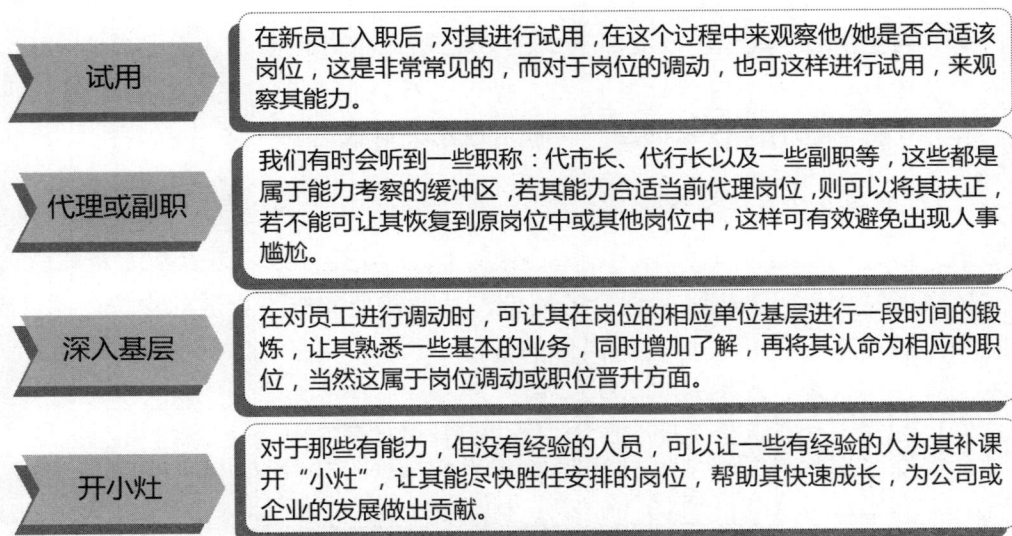

试用	在新员工入职后，对其进行试用，在这个过程中来观察他/她是否合适该岗位，这是非常常见的，而对于岗位的调动，也可这样进行试用，来观察其能力。
代理或副职	我们有时会听到一些职称：代市长、代行长以及一些副职等，这些都是属于能力考察的缓冲区，若其能力合适当前代理岗位，则可以将其扶正，若不能可让其恢复到原岗位中或其他岗位中，这样可有效避免出现人事尴尬。
深入基层	在对员工进行调动时，可让其在岗位的相应单位基层进行一段时间的锻炼，让其熟悉一些基本的业务，同时增加了解，再将其认命为相应的职位，当然这属于岗位调动或职位晋升方面。
开小灶	对于那些有能力，但没有经验的人员，可以让一些有经验的人为其补课开"小灶"，让其能尽快胜任安排的岗位，帮助其快速成长，为公司或企业的发展做出贡献。

图 2-3　设置缓冲地带具体操作

- **避免彼得高地**：在进行人事晋升时，一定不要忽视人员的潜力，避免出现彼得高地的情况，如有人在基础岗位中做得有声有色，但被提拔到岗位管理者时，就出现不能胜任的情况。如要解决因这类现象的出现而给公司或企业带来损失，我们可以通过设置内部晋升渠道。

（2）根据长处匹配岗位

有些人在某方面没有过硬的能力或不想从事他具有能力的岗位工作，这时可以根据其长处进行匹配岗位。管理者可通过发现或展示长处来匹配岗位，下面分别进行介绍。

● **发现员工长处**：作为领导或管理人员，可以站在客观的角度来发现员工的长处，当然不是主观臆断，而是根据一定的方法，如图 2-4 所示。

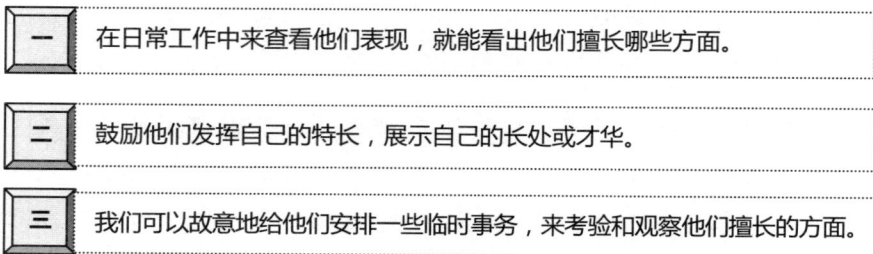

一	在日常工作中来查看他们表现，就能看出他们擅长哪些方面。
二	鼓励他们发挥自己的特长，展示自己的长处或才华。
三	我们可以故意地给他们安排一些临时事务，来考验和观察他们擅长的方面。

图 2-4　发现员工长处方法

● **自主选择**：我们不清楚或员工自己也不能很好地展示出自己的长处时，可以提供一些岗位让其自主选择，选择他们合适自己的岗位，从而也可提高他们工作积极性，同时不埋怨公司或企业不了解他们。

（3）根据短处匹配岗位

根据短处匹配岗位，并不是说员工不会什么，安排什么。这里指的是知道员工的短板或短处后，来安排其适合的岗位，从而避免安排不合适的岗位。图 2-5 所示为了解员工短处后安排合适岗位的情况。

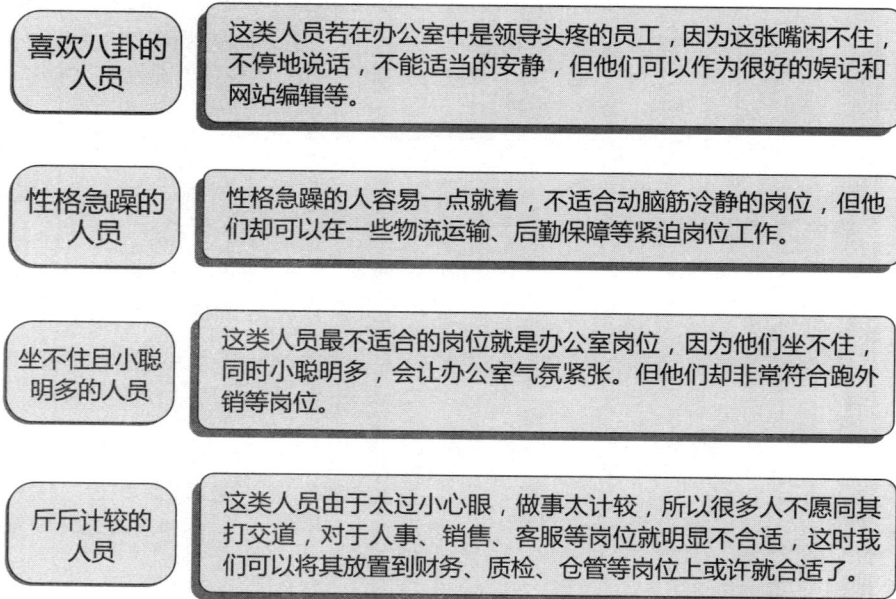

喜欢八卦的人员	这类人员若在办公室中是领导头疼的员工，因为这张嘴闲不住，不停地说话，不能适当的安静，但他们可以作为很好的娱记和网站编辑等。
性格急躁的人员	性格急躁的人容易一点就着，不适合动脑筋冷静的岗位，但他们却可以在一些物流运输、后勤保障等紧迫岗位工作。
坐不住且小聪明多的人员	这类人员最不适合的岗位就是办公室岗位，因为他们坐不住，同时小聪明多，会让办公室气氛紧张。但他们却非常符合跑外销等岗位。
斤斤计较的人员	这类人员由于太过小心眼，做事太计较，所以很多人不愿同其打交道，对于人事、销售、客服等岗位就明显不合适，这时我们可以将其放置到财务、质检、仓管等岗位上或许就合适了。

图 2-5　根据员工短处匹配岗位

循规蹈矩的 人员	这类人员缺乏创新和变通，完全按照预定的方式或章程办事，有时也就会被人称为"死脑壳"，但他们做事稳当、忠诚，对于他们我们可以将放置在有严格要求的生产部门。

图 2-5　根据员工短处匹配岗位（续）

（4）根据兴趣匹配岗位

根据兴趣匹配岗位，按照行话来说就是"初期兴趣定位法"，其具体操作方法是：在刚进入公司或企业时，特别是流水生产部门，带领员工进行参观，观察他/她对哪个部门或工种感兴趣，就将其安排在该岗位。

2.3.3　"大材小用"是资源浪费

大材小用也就是我们常说的拿大炮打蚊子，杀鸡用牛刀一样，都是一种用能力大的去做一些小事。这样只能用到其中的一部分能力，出现能力过剩的情况，让剩余的能力没有用武之地，也就处于一种闲置状态，是一种资源浪费，这样不仅违背人尽其才的原则，同样难安人心。

作为创业者或管理者，我们需要避免这样"大材小用"资源浪费，主要可参考以下几点方法。

● **岗位标尺客观合理**：作为公司或企业老板或管理者，对各个岗位所要求的能力，要有一个客观的行业评价和规定尺度，不能要求岗位面试者有超过太多的能力，如某公司招聘博士学历的人员作为厕所收费员，虽然这是一个炒作营销手段，但在用人方面是不适合的。因为这样就会使就职人员感到工作上轻而易举、不过如此的感觉，从而觉得自己的才华、本领被埋没，导致出现没有太多的工作热情，甚至出现寻找其他伯乐的情况。

● **岗位标准要有弹性**：一个岗位的能力可包括两个方面，一是必备能力，二是参考能力。所以，创业者或管理人员在选取人才时，可在这两种能力上进行平衡，弹性做出选择。对于一些参考能力或可培养的能力，不能要求得过死，不然就会出现拒人才于门外的情况。

● **破格取消岗位标准**：破格取消岗位标准，将工作岗位中那些不必要的要求规则取消，主要查看必备能力，这样就可以避免出现一部分能力过剩却用不上，从而造成"大材小用"的情况。

【庞统治县】

庞统，人称凤雏，是《三国演义》中的一名重要的智能之士，水镜先生曾言：得卧龙、凤雏可安天下。然而当庞统离开东吴到刘备出寻求重用时，却被刘备委以一县官，而庞统之才治理百里之县轻而易举，所以经常无所事事，出现能力过剩，后经张飞见证，确实是个奇才后，带予刘备，后为军师。

在上面的故事中，明显可以看出在刘备的"创业"期间，在任用庞统这件事情上出现了大材小用资源过剩的情况，幸运的是庞统没有弃刘备而寻其他主公，可以说是刘备的幸运。

2.3.4　用人应考虑负面条件

我们在用人前，也需要考虑到岗位的负面条件，也就是可能出现的问题，如管理者容易出现腐败、官僚主义、容易被人戳脊梁骨等。外勤人员就会带来经常不在家的负面条件；客服岗位容易出现无辜被骂、指责、批评等。

考虑到工作岗位的负面条件后，再将相应人员安排在相应的岗位上，就是合适的，如电话客服岗位就应该招聘那些脾气较好、受得起的人，不能是脾气暴躁的人等。

2.3.5　重视个性鲜明的人才

在招聘或选用人才时，除了对其必要能力进行要求外，对于一些具有创造性、创新性的岗位，我们可以接受一些个性鲜明的人才，因为这类人员注重个性，也就是不保守、不落俗套，敢于创新。

这里要特别说明的是，重视个性鲜明的人才有两个前提：一是具备必要的岗位能力，二是要在相对的情况下，也就是在一个没有个性人才的对比下，重视个性鲜明的人才。

同时个性鲜明的人才，必须放置到创新性较强或需要的岗位上，不能放置到一些条款和制度要求特别严的岗位上，不然会出现适得其反的效果。

2.3.6　不拘一格选人才

我劝天公重抖擞，不拘一格降人才。

————龚自珍

作为公司老板或管理者，将会面对形形色色的下属和员工，性格各异，只有用不同的方法来选拔人才，甚至破格选用人才，才能让他们发挥作用。

曾经有人说过：人才出于胆量，虽然这句话有些偏颇，但也有其道理，否则一些人才就会被忽视，从而埋没其才能。例如，某人有特别强的销售能力，就不能因为其学历不够而不用，某人有特别的管理领导能力，就不要因为其出身寒微而不用。又如不能因为某人的长相、身高等，而不用其特有的才能。作为创业者在用人方面既要有规则，又要没有规则，要因人才而异。

【敢于选用政敌】

管仲是春秋时期著名的政治家。他辅佐齐桓公，九合诸侯，一匡天下，成就了齐桓公的霸业。但是管仲以前曾是齐桓公的政敌，曾为了阻止齐桓公回国继位，而在半路射杀齐桓公，由于齐桓公装死骗过管仲，顺利回国继位。管仲也因此而逃到了其他国家进行躲避。

齐桓公听说管仲的才能后，特地派人到管仲逃避国家将其要回，然后授予治理国家的职位，并放下射杀自己的仇恨，最终实现霸业，成为佳话。

在上面的故事中，我们可以明显看出齐桓公并没有因为管仲曾经射杀过自己，而杀掉管仲报仇，而是使用其才能实现其霸业，从而也佐证了"人才出于胆量"的正确性。

2.3.7　防止助手变对手

在我们的实际工作中，经常会有管理者使用助手，来帮助自己来处理一些来不及处理的事情，使自己分身有术。所以助手也是对自己工作最了解和公司重要业务最了解的人。

对助手我们一定要让其真心地跟随自己，不能出现助手变对手，昔日心腹变仇人的情况。而要避免这样的情况出现，我们可以从了解其形成原因的角度来加以防范，如图 2-6 所示。

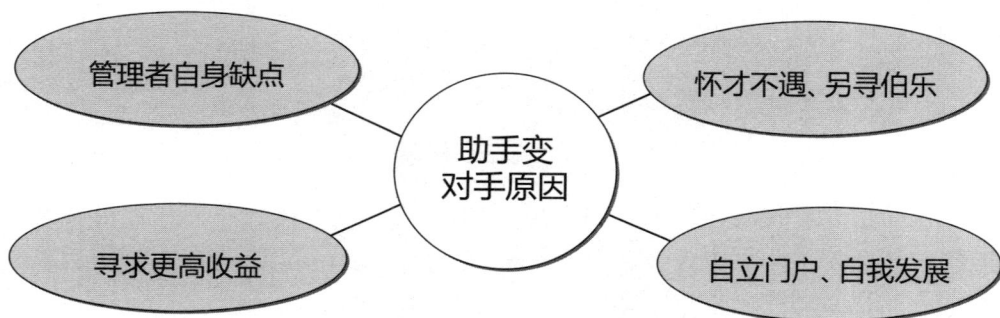

图2-6　助手变对手的原因

所以，作为管理者或老板，要对助手有一定的防范，同时对其进行观察，而且在选择助手时，就要观察其人品。

2.3.8　欲得千里马，先爱百里驹

古时有个君王，渴望得到一匹千里马，便出一千两黄金的高价求购。可是，三年过去了，还没有买到。身边一个主管清扫的侍臣自告奋勇，请求去为君王买回千里马。国王便派他去了。

他到处访察了三个月才得到线索，可等他赶到时，那马已经死了。他便用500两黄金把那匹马的尸骨买下，回报国王。

国王大怒："我所要的是活着的千里马，你为什么买回一堆死马骨头，还白白地花掉我500两黄金？"

侍臣回答说："你要的不是千里马吗？如今，一匹死掉的千里马都要用500两黄金买下，何况是活着的千里马呢。天下人知道了这个消息，必然都会相信大王您果然珍重千里马。这样，活的千里马不久就会有人送上门来了。"

果然，不出一年，送千里马上门来的就有好几起。

所以创业者或管理者，要想得到千里马，需先要好好地对待和使用百里驹，即故事中的买马侍臣，同时也显示出千里马虽好，但不可少百里驹，虽然不如千里马，但容易得到，也是最基本的力量。

2.4 判断员工是否适合现在的职位

不同的岗位，需要不同的人才，同时也需要合适的人才，包括其能力、自愿程度、长处等，所以一个好老板一定要弄清楚该员工是否适合现在的职位或岗位，做到知人善任。

2.4.1 观察员工的表现

在大量的实践中，我们可以看出一个员工对于自己适合、擅长和喜欢的岗位，都会表现得积极、主动、乐观和相对愉悦，而相反则会表现得消极、情绪低落、烦躁、不安、拖延、抱怨及紧张等。

作为公司管理者，可以通过及时观察员工的表现来判断其是否真正适合现在岗位，为后面的人事安排做准备。

2.4.2 询问员工的感受

若管理者通过观察，不能确定该员工是否合适该岗位，可通过询问的方式来了解，而对于已在该岗位上工作已久的员工，若出现不适合的职位表现，则更应该及时进行询问。

作为管理者要询问员工的感受，可以从如下几个方面入手，如图 2-7 所示。

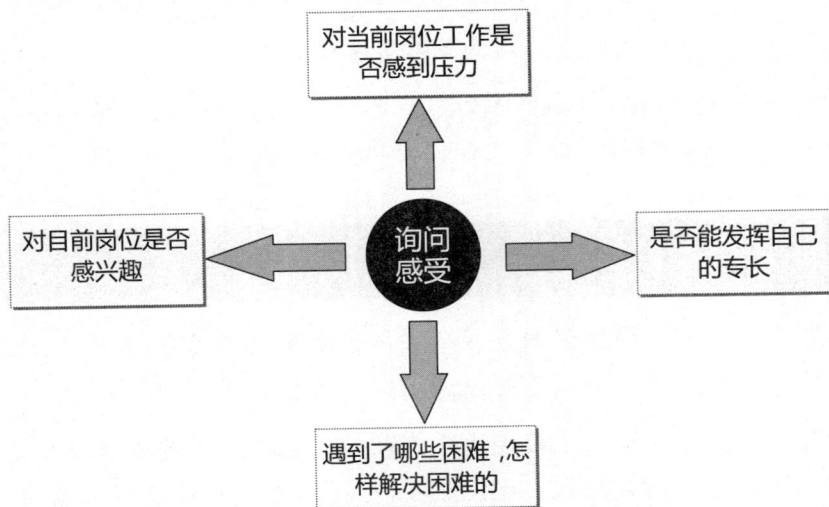

图 2-7　询问员工感受的几个方面

2.4.3　考察员工的业绩

除了对工作表现和询问的方式来观察员工是否合适现有职位外，最直接的方式就是考察员工的业绩，当然这种方法既可针对在岗人员，又可针对新进员工，因为数据有时能很好地说明问题。

2.4.4　重视多方的反馈

对于员工的考察，要从多方面进行了解，避免出现偏听，要做到兼听则明，所以我们要考察员工是否真的适合现有岗位，除了对其本人进行观察、询问外，还可以通过其上级、同事、客户以及家人等来了解。

2.4.5　利用测试表

在现在很多公司中，他们会定期对员工进行各种测试，以便检验员工的职业技能和工作状况，以及及时做出相应的安排和人事调动等；而有些公司在面试新员工时，也会让其完成一些测试题，来考察对应试岗位的认识以及相应的技能知识储备情况等。

【利用笔试和机试考察面试人员】

成都××图书工作室，是一个专门编写计算机和经管方面书籍的工作室，所以对面试的人员，都要进行相应的面试题笔试，来考察面试人员对编辑类知识是否有储备，以及相关编辑软件的了解。通过笔试后再进行软件操作的机试，合格者进行试用阶段，从而实现为公司输入可能适合编辑岗位的人才，这就是一个典型的利用测试来判断员工是否合适现有职位的案例。

2.5　怎样留住人才，为我所用

秦末农民战争中，韩信仗剑投奔项梁军，项梁兵败后归附项羽。他曾多次向项羽献计，始终不被采纳，于是离开项羽前去投奔了刘邦。

有一天，韩信违反军纪，按规定应当斩首，临刑时看见汉将夏侯婴，就问到："难道汉王不想得到天下吗，为什么要斩杀壮士？"夏侯婴以韩信所说不凡、相貌威武而下令释放，并将韩信推荐给刘邦，但未被重用。

后韩信多次与萧何谈论，为萧何所赏识。刘邦至南郑途中，韩信思量自己难以受到刘邦的重用，中途离去，被萧何发现后追回，此时，刘邦正准备收复关中。萧何就向刘邦推荐韩信，称他是汉王争夺天下不能缺少的大将之材，应重用韩信。刘邦采纳萧何建议，七月，择选吉日，斋戒，设坛场，拜韩信为大将。从此，刘邦文依萧何，武靠韩信，举兵东向，争夺天下。

通过上面的典故，我们可以明显看到萧何帮助刘邦留下了军事奇才韩信，从而为争夺天下奠定人才基础，倘若韩信走后，被项羽重用，则天下不一定姓刘。

在公司或企业管理中，不怕没有人，怕的是没有人才，特别是优秀的人才，作为管理者一定要将其留住，为我所用。

2.5.1　从招聘环节做起

在对员工进行招聘面试时，首先了解清楚公司招聘岗位的标准和要求，然后对面试者进行询问、观察，来发现和掌握面试者是否是我们需要的人才，以及他/她是否有适合岗位的潜力，当然对于一些特别优秀的人才可以打破常规进行录用。

然后对于竞争对手中的优秀人才，我们可以通过"挖墙脚"的方式将其挖过来，为我所用，从而也削弱对手的整体实力。

2.5.2　留意培训环节

培训这个环节，既是对新人的技能和业务培训，同时又是对新进员工的观察过程，来查看员工是否合适岗位和接受公司文化。

对于愿意留在公司并接受公司文化的新人，基本上都会表现出较高的积极性和热情。

反之则会出现不太愿意合作，甚至反感，这时可以通过谈话的方式了解其想法，若仍然没有改善，可将其辞退，以免出现蝴蝶效应。

在培训中，为了留住那些我们需要的人才，可以适当有序采取如下几点措施。

● 培训人员应尽量和新人进行沟通，让他们减少陌生感，同时增加对公司或企业的认同感。

- 向新人介绍公司/企业的前途发展空间、薪酬制度以及相关福利等，增加员工对未来的信心。

- 为新人进行长、短期的职业规划，先对其未来进行预览，把"饼"先画给他们。

2.5.3 做好在职员工的工作

人才既要引进，又要留住，千万不能出现猴子掰玉米的情况，这样公司/企业就会原地不前，前期的招聘和培训的工作就可能只是"止损"，而不是"新增"，同时会影响公司整个氛围，严重者可能出现离职潮，出现人心不稳的情况。

所以创业者或管理者，在实际管理中可事先或事后，建立如下方法来留住在职人才，如图 2-8 所示。

1	要学会应用各种激励、沟通方式，使之成为日常工作中必备的职业习惯。
2	掌握建立薪酬结构的政策和方法，因地制宜地建立合适的薪酬结构。
3	掌握个人工资确定及调整的原则与方法，对于优秀人才可提供行业内有竞争力的薪酬。
4	掌握制订短期奖励计划的方法，灵活制订企业短期奖励计划。
5	建立良好的文化氛围，增强公司或企业的凝聚力。
6	让离职人才敢吃回头草。

图 2-8　留住在职人才的几点方法

第3章

有法可依，管人要用制度说话

在进行生产活动时，要想让员工更自愿、更有效地进行工作和服从管理，最好的方法就是制定制度并按照制度来进行管理，就像国家按照法律治理一样，没有不服从、不信服的，从而实现各司其职、各安其分和安居乐业。

纪律是公司的生命
"人治"不如"法治"
没有规矩，不成方圆
对违规的人绝不手软
令行禁止，监督好使
制度的制定和形成时要把握和遵循的原则
制定规章制度要让大家参与
规章制度的设计要点
一定要推行"标准化"

3.1 公司管理重在有法可依

在日常生活中，以法律为红线，道德为准线，不触碰红线，这样才能构建一个和谐、文明的社会大家庭。

同样的，在公司或企业的管理中做到有"法"可依，要求和规范员工生产行为，从而实现公司或企业内部人员的步伐统一和规整。

3.1.1 纪律是公司的生命

没有纪律，就不会有平心静气的信念，也不能有服从，更不会有保护健康和预防危险的方法了。

——赫尔岑

常言道：没有规矩就没有方圆。作为一个公司或企业，一定要有严明的纪律，来规范员工的行为和言行，让其表现出良好工作状态和关系，以此保证公司或企业的健康发展和有机整体。

一个公司没有纪律或纪律不完善，可能出现如下几个方面的问题，如图3-1 所示。

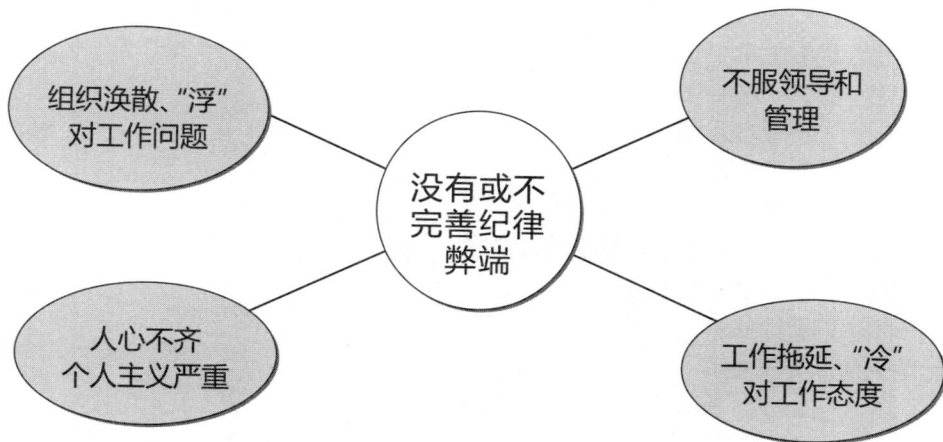

图 3-1　没有或不完善纪律出现的弊端

在公司或企业中，常见的纪律涣散的表现形式有如下几个方面：

● 工作时间无故迟到早退、串岗闲聊、办私事或擅自脱岗。

● 上班时间玩电脑游戏、网上购物炒股、观看或下载视频等与工作无关内容的行为。

● 旷工或者因公外出、请假期满无正当理由逾期不归等行为。

● 开会时无故不到、提前离场，会场上交头接耳、打电话玩手机甚至扰乱会场秩序等行为。

● 值班时间擅离职守、不按规定上传下达，或者私自让非值班人员顶岗等行为。

● 制造和传播虚假消息、泄露内部信息、有令不行、有禁不止等行为。

● 不请示、不汇报、不作为、应付了事、消极怠工，以各种理由不服从管理或违反规定程序擅自行事，对下属和有工作关系的单位或个人态度生硬、推诿扯皮、故意刁难等行为。

公司或企业，特别是新开创的公司或企业要在残酷的竞争中生存并发展起来，必须制定相应的公司纪律，并将这些纪律进行完善和实地执行，做到违纪必究、违纪必查、违纪必惩。

若公司或企业中出现纪律涣散的情况，领导者或管理者可做出如下措施进行补救：

● 动员所有员工，对公司章程、规定和岗位责任要求等进行统一学习和巩固，让每个人清楚知道公司的纪律要求。

● 全体员工对自己和他人的组织秩序涣散、工作纪律松弛进行自纠和监督，将克服纪律涣散的工作踏实推进。

● 完善公司的规则、规程和相应岗位职责要求条例等，使其更加符合公司或企业的实际需要，同时体现"以人为本"的原则。

● 公司领导或管理者对自己进行严格要求，为公司人员做出榜样，同时让其他人心甘情愿地遵守纪律。

- 组织人员进行纪律监督，对仍然存在纪律涣散的直接负责人按规定进行处理。

3.1.2 "人治"不如"法治"

墨家的创始人墨子，最早提倡依法治国，提倡法治。也就是用制定的法律标尺来衡量相应的行为，然后得出相应的制裁标准。它与人治和礼治相悖，相对客观和公平。

在管理公司或企业时，需要按照已有的纪律章程进行公司事务和员工的管理，不能凭个人喜好进行奖励和惩罚等，它的好处有如下几个方面。

- 功过是非变得简单，容易处理，同时让人信服。

- 大家都对公司规则制度保持警惕性，保证公司或企业整体良好的工作氛围。

- 使公司或企业出现良性的竞争和相对的公平。

3.1.3 没有规矩，不成方圆

我们要做到对公司或企业的"法治"，就必须有"法"可依，也就是在公司或企业创建或运行之初，就必须进行公司章程、纪律以及岗位职责等条例的制定，而且必须认真执行和遵守。

同时确立相应的人事组织结构，让公司的员工清楚明白地知道，我们该听谁的、怎样来做、如何来做，做哪些是允许的，哪些是不允许的，该向谁负责以及相应的职位称谓等，让整个公司或企业有良好的运行秩序。

一个没有规则的公司或企业，会出现以下几个混乱无序的情况。

（1）职责不清造成的混乱无序

职责不清，就容易出现"九龙治水"的情况，看似有多个部门进行管理，但事情很难办妥，这是因为谁都没有真正负责，而且往往会出现对工作纠缠不休、整天扯皮的现象，反而使原来的有序变成无序，造成极大浪费。

（2）业务能力低下造成的混乱无序

因为业务能力低下造成混乱无序，有两方面的情况：一是指定部门或人员因为业务能力低下，造成工作混乱无序；二是任务执行过程中，部门和人员出现变更时，工作交接不力，协作不到位，原来形成的工作流程经常被推翻，人为地增加了混乱无序的情况。

（3） 业务流程的混乱无序

在一些中大型任务或重要机密任务中，经营者或管理者通常将其分割成多个，分散给不同的部门或人员去完成，这样各个部门或人员在完成任务的时候，就会以自我的利益为中心而减少或忽略对整体的协作考虑，导致整个任务缺乏协同和衔接，从而出现混乱无序，导致管理成本增加。

（4） 有章不循造成的混乱无序

在公司或企业中，有部分管理人员或员工，特别是管理人员，把公司的规章制度当成他人的守则，自己为所欲为，没有自律，不以身作则，不按制度进行管理考核，造成混乱无序的管理，直接影响了其他员工的工作积极性和创造性，导致部门或公司的整体工作效率和质量下降。

（5） 协调不力造成的混乱无序

协调不力是属于管理上的问题，导致整个组织不能形成有效及时的凝聚力，从而导致缺乏团队协作意识，导致工作效率的低下、拖延，甚至中途而废的情况，这是一种管理资源的浪费，作为运营者一定要注意这一点。

3.1.4　对违规的人绝不手软

作为公司领导者和管理者，要对公司事务和人员进行有效的管理，就必须维护公司各项规定的执行，做到违规必究，违规必罚，这样人人心中就会有规矩，时时守规矩。

这样才能将规矩在人们心中树立起来，不然就成为一纸空文，没有实际效益，"依法"治理公司也就成为一句空口号。

3.1.5　实施惩罚也要按规矩来

在制定公司章程时，会将相应的奖励和惩罚情况进行很明显和清楚的描述，所以在奖励和惩罚员工时，必须按照对应的规定来执行，特别是惩罚时，必须严格按照规定，不能因为个人情绪、感情减轻或增加惩罚的力度，否则很难让当事人或其他人心服口服。同时增加员工对管理员的个人感情看法，不利于公司的长期良性发展。

【惩罚不当的教训】

一家烤肉店，招聘了一些服务员为客人进行烤肉服务，其中一个男性员工，由于在打开饮料时没有按照规定流程做，而遭到客人的投诉，经理因此对该名男性员工进行惩罚，由于该男性员工觉得责任不在自己，而进行辩驳。

按照该公司规定遭到客人投诉，一般情况下，只需进行扣分记过并罚款10元，但由于该名员工的辩驳，惹怒了该名经理，不仅加大对其惩罚的力度（公司规定中并没有规定可以随意调整对员工的惩罚力度），并对其进行人格尊严伤害。

该名受到惩罚的男性员工，心理特别不服和委屈，再次找到经理申诉，该经理再次做出错误的处理方式：再次人为加大惩罚并伤害尊严和感情。

这让原本受到惩罚和伤害的男性员工怒火中烧，在休息期间，回到宿舍，将该名经理的被子和衣服拿到屋子中间，用打火机将其点燃，并导致了火灾。由于发现及时，幸而没有造成大的财务损害和人员伤亡。

从上面的真实实例中，我们可以看出，该名经理在对犯错的员工进行处罚时，没有按照规定来，而是以个人感情的"人治"来代替"法治"，从而直接激怒员工，导致最后的火灾，为公司带来了一定的经济损失和社会负面影响。

3.1.6　人情归人情，事情归事情

在公司或企业中，我们一定要分清楚哪些是个人交情，哪些是公司事务，不能因为个人交情而影响公司事务，从而让公司利益受到损害。也不能因公司的事务，影响和建立、破坏个人交情。

人情归人情，事情归事情，不能把人情与事情混了，不然交情弄不好，事情也会处理不当。

所以，作为公司的创业者或管理者，应要求员工将公私问题分开，不能假公济私、损公肥私，也不能因私废公，要做到公私分明。

3.1.7   管理要讲究层次分明

在公司或企业中，人事结构一般分为：决策层、管理层、执行层，构成金字塔的树状结构。

其中，决策层负责企业的经营战略、规划和生产任务的布置；管理层负责计划管理和组织生产；执行层负责具体的执行操作。所以说各个层级有不同的职责和工作。

同时作为不同层次的管理者，最好的方式是对直接负责层进行管理，不越级管理，也就是不越位，这样才能让管理更加有效和实用，也就是常说的不在其位，不谋其政的道理。同时，被管理人员会因为管理者不是直接领导而不太认同和接受其管理，并会产生反感的心理。

以前有一个笑话，一个写字楼的老总要到公司去办公，由于忘记带进出证件，而被物业保安拦了下来，这个老总心理很不爽，觉得自己是老总，而你只是一个小保安，还敢拦截我的路，我只要一个电话你就能下岗。

趾高气扬的这位老总打通了物业老总的电话，让其给手下保安打个招呼放自己进去，同时让保安难看，可结果是物业保安不认自己老总，坚持要进出证件。

这下老总更是火冒三丈，又给保安的另一位上级领导打电话，同样没有结果，最后这位老总给保安队长打电话，然后通过保安队长给当值保安打招呼，这才让其勉强进入。

在这个笑话中，我们可以看出这位物业保安的老总和上级领导并没有让当值保安对被拦住的老总放行，而是一位小小的保安队长的话起了作用。同样都是老总，并没有因为老总的地位，而让当值保安退步。

所以在管理人员时，要让自己的话有作用，就要对自己负责层或领导层进行管理，尽量少做越位的管理，同时不要所有的管理事情全部包办，这样会出现一些负面影响，如图 3-2 所示。

> 管理者由于跨级别管理，会增加很多额外的工作，增大工作强度，会很累。

> 管理者，特别是运营者，跨级进行管理会让其他管理者缺乏主观意识，事事等待请示解决，从而缺乏主观性。

图 3-2   管理层次不分明的害处

创造性只有在不断的实践中才能体现出来，而越权指挥的领导恰好就截断了通向创造性的通道，使员工和部下的行为完全听从于个人的命令和指挥。

容易出现人不能尽才，才不能尽用的局面，同时让其他人养成等待领导解决问题的习惯，从而缺少能动性，人才得不到重用，就会出现人才流失的情况。

图 3-2　管理层次不分明的害处（续）

【忙碌的汉斯】

美国有个叫汉斯的企业家在发展了几家大型百货商场后，依旧采用小店铺的老板作风和管理方法，对公司的上上下下掌握得非常透彻。上到管理者做什么，该怎么做，下到员工应该做什么，该怎么做，他都布置得精微妥帖。企业看起来运行得非常正常。

而有一次，当他出外度假时，刚出门一周，反映公司问题的信件和电话就源源不断，而且尽是些公司内部的琐碎小事。这使得汉斯不得不提前结束原准备休一个月的假期，回公司处理那些琐碎的问题。

在上述实例中，假如汉斯在企业管理中做到层次分明、职责规划清晰，就不会没有一个安稳的假期。其实问题出现在他的管理上，由于他上下都管而滋养了部下和员工们的惰性，造成了事无大小全找老板，缺乏思考和能动性的局面，以至于公司离了他后，便无法正常运转，这就是一个管理层次不分明的例子。

3.2　制定制度的好处有哪些

公司或企业制度是企业一系列成文或不成文的规则，是公司用来"鞭策"员工的，它能让员工按照公司或企业的要求进行有序的生产活动，并建立起相应的生产关系。

3.2.1　制度不完善，麻烦就不断

工欲善其事，必先利其器。居是邦也，事其大夫之贤者，友其士之仁者。

—— 《论语·卫灵公》

制度就像用格子来分割箱子，它能让装在箱子中的东西装在各个格子中，并不上下突出，左右移动挤出箱子外面去，同时让每个格子中的东西有一定的活动空间，有些人将这种类似箱子的制度管理叫作箱式管理。

正因如此，在制定制度时，一定要对制度进行不断的完善，否则就容易出现东西上下突出，左右移动，甚至跑到箱子外面去的情况。

作为公司的创业者或运营者，在创建和完善制度的过程中，不仅要考虑到箱子中放置东西的格子大小是否合适（制度是否让员工舒适）还应最大限度考虑到公司或企业的利益。

简单说来，在制作和完善制度中，我们要对为公司或企业带来利益的人为行动做出奖励，对公司或企业利益带来不利或损失的人为行动做出惩罚。

所以，创业者或运行者一定要顺着形势的变化，不断地完善制度，让这条"鞭子"更好地鞭策员工，为自己获取利益。但不能时时对制度进行更改和变换，否则就会让员工不知道该怎样做事了，从而产生疑惑。

3.2.2　令行禁止，监督好使

公司或企业制度，其实就是一条红线、一把标尺。他能让运营者或管理者拿这条红线或标尺来考核衡量，很清楚就知道哪些人或事是否做到位，符合标准，哪些是符合公司利益，哪些违背了公司利益等。

这样作为运营者和管理者就能很轻松地实现监督，并能根据制度来要求和规范内部人员的行为。

3.2.3　好制度会使坏人变好

起初，你们只是在偏远的小山村，放着几只羊，过着流浪汉的生活，是我的父亲菲力，让你们脱掉老羊皮，穿上大衣，并用好的制度和风俗，使你们变成文明的人。

——《对马其顿士兵的演讲》

好的制度能改变人的思想，约束人的行为，熏陶人的情操，使散漫、坏脾气的人能在公司或企业中变成一个守纪律和秩序的人，从而放弃那些我行我素、以自我为中心的情绪，变得以集体为中心。

懂得付出得到报酬，多劳多得，同时知道个人在集体中更能体现个人价值等。让员工树立起正确的价值观、世界观和人生观。

3.3　制定公司制度要注意哪些问题

制度是公司的"宪法"，它直接决定了公司的命运，所以，在制定制度时，特别是新手，一定要弄明白哪些问题是必须要注意的，以防止制定的制度不起作用或制作出来的制度不是"预期"那样。

3.3.1　制度的制定及形成时要把握和遵循的原则

公司或企业制度，是为求得最大效益，在生产管理实践活动中制定的各种带有强制性义务，并能保障一定权利的各项规定或条例。包括人事制度、生产管理制度和民主管理制度等。

但无论哪种具体制度，制定和形成时都要把握和遵循如下几条原则。

- **合法性原则**：任何性质的公司或企业，制定的制度内容必须与国家、政府相关的法律、法令、法规保持一定程度的一致性，绝不可以相违背，这是运营者必须遵守的原则，没有商量。

- **必要性原则**：在创业初期，我们制定的制度基本上都会不完善，但其中必要的制度一条都不能少，就像房屋的承重墙一样。其他没有那么必要的原则可在日后进行完善。

- **科学性原则**：制定制度应遵从管理客观规律，制度化的管理必须服从管理学的一般原理和方法，违反了原则只会导致失败。

- **适用性原则**：我们制定的制度，不能一味借鉴和模仿甚至完全套用其他公司或企业的制度，可以效仿，但一定要结合本公司或企业的实际情况进行制定，这样制定的制度才适用，才能产生作用。

- **合理性原则**：制定制度要合理，一方面要体现制度严谨、公正、高度的制约性、严肃性，另一方面要考虑人性的特点，避免不近人情、不合理等情况出现，避免制度导致人才外流。

- **完整性原则**：公司或企业是一个综合性系统，所以制度也应该是一个完整体系，不能有明显的漏洞，制度内容要求全面、系统、配套。

【违背适用性原则的制度】

有家图书编辑公司，由于前者经营不善，转让给一位姓胡的生意人。姓胡的生意人接手后，由于没有公司的管理经验，就完全套用原有的管理方法和制度章程等，这样就出现与以前公司同样的经营问题，其中人事流动特别明显。

员工觉得制度中有些不合理的条例，老板却执意坚持执行，并说原来公司制度就这样定的，这样就导致制度让人不适应，出现管理让人心寒的情况，不久公司出现严重的危机。

在上述的实例中，接手的新老板没有认真对制度进行重新考虑、改动并完善，而是直接全盘接收，背离了制度的实用性原则，最终导致危机的出现。

3.3.2　制定规章制度要让大家参与

规章制度相当于公司或企业"宪法"，所以在制定规章制度时，需要让大家一起来参与，它的好处如图 3-3 所示。

1　集思广益、借用大家的智慧力量。

2　考虑完备、面面俱到，弥补运营者或管理者考虑不周的地方。

3　对于参与的这部分人，就会更加情愿地自觉遵守和维护制定的制度。

4　大家参与制度的制定，就有很多人熟悉和掌握，所以可节省宣传规章制度的部分成本。

图 3-3　大家参与制定制度的好处

大家参与制度的制定有好处的同时，也会带来一定弊端，运营者和管理者在操作过程中一定要考虑到，如图 3-4 所示。

1　参与制定制度的人员，必须具备较高的文化素质修养。

2　有些人会根据自己的岗位职责，提出一些于己有利的建议，从局部出发，而忽视全局。

图 3-4　大家参与制定制度的不足

| 3 | 一些保守、思想跟不上时代发展的人士，提出的制度条例常常具有落后性。 |

图 3-4　大家参与制定制度的不足（续）

3.3.3　规章制度的设计要点

规章制度是一个非常完备的系统，覆盖面较广，所以我们在制定规章制度时，要掌握制度设计的要点，从而找到正确的切入点，下面分别进行介绍。

（1）基础制度形式类型

公司或企业分为 3 个层级：高层管理、中层管理和基层管理。其中高层管理主要是对公司业务和资源的整体把握及控制。

中层管理主要是对业务的控制、组织和协调，保证业务的有效开展。基层管理主要是对业务具体处理和执行。

基层管理虽然作用于基层，但它跨越了 3 层管理，同时影响公司或企业整体的管理和生产。所以基层管理制度的制定就显得尤为重要。

我们可以从以下几个方面入手，如图 3-5 所示。

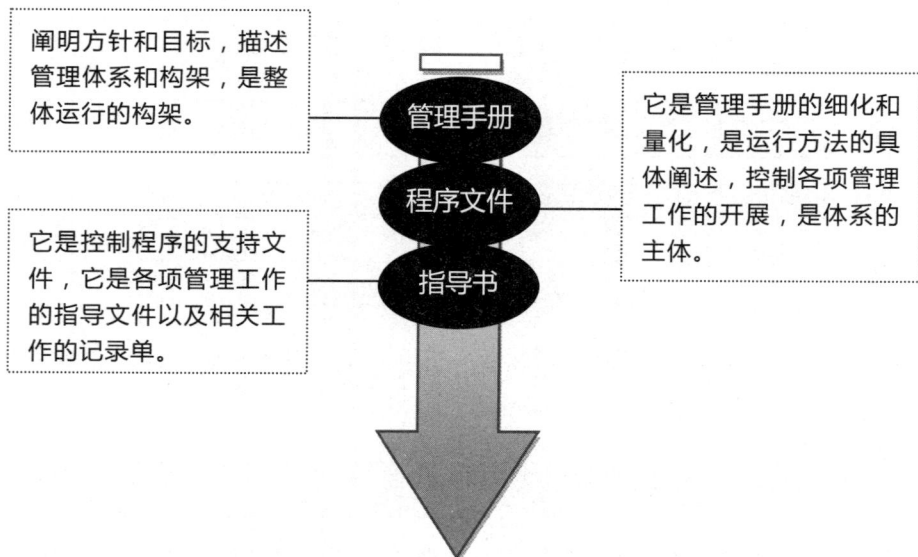

阐明方针和目标，描述管理体系和构架，是整体运行的构架。

管理手册

它是管理手册的细化和量化，是运行方法的具体阐述，控制各项管理工作的开展，是体系的主体。

程序文件

它是控制程序的支持文件，它是各项管理工作的指导文件以及相关工作的记录单。

指导书

图 3-5　基础制度的设计要点切入

（2）基础制度设计的标准步骤

我们在制定和设计基础制度时，可按照如图 3-6 所示的步骤来操作。

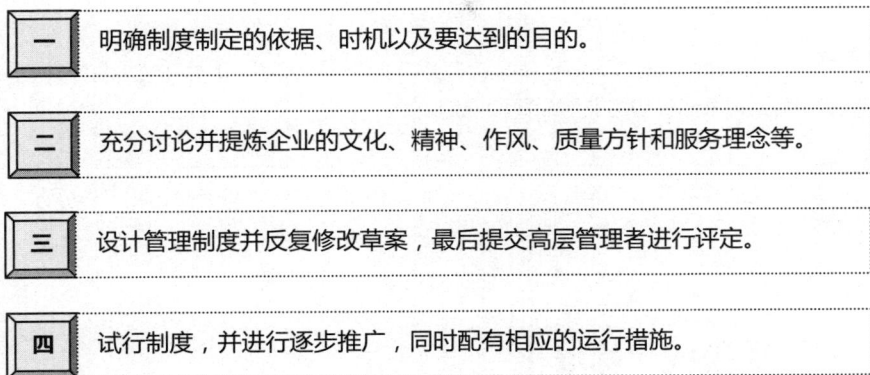

一	明确制度制定的依据、时机以及要达到的目的。
二	充分讨论并提炼企业的文化、精神、作风、质量方针和服务理念等。
三	设计管理制度并反复修改草案，最后提交高层管理者进行评定。
四	试行制度，并进行逐步推广，同时配有相应的运行措施。

图 3-6　基础制度设计的标准步骤

（3）得到员工的认同

我们制定的制度是用来管理约束员工的，所以必须让被管理者认同这些管理措施。当然作为管理者和运营者要让员工认同，须采用一些方法让其认同，如图 3-7 所示。

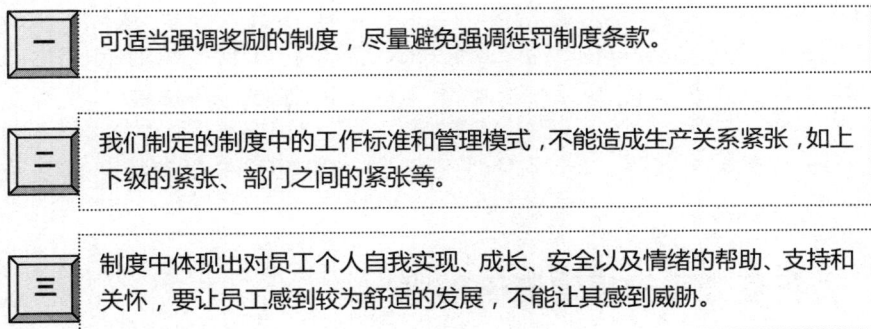

一	可适当强调奖励的制度，尽量避免强调惩罚制度条款。
二	我们制定的制度中的工作标准和管理模式，不能造成生产关系紧张，如上下级的紧张、部门之间的紧张等。
三	制度中体现出对员工个人自我实现、成长、安全以及情绪的帮助、支持和关怀，要让员工感到较为舒适的发展，不能让其感到威胁。

图 3-7　制度得到员工认可的方法

（4）管理企业内部环境和条件

我们制定的制度大部分是从主观意愿出发，带有一定的主观期望，但在实施过程中会受到公司或企业内部环境和条件的限制。

所以在制度设计的初期就可以在公司或企业内部创造一种适合制度推行实

施的内部环境和条件，从而减少其阻力，实现制定制度的初衷。

作为公司或企业的运营者和管理者，可以通过如下方法来营造一个利于推行和实施制度的环境，如图 3-8 所示。

一 我们制定的制度，要符合科学管理公司或企业的原则，同时符合企业行为关系到的每一事物的发展规律和原则。

二 规范地实施制度的全过程，同时规范全体员工的整体职务行为和工作程序。

图 3-8　营造管理企业内部制度的环境

3.3.4　一定要推行"标准化"

我们制定的公司或企业制度，其实就是一套游戏规则，规定了不同角色在游戏中的权限，所以在执行规章制度时，一定要按章执行，也就是推行"标准化"，不能在推广或实行过程中"变味"。

在管理过程中推行制度的"标准化"包括以下 3 个方面。

- 对所有的员工按照制定的制度规范进行管理，不允许任何人凌驾于制度之上。

- 公司规则制度一旦审核通过并实施，不允许任何人或任何部门再对其进行随意增加或删除，公司要统一对其中条款进行解释。

- 公司的规章制度只允许有且只有一套，不能有两套制度，以实现"游戏规则"的标准化。

3.3.5　避免使公司的规定流于形式

我们通过认真、谨慎、全面考虑的态度，经过多方努力而制作的规章制度，必须让其认真地执行起来，为公司或企业获益，所以作为经营者或管理者，一定要避免公司的规定制定流于形式。

要真正做到规定制度落到实处，需要从制度本身、执行制度和制度应用主体这 3 方面入手考虑分析，下面分别进行介绍。

（1）制度本身

我们在制定制度时，就要进行全面、准确、严密、闭合且可操作性强的综合考虑，避免因制度本身的错误或无法实际操作，而出现制度流于形式、成为一纸空文的现象，这是制度自身的问题。

随着时间的推移、政策的变化以及公司企业的规模发展等，作为运营者或管理者要适时地对制度进行完善，保证制度的合理性和科学性，从而让制度保持活力，而继续存在并有效实施。

（2）执行制度

作为公司的经营者和管理者，必须带头遵守制度规定，为员工做出榜样，让员工知道没人能凌驾于制度规定之上，否则，员工就会觉得制度规定可遵守可不遵守，使制度在一定程度上流于形式。

执行制度的管理人员，不按制度办事，而按人情、交情等来处理一些事务，这就属于不"依法"办事的情况，使公司或企业的制度规定流于形式。

管理人员本身对制度就没有完全理解，出现了理解偏差，而人为执行的制度则是另一种主观制度，从而意外地让制度流于形式。

（3）制度应用主体

在公司或企业中，制度应用的主体基本上是大部分员工，所以，当员工感觉到制度对自身发展有威胁时，他们就会营造出不适合制度实施的内部环境。

员工不知道、不清楚公司的制度，就像一个新游戏玩家一样，不知道游戏规则，就会四处乱闯，而出现制度流于形式的现象。

制度的作用范围适合于公司的绝大部分人，所以在应该遵守和服从制度的人群中，如果出现"特权"人士就是出现制度流于形式的现象。

针对由于以上几大主体的问题，就会出现的制度流于形式的情况，我们可以制定以下几种措施来进行防范和治理，如图 3-9 所示。

1. 制定制度要考虑全面、准确、严密、闭合，而且制度的可操作性强。
2. 随着企业当前所处的具体情况不断地变化，制度也要不断地修订，以适用于企业生产发展的需要。
3. 规章制度制定一定要本着以人为本的原则。

图 3-9　防范和治理制度流于形式的措施

4	严格要求领导者和管理者高标准要求自己遵守制度规定，若出现违规，必进行严惩。
5	建立检查系统，定期和不定期对制度的执行和落实进行检查。
6	建立考核和监督系统，对检查出的问题进行评估和考核。
7	对于利用制度玩权谋的人，高层要严厉打击,以维持制度的公平性。
8	制度要拿出来给员工培训，并且要发放到各部门供查询，如果允许，可以进行张贴。

图 3-9　防范和治理制度流于形式的措施（续）

3.3.6　公司/企业规则制度修订程序

为了保证制度的合理性、适应性和科学性，修订制度成为不可避免的操作之一，鉴于制度的重要性，不能随意对其进行修改，必须通过一定的程序，来保证其正确、完整、严肃及地位等，如图 3-10 所示。

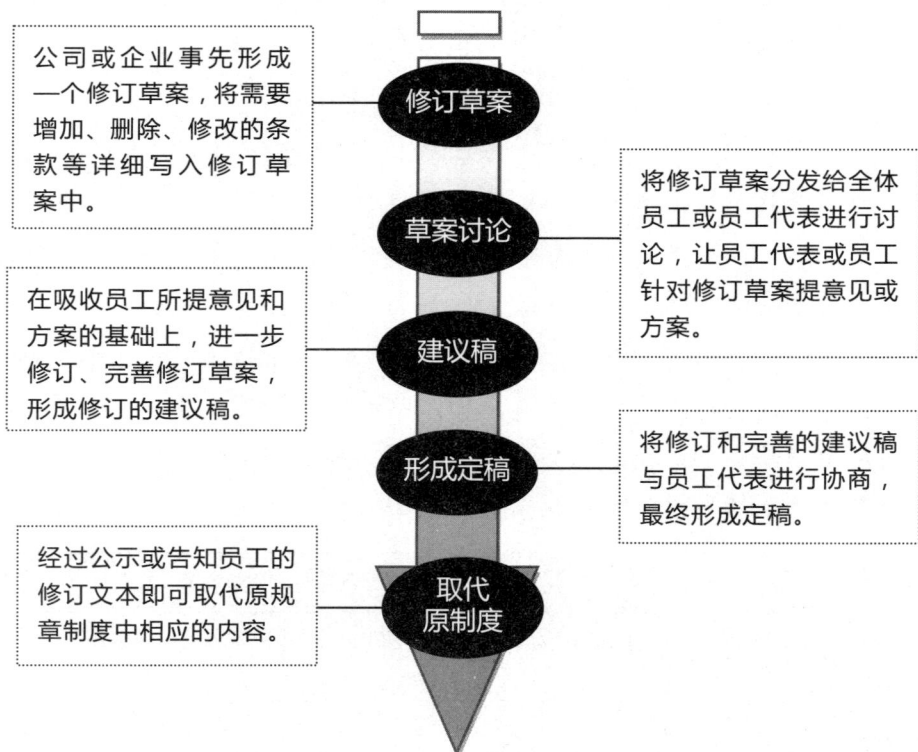

公司或企业事先形成一个修订草案，将需要增加、删除、修改的条款等详细写入修订草案中。

修订草案

将修订草案分发给全体员工或员工代表进行讨论，让员工代表或员工针对修订草案提意见或方案。

草案讨论

在吸收员工所提意见和方案的基础上，进一步修订、完善修订草案，形成修订的建议稿。

建议稿

将修订和完善的建议稿与员工代表进行协商，最终形成定稿。

形成定稿

经过公示或告知员工的修订文本即可取代原规章制度中相应的内容。

取代原制度

图 3-10　规则制度修订的流程

程序修订人员记录

在修订企业规章制度的每一个程序中，都必须形成完整的记录，记录人、参会人员等应当在记录上签字，或参会人员签到，记录人、会议主持人在记录上签字。

3.4 新公司到底要制定哪些制度

作为新手，在开公司时究竟要制定哪些制度，很多人可能心理没谱，可能不太清楚，下面我们就分别展示和介绍开新公司所需要的一些常用制度。

3.4.1 行政管理制度

行政管理制度是用来规范人的行为的制度，是最基本的制度之一，同时也是不可缺少的制度。它包括两个方面：行政类和企业管理类。所以在制定行政管理制度时，可从以下几个方面考虑，如图 3-11 所示。

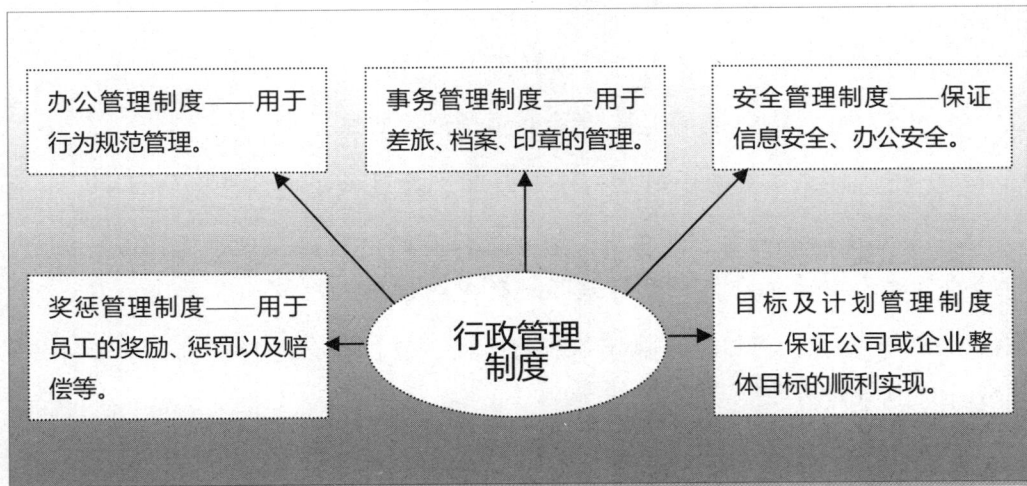

办公管理制度——用于行为规范管理。

事务管理制度——用于差旅、档案、印章的管理。

安全管理制度——保证信息安全、办公安全。

奖惩管理制度——用于员工的奖励、惩罚以及赔偿等。

行政管理制度

目标及计划管理制度——保证公司或企业整体目标的顺利实现。

图 3-11 行政管理制度部分

行政管理制度误区

要注意的是，行政管理制度不等同于行政制度，两者的侧重点不同。其中行政管理制度的重点在于管理，行政制度在于行政基础事务的规范；同时行政管理制度在公司或企业制度中的地位和体量都是相当大，是结合公司/企业目标和需求进行制定的。

下面是一段来源于行政管理制度中的部分考勤条例，用于管理员工的出勤行为。

1. 员工享受国家规定的假期，如五一、十一、春节等，按国家规定休假。

2. 除公司高管成员外，全体员工均要求打卡，严禁代打卡。

3. 工作时间，周一至周五 9:00～18:00，周六/周日休息。

4. 旷工（以下情况视为旷工）：

（1）无故不到岗或擅自延长假期。

（2）未按程序请事假。

（3）未经批准的假期。

（4）因私未打卡并未进行考勤记录。

（5）当月迟到或早退累计 3 次的，记为旷工一天。

（6）旷工不足两小时按两小时计算，超过两小时按半天计算。

5. 员工要按时上班，并签到。如在工作时间因故迟到或早退，须提前向本部门的负责人申请批准，并至行政部进行考勤说明。

6. 门卡丢失、损坏、忘带等不能打卡时，应以登记进行考勤，但不可作为理由，事后进行考勤说明。

3.4.2　人力资源管理制度

人力资源管理制度专门用来管理和规范公司内部人员的招聘、培训及调动等行为操作。包括六大模块，如图 3-12 所示，帮助企业掌握员工管理及人力资源管理的本质。

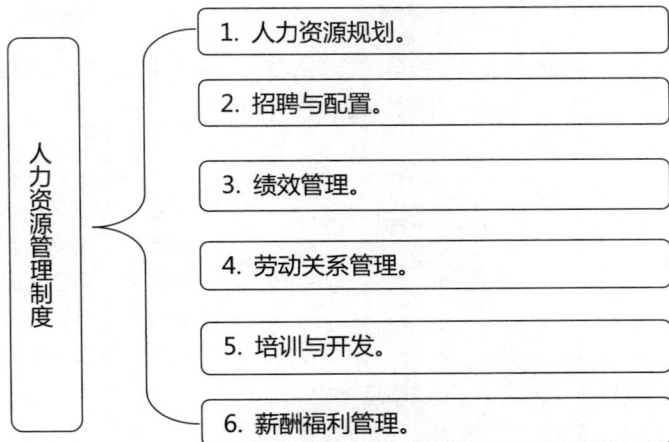

图 3-12　人力资源管理制度

下面是摘抄的一段人员招聘的制度条例：

1. 公司管理人员的聘用分为内部岗位调配和公司外部招聘两个渠道。

2. 公司现有项目部相应岗位需要补充管理人员时，应优先调配内部管理人员来充实，最大限度地发挥现有的人力资源；如确是岗位空缺需要从外部补员时，项目经理（或部门经理）须提出用人申请，填写《招聘申请表》，详细说明空缺岗位的工作内容及应聘条件，报送公司人力资源部。《招聘申请表》经人力资源部汇总审核，报总经理批准后方可从公司外部招聘。

3. 外部招聘员工时，一般通过社会人才市场进行引进，来源为大学应届毕业生和具有一定本专业工作实践经验的社会从业人员，也可由公司内部员工引荐，被推荐人员也须执行本聘用制度。

4. 应聘人员须填写《应聘人员登记表》并提供相关证明资料（履历表、学历证、身份证、职称证书、岗位证书等复印件），人力资源部将上述资料提供给上级主管领导，由领导择优选用，最后通过面试确定录用人员。

5. 凡经审查合格的应聘人员，分配到相应岗位后实行 3 个月的试用期，试用期内表现优秀者，可适当缩短试用时间。应聘人员在试用期内享受试用期工资。特殊人才经总经理批准可以免除试用期。

6. 部门未经请示不得擅自招聘、雇用人员，否则将追究相关负责人的责任。

3.4.3　营销管理制度

营销管理制度，其实就是公司或企业为实现规定任务和目标而制定的营销策略和战术。它大体由 5 个步骤模块构成，如图 3-13 所示。

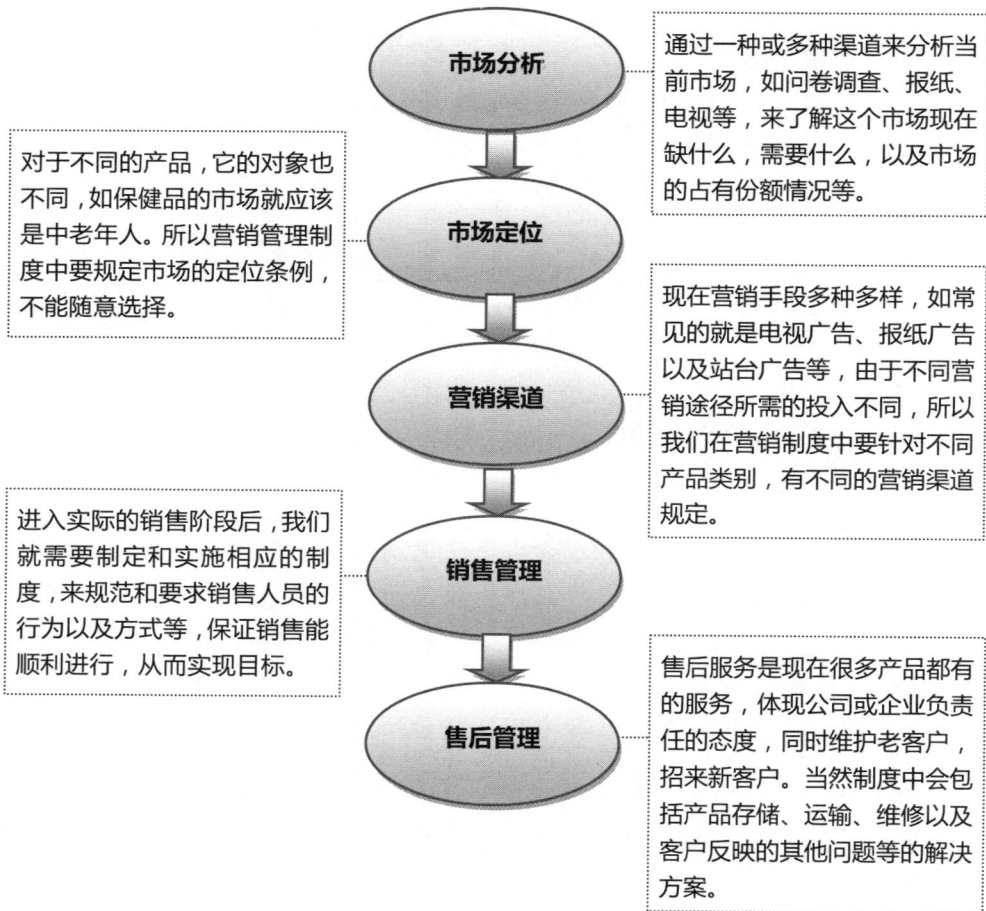

通过一种或多种渠道来分析当前市场，如问卷调查、报纸、电视等，来了解这个市场现在缺什么，需要什么，以及市场的占有份额情况等。

市场分析

对于不同的产品，它的对象也不同，如保健品的市场就应该是中老年人。所以营销管理制度中要规定市场的定位条例，不能随意选择。

市场定位

现在营销手段多种多样，如常见的就是电视广告、报纸广告以及站台广告等，由于不同营销途径所需的投入不同，所以我们在营销制度中要针对不同产品类别，有不同的营销渠道规定。

营销渠道

进入实际的销售阶段后，我们就需要制定和实施相应的制度，来规范和要求销售人员的行为以及方式等，保证销售能顺利进行，从而实现目标。

销售管理

售后服务是现在很多产品都有的服务，体现公司或企业负责任的态度，同时维护老客户，招来新客户。当然制度中会包括产品存储、运输、维修以及客户反映的其他问题等的解决方案。

售后管理

图 3-13　营销管理制度的步骤构成示意图

3.4.4　质量管理制度

我们创办公司或企业后，要在激烈的市场竞争中生存和发展，就必须保证我们生产出或推出的产品的质量，这样才能赢得客户或合作伙伴的信任，从而实现继续合作和得到良好的口碑。

作为公司或企业的经营者或管理者，不能口头进行要求，而是要以制度来规定和要求，这就是质量管理制度。

根据不同的公司或企业从事的产品不同，质量管理制度有很大的不同，但其中有几个核心模块是通用的，下面分别进行简单介绍。

(1) 不同产品标准规定

在生产各类产品时，不是随意定标准，必须明确地按照相应的国家标准、国际标准以及行业标准等，这是必须首先满足的，在制度中必须明确规定和指出。

(2) 检验产品的标准规定

在检验产品质量时，不仅要求产品达到相应的规定，而且必须要求和规范检验产品人员的操作行为，按照必要的流程进行，以及填写相应的产品质量检验报告等。

(3) 问题产品的处理

检验人员按照规定流程和标准进行检验后，可能会发现问题产品，我们要在制度中明确地规定，该怎样来处理这些产品，以及该由哪些人或部门来处理这些问题产品。

(4) 产品质量责任落实

在产品生产中出现质量问题后，进行相应的责任落实，简单说来就是关于该由谁来负责、是哪个环节出现问题的制度说明。

(5) 产品质量投诉处理

智者千虑必有一失，在产品质量的控制中，我们不能存在侥幸心理认为产品绝对不会出问题，而应制定出相应的应对措施和指定应对部门，并将其制定成条款。

3.4.5 采购与仓储管理制度

产品或生产资料的采购，是公司或企业经常需要进行的商业活动，在完成采购活动以后还需要将这些采购的产品进行入库管理，所以采购管理制度与仓储管理制度基本上是相关联的，但两者又是相互独立的。

采购管理制度包括 3 个方面的流程制度规定，如图 3-14 所示。

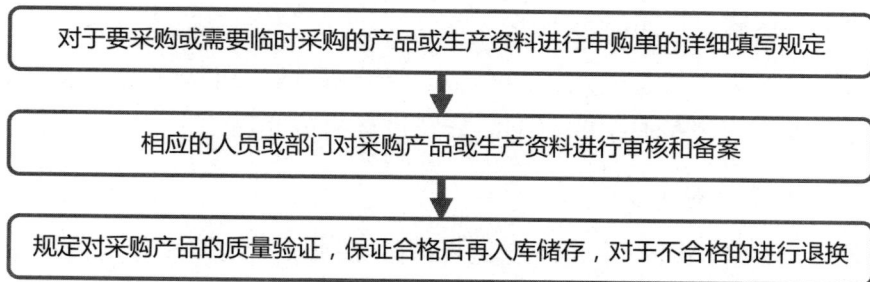

图 3-14　采购制度的大体流程要点

仓储管理制度主要是用来对产品或生产资料进行存储和保管等，包括如图 3-15 所示的几个原则。我们在制定相关制度时，基本上就是围绕这几个原则进行。

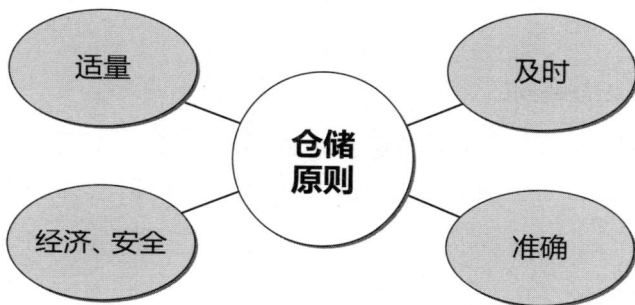

图 3-15　仓储管理制度原则

3.5　怎样避免制度化管理的误区

我们一直在强调，要用制度进行管理，用制度来说话，用好制度这把标尺和鞭子。所以这样就会产生这样一种看法：所有的事情都用制度来进行处理。虽然很多时候，并不能将事情妥善解决。

但不是所有的情况和事情都能完全用制度来衡量和解决，有时甚至会出现适得其反的效果，这就是我们作为新手在开公司中，用"制度化"进行管理最容易出现的误区。

下面分别对制度化管理的常见误区进行介绍并提出相应的应对方法。

（1） 制度化管理能解决一切问题

在制定制度时，可能有考虑不周的地方，在实际的实施中，就可能显现出来。同时制度是冷冰冰的、死的、刚性的，没有一点弹性和柔性，有时虽然能处理问题，却忽视了一些人的本质东西，如自觉性、积极性、性情以及尊严等。

所以作为运营者或管理者，在执行制度的过程中，要有针对性、人性和弹性地执行和实施，切记制度不是万能。

（2） 以惩罚代替或过于奖励

在人性中，都有趋利避害的心理，所以有些人为了减少成本而多倾向避害，也就是多用惩罚的制度条例，使被管理者感到害怕而不轻易作为，而少用一些奖励制度条例，这在很多制度中都可以看出。

作为新手管理公司或企业，一定要很好地应用奖惩这对利器，将它们的力度进行调整。

（3） 制度太苛刻

一些公司或企业将制度制定得特别严厉和苛刻，如工作期间上厕所的时间和次数都有规定，超过规定还要受惩罚等，表面上看起来是为了避免一些偷懒员工占勤劳员工的便宜，保证公平，实际上是有些违背人的原则，让许多员工觉得太累，从而出现"走人"的情况。

作为公司或企业的经营者或管理者，我们在制定制度时须站在员工的位置上来考量，不但从公司或企业的利益出发，真正做到以人为本。

（4） 制度的偏袒

制度偏袒，其实就是厚此薄彼，对不同的部门或岗位制定不同的制度。对容易管理和考核的岗位或部门，制度制定得多且严格，而对于一些不容易量化的部门或岗位，制定出笼统性的制度，从而出现走形式的制度。

作为公司或企业的经营者或管理者，在制定制度时，需对各个岗位和部门进行详细的研究，保证制度的细化和公平，这样整个公司或企业的人员就更加易于管理和服从制度。

（5）制度不能全面执行

在现实中，有一些公司或企业是家族性，或有很多帮忙的亲戚、朋友。而这些亲戚或朋友就构成了一个特殊阶层，我们在按制度对公司进行管理时，这些制度对他们不起作用，或不敢起作用。

这样就会导致制度只能应用于普通的大众员工，造成不公平，人心不服，同时也失去了制度的积极效应和应有的作用。

所以，作为公司或企业的经营者，在执行制度时，一定要一视同仁，避免出现特殊化，最大限度地实现公平。

人性化管理和制度化管理结合

作为运营者或管理者，在管理公司或企业的过程中，除了制度的硬性外，还要考虑到人性，将人性管理和制度化管理结合起来，并不断总结成功和失败的经验教训。

第4章

人员选拔，招聘工作一步到位

我们为公司或企业选拔人才，基本上都是通过招聘来完成的，在本章中会介绍一些常用的招聘渠道和招聘方式，以及招聘中出现的误区等，帮助开公司或企业的新手或管理者更有效和快速地招聘到合适的人才，来为公司或企业效力，从而创造价值。

学历误区
招聘计划的制作流程
内部招聘
员工推荐
招聘的文案设计
招聘物品准备
招聘的现场安排
电话预约值得注意的细节
电话预约面试时的规范谈话流程

4.1 招人不难，几大误区须防范

现在，客观存在这样一种情况：公司或企业招人难，而求职人员又出现求职难。当然其中的原因是多种多样的，而我们作为用人方，需要大量人才，我们需要弄清楚自己这方面的原因。

4.1.1 学历误区

英雄各有见，何必问出处，孙曹与更始，未可同日语。

—— 《感怀》

我们作为公司或企业的经营者或管理者，在招聘人员时，需要按照相应岗位标准要求来找到合适的人才来适应，使其能够很快上手，为公司或企业创造效益。

这样在招聘中就可能出现 3 种情况：一是学历达到要求，但能力不够；二是学历不够，能力达到；三是学历和能力都达到。

当然对于公司或企业来说，学历和能力都达到岗位要求的人员是理想的员工人选。

若出现第二种情况时，也就是能力达到，学历不够的情况，我们可以适当地放宽或忽略学历的要求，因为在工作岗位中工作能力是最重要的，此时就应该做到英雄不问出处。

当然，我们重视工作能力情况下，学历可以不作为标准，但公司或企业要对岗位新人进行培训或培养，那就需要适当地重视学历，因为学历代表的一个人已有的知识储备、学习能力和思维情况，以及今后的发展，从而决定为公司或企业带来的效益。

【幸运的小林】

小林毕业于一所大专院校，擅长于 Excel，而且有自己独到的见解，并且在校时参加过相应的 Excel 竞赛，并获得相应的名次。毕业后未能找到一份合适的工作，而且他感兴趣且对口的岗位，基本学历要求都是本科，觉得自己学历不高，也就没有投递简历，所以一直处于找工作状态。

一次，他和朋友到火锅店吃火锅，他们的座位在几张坐满人的桌子中间，他们哥几个很快就聊开了，小林的谈性很高，把自己对 Excel 的看法，兴致高昂地谈了起来。

周围一起吃火锅的小伙伴都表示非常佩服，纷纷表示赞叹，正所谓说者无心听者有意，一个坐在周围的中年人，走到他身旁，很有礼貌地说："打扰到你们吃饭了，刚才我听到你们的谈话，了解到你对 Excel 方面有些见解，不知道你现在在哪里工作呢？"。

小林说："暂时还没有找到合适的工作，但有几家有意向的公司"。

中年人说："那你的意思是还没有工作？"，然后中年人自报家门，说自己是什么公司的老板，希望小林到他们公司试岗，如果合适就在公司长期发展，公司愿意培养年轻人。

小林刚好也曾投过这家公司的简历，也非常愿意，他对中年老板说出了自己学历是大专。这位中年老板不在意而带有安慰的语气说："是真英雄的话，哪管他是哪里的人呢？"然后告诉了小林公司的地址、乘车路线以及相应的联系方式等。

小林第二天就按照约定时间到公司进行试岗，并在岗位上干出了非常优秀的成绩。

4.1.2 经历误区

随着经历的增多、见识的扩展，做事能力的提高，我们所获得的经验越多，处理事情就会更得心应手。

所以，当我们将这些固有的认识应用于招聘中，对很多岗位的应聘人才设置经历的要求和规定时，很多人才也会望而却步，从而也使得公司或企业失去找到最合适人才的机会和选择。

作为经营者，经验重要，但对比能力和潜在的能力，经验也可不那么重要，因为我们可以看到很多成功的大型公司，其员工的平均年龄只有 29 岁左右，甚至高管都是一些所谓"经历"不够的年轻人，但却能创作出不错的成绩，就是非常好的证明。

不看重经历的误区

作为经营者或者管理者，需要注意的是，我们不看重经历，并不代表经验不重要，我们这里强调的是在能力许可、满足和胜任的情况下，可考虑忽视或看轻经历、经验，而不是完全不注重经验这一重要的指标。

4.1.3　测评误区

随着各种心理学出现在我们视线内，并不断地升温状态下，许多企业也引进了这种"高科技"，来测评应聘人员，看看他们的心理素质或综合素质，是否符合公司和岗位要求。

甚至一些公司或企业的招聘人员，在面试员工的时候，会问应聘者的星座、血型以及属相等，他们可能会有自己一套让人信服的理论，但站在科学角度上来评估：这就是矫情。

在实际的人才招聘中，我们可以对员工进行各种科学的测评，但这些只是参考，重要的是员工的工作能力，重视他们对公司或企业的认同感，若能力和认同感合适，其他的小细节可以通过公司或企业文化和岗位要求进行潜移默化的培养和磨合。

【可笑的运气测评】

有一家企业在网上发布了招聘信息，由于岗位不错、待遇相对较高，所以投递简历的应聘者特别多。该企业在网上进行筛选后，让剩下的人带着履历到人事部面试。

很多面试者带着自己履历来到面试地点，并递交了履历后，都站在指定的位置，然后面试官当着所有人的面，抽出一部分履历直接就扔在地上，并让面试者找到地上属于自己的履历后离开，这些被扔掉履历的面试者就很不明白，就问：我们还没有做任何面试，为什么扔掉我们的履历让我们走人呢？

这个面试官说："我们企业不聘请那些运气差的人，而那些被我抽出扔掉履历的人就是运气差的人，所以这些人可以离开了。"

就在这时一个被扔掉履历人说，"我前几天刚中几个彩票奖，还算运气差吗？"

在上面的招聘实例中，可以看出该企业的面试官就采用了一个荒唐可笑的运气测评，从而可能将那些埋没的千里马赶走了，同时也为公司带来负面效应。

很多企业在招聘人才时，虽然不会闹出同样的笑话，但是一定要客观地看待测评的结果，将它作为一个合适的参考，而不是硬性门槛。

4.1.4　程序误区

每一个公司或企业，在招聘人员方面都有一定流程，有的多、有的少，有的简化、有的烦琐，这是无可厚非的，因为每个公司的情况不一样。

但是，我们作为创业者，一定不要以为招聘程序越复杂越好，越简化越不好，一定要按照自己公司和企业的实际情况以及岗位的要求进行相应面试程序的制定，招到合适的人才。

【保洁应聘】

一家中型企业，由于前一位保洁阿姨的离职，出现人手不够的情况，而决定再招聘一位。招聘信息刚发布不久，就有一位中年阿姨来面试。企业就按照正常的程序进行面试。

先让这位阿姨填写个人档案表，然后进行保洁方面的专业题测试，第二天进行英语题的测试和智力测试，第三天让人事专员进行初试，下午人事经理进行复试，第 4 天，人事主管进行考核，第 5 天，总经理抽空进行最终考核，然后让其回家等消息。

走完这一套面试程序，总共经历了 5 天，让这位面试阿姨累得不行。她稍带调侃地说到："我就是面试打扫卫生的保洁，这情况还以为他们要请我做他们的总经理呢。"

4.1.5　相貌误区

我们经常在网上看到，一些刚毕业的大学生为了找到一份合适的工作，要进行整容的新闻。虽然有些是炒作和夸大，但这也客观地反映了一些公司或企业在招聘时注意外貌的现象。

当然一些特殊的岗位，如公关、接待、电视主持人或是空姐等，需要有漂亮的外貌，较高的颜值，但对于一些不要求相貌的岗位，就没有必要这样要求。毕竟我们的工作需要我们的能力来完成，而不是美颜来解决。

当然，既有能力又有美貌是最好的，但若要在美貌和能力上进行选择，我们建议能力优先，否则招聘一个"花瓶"放在岗位上，能有多大作用。

【不幸的文案女孩】

在成都有一家做招投标的小型公司，有十多位员工，业务还算稳定。由于上一个文案的辞职，出现了空位和工作上的脱节，该公司委托一家招聘网站进行人员的推荐。

很快，招聘网站为其推荐一位能力匹配，且有经验的年轻女孩。到公司后，总经理对其进行面试，但还没有开始面试，该总经理就从心里不想要她，因为面试文案的女孩有一张古时习钻媒婆的脸，特别是尖嘴角上的黑痣。

当然，这位总经理也就是提出了一些非常符合本公司业务的专业文案问题，但这位文案女孩都能提出很好的文案、方案来，证明了自己的业务能力，这位总经理也觉得是个人才，很合适现有空缺的岗位，就勉为其难地让她来上班试岗。

文案女孩的工作开展得非常顺利，非常得心应手，在试岗的第4天，总经理的夫人，也就是这家公司的副总经理到公司交接任务，无意中看到这位文案女孩，当时就径直走到总经理的办公室，带上了门……紧接着该文案女孩就因其他原由被辞退。

后来，在一次聚餐上，大家聊得很开心的时候，副总经理就开玩笑地说起这件事，她说前段时间试岗的文案女孩长相有问题，不吉利，一看就会给公司带来不好的运气，我们公司需要好运气，而不是坏运气。

在上述实例中，文案女孩并没有错，错的就是看重外貌，而不看重能力的公司。我们作为公司的经营者或管理者，一定要从其中汲取教训。

4.2 有条不紊，怎样制订招聘计划

我们制定制度时，就已经制定出科学、合理的招聘程序，那么在制度的宏观规定下，制订出的招聘计划要保证招聘工作的有条不紊。

4.2.1　招聘应坚持的原则

公司或企业在招聘人才时，要遵循一些通用的原则，如图 4-1 所示。

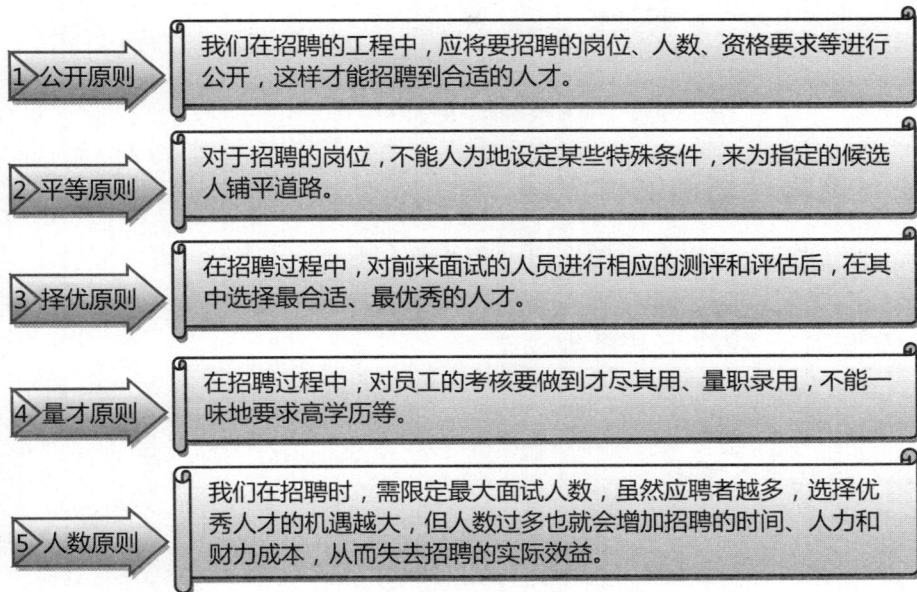

1 公开原则 ▷ 我们在招聘的工程中，应将要招聘的岗位、人数、资格要求等进行公开，这样才能招聘到合适的人才。

2 平等原则 ▷ 对于招聘的岗位，不能人为地设定某些特殊条件，来为指定的候选人铺平道路。

3 择优原则 ▷ 在招聘过程中，对前来面试的人员进行相应的测评和评估后，在其中选择最合适、最优秀的人才。

4 量才原则 ▷ 在招聘过程中，对员工的考核要做到才尽其用、量职录用，不能一味地要求高学历等。

5 人数原则 ▷ 我们在招聘时，需限定最大面试人数，虽然应聘者越多，选择优秀人才的机遇越大，但人数过多也就会增加招聘的时间、人力和财力成本，从而失去招聘的实际效益。

图 4-1　招聘的原则

4.2.2　招聘计划的内容

在招聘过程中，除了遵循相应的原则外，还要制定出直观的招聘内容，明确规定哪些人员去招聘、该招聘些什么样的人才、招聘费用、地点等。

图 4-2 所示为公司或企业招聘时，通常会制定的招聘计划内容。

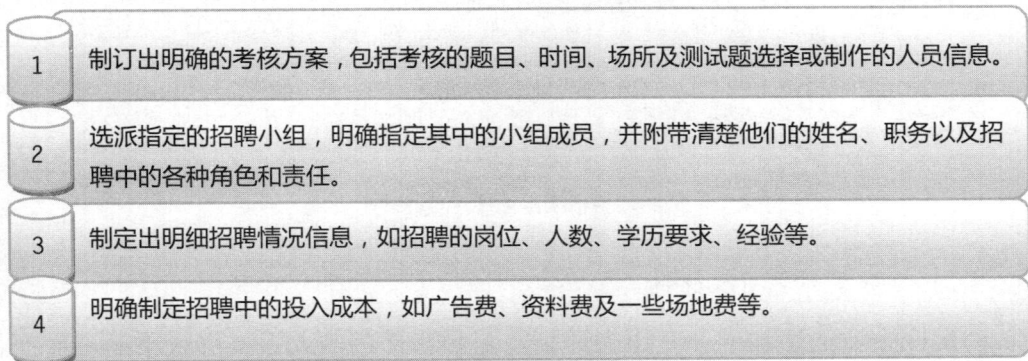

1　制订出明确的考核方案，包括考核的题目、时间、场所及测试题选择或制作的人员信息。

2　选派指定的招聘小组，明确指定其中的小组成员，并附带清楚他们的姓名、职务以及招聘中的各种角色和责任。

3　制定出明细招聘情况信息，如招聘的岗位、人数、学历要求、经验等。

4　明确制定招聘中的投入成本，如广告费、资料费及一些场地费等。

图 4-2　针对招聘方的计划内容

| 5 | 确定招聘的开始时间和截止时间以及拟定员工上岗时间等。 |

| 6 | 制定出招聘的一个时间安排表。 |

图 4-2　针对招聘方的计划内容（续）

4.2.3　招聘计划的制作流程

我们招聘的人员根据任用期限分为长期和临时。其中招聘长期的工作人员，也就是正式员工，属于年度用人计划。而招聘临时员工，又称作临时工和兼职人员，属于追加或补充用人计划。

针对这两种员工的招聘，有不同的流程。下面分别进行介绍。

（1）年度用人计划

公司或企业的年度用人的招聘计划，大体上可以分为 4 个主要流程，如图 4-3 所示。

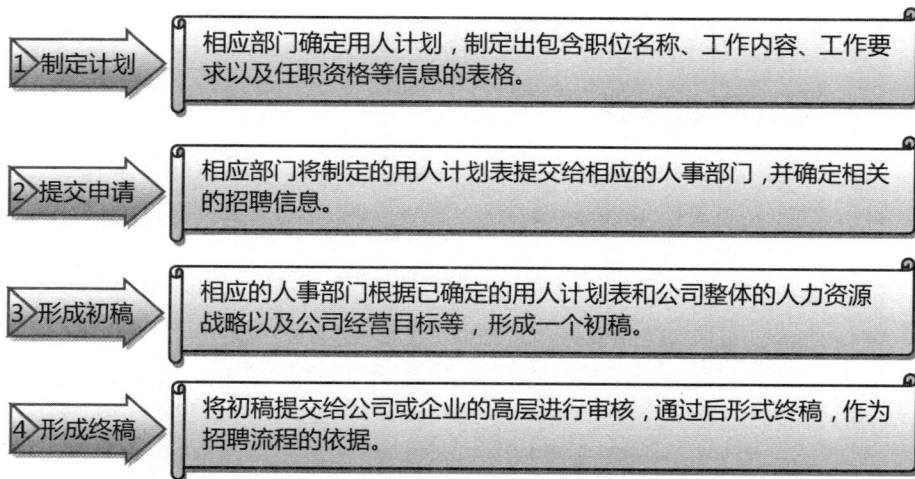

1 制定计划	相应部门确定用人计划，制定出包含职位名称、工作内容、工作要求以及任职资格等信息的表格。
2 提交申请	相应部门将制定的用人计划表提交给相应的人事部门，并确定相关的招聘信息。
3 形成初稿	相应的人事部门根据已确定的用人计划表和公司整体的人力资源战略以及公司经营目标等，形成一个初稿。
4 形成终稿	将初稿提交给公司或企业的高层进行审核，通过后形式终稿，作为招聘流程的依据。

图 4-3　年度用人招聘计划流程

（2）追加或补充用人计划

公司或企业的追加或补充用人计划，是因为部门的人手不够或不足，而产生的一种临时招聘计划，流程如图 4-4 所示。

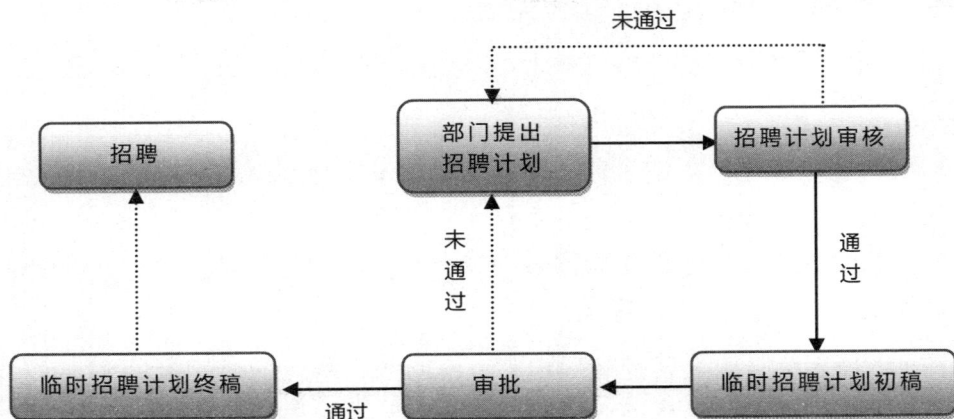

图 4-4　追加或补充人招聘计划流程

4.3　选择招聘渠道，广泛搜罗人才

作为招聘方的主体，要想招聘到合适、优秀的人才必须选择正确的渠道，这样才能提高招聘人才的效率，下面介绍一些招聘人才的常用渠道，做到有的放矢。

4.3.1　现场招聘

现场招聘，也就是面对面的招聘。通常包括招聘会和人才市场。主要是完成招聘或初试。图 4-5 所示为两种不同的现场招聘。

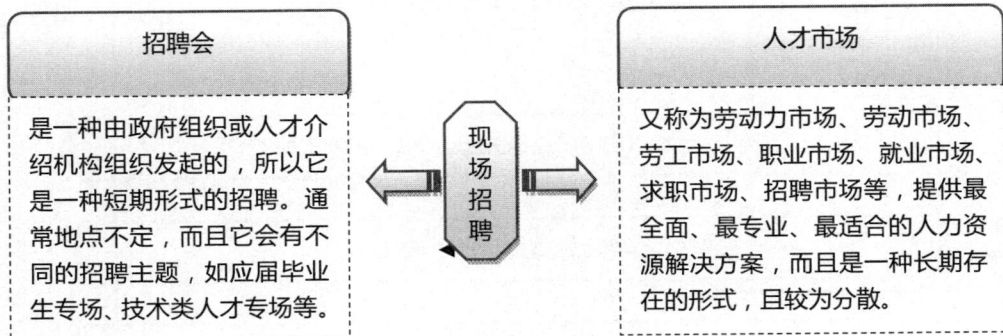

图 4-5　现场招聘的两种形式

4.3.2　网络招聘

网络招聘是利用现在的网络技术，将企业的招聘信息发布在相应的网站上，构成招聘平台。

对于一些中小型公司或企业，没有自己的专门介绍网站，就会通过一些专业的招聘网站来发布招聘信息，并支付一定的费用。而对于一些大型的公司或企业，他们会在自己网站的招聘网页中发布相应的招聘信息，同时还可能在其他招聘网站上进行招聘信息发布。

图 4-6 所示为一家公司在智联招聘上发布的招聘信息示意图。

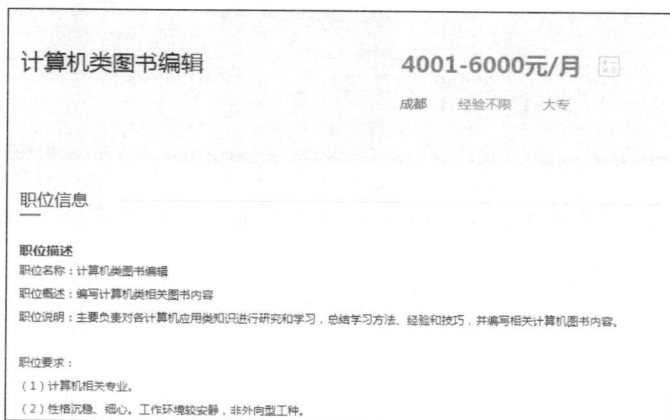

图 4-6　网络招聘信息发布示意图

4.3.3　校园招聘

校园招聘是公司或企业直接到大学校园进行人才招聘，一般招聘的对象是应届毕业大学生，流程如图 4-7 所示。

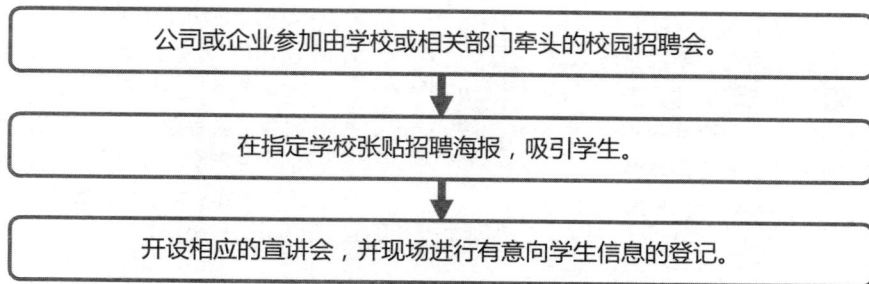

图 4-7　校园招聘流程示意图

进入相应的面试流程。

图 4-7　校园招聘流程示意图（续）

通过校园招聘的渠道招聘人才是一个非常不错的选择，但企业一定要了解它的优缺点，如图 4-8 所示。

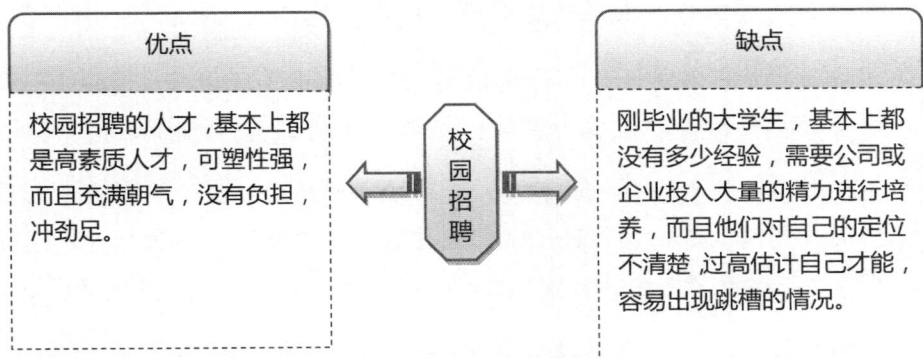

优点		缺点
校园招聘的人才，基本上都是高素质人才，可塑性强，而且充满朝气，没有负担，冲劲足。	校园招聘	刚毕业的大学生，基本上都没有多少经验，需要公司或企业投入大量的精力进行培养，而且他们对自己的定位不清楚，过高估计自己才能，容易出现跳槽的情况。

图 4-8　校园招聘流程的优缺点

4.3.4　媒体广告

媒体广告主要是指通过电视、报纸、杂志以及一些流动性广告视频等来宣传招聘信息。它能将招聘信息进行快速传播，而且覆盖面广，受众大。这样招聘方就能很快收到很多的应聘信息。

但公司或企业一定要明白，这种渠道的招聘基本上都是对一些基础岗位的人才需求，而对于一些高级岗位的招聘就不太适合了。

4.3.5　人才介绍机构

人才介绍机构，也就是猎头公司，它们能根据用户的要求，对相应的人才进行搜罗，并对其进行考核，最后将合格的人才推荐给企业。当然用人单位需要付出较高的费用。

通过这种渠道进行人才招聘的公司或企业，需要一定的实力，而且招聘的人才是高级人才。所以对于招聘一般的、基础的、通用的人才就无需这种渠道。

4.3.6　内部招聘

内部招聘就是在公司或企业内部进行合适人员的筛选，来填补空出或新设的岗位。

在公司或企业中，内部招聘可以应用在如下几个方面。

- **提拔晋升**：在空出职位以下的员工中进行选拔，作为员工升职的机会，使员工感到希望存在，从而产生积极性。同时由于是内部人员，所以他对相应的工作和业务较为熟悉，能很快地适应工作。

- **工作调换**：它只是一种工作岗位的调换，属于平级调换，简称"平调"，其目的很明确，就是填补空缺，快速使该岗位工作运转起来。

- **工作轮换**：一种岗位上的调动，类似班次的轮转一样，针对多个人员、班次或部门，是一种临时性，但又具有长期存在性的岗位调度，这样可调整员工的生产、生活习惯，可有效减少对工作岗位的疲劳感和厌倦感。

- **人员重聘**：这种内部招聘方式主要针对那些在位不在岗的人员，从而出现岗位空缺的情况。这时，公司或企业可将他们重新"请"回来，为公司或企业效力。

在公司或企业中，通过内部招聘招人有如下几个好处。

- **降低招聘成本**：我们在公司或企业内部招聘，就不需要再进行投入广告宣传、场地以及外出等费用，可很大程度上降低招聘成本。

- **招聘效率高**：由于对公司或企业内部人员的工作能力以及人品较为了解，所以很快就能清楚谁适合，快速决定下来，使整个招聘周期大大缩短。

- **激励工作积极性**：对内部人员进行提拔晋升，不仅可以让当事人感到付出的努力没有白费，同时也让其他同事看到希望，所以更加努力工作，激发工作热情，为公司或企业创造更多的效益。

事情总是一个矛盾体，有利也有弊，进行内部招聘会产生如下几点弊端。

- 内部招聘也是一个简单的优胜劣汰，所以在公司或企业没有做出最终决定前，员工内部会发生激烈的竞争，毕竟岗位有限，这样就会造成人员关系紧张。

- 对于竞争的多方，胜者欢喜，败者沮丧、不服，这样可能会出现人员流失的情况。

- 公司或企业内部容易出现"朋党"，出现"近亲繁殖"的现象，这不利于员工创新和公司或企业的成长。

- 若使用过多的内部招聘，公司或企业就缺乏新鲜的血液，从而缺乏新观点、新视觉的融入，而员工也容易出现定向思维，缺乏活力的现象。

我们在使用内部招聘的渠道和方式来填补空位时，为了保险起见，让空出的岗位尽快得到填补，可以和外部招聘进行结合。

4.3.7　员工推荐

员工推荐简单理解为员工把自己熟悉的人或亲戚朋友推荐给公司的一种招聘渠道，它有这样几个优点，如图 4-9 所示。

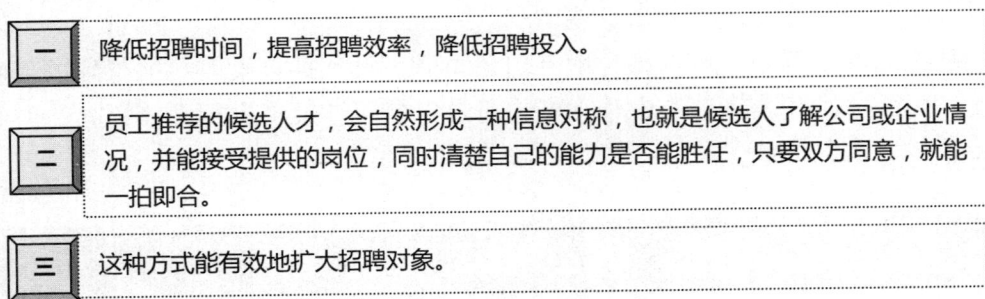

一	降低招聘时间，提高招聘效率，降低招聘投入。
二	员工推荐的候选人才，会自然形成一种信息对称，也就是候选人了解公司或企业情况，并能接受提供的岗位，同时清楚自己的能力是否能胜任，只要双方同意，就能一拍即合。
三	这种方式能有效地扩大招聘对象。

图 4-9　员工推荐招聘的优点

通过员工推荐的渠道来招聘人才，同样有这样几个弊端，如图 4-10 所示。

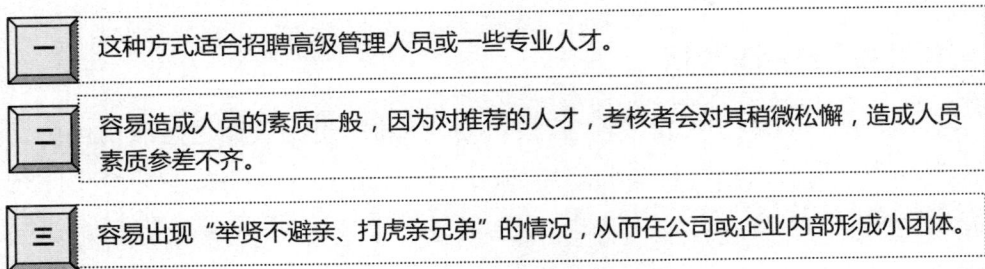

一	这种方式适合招聘高级管理人员或一些专业人才。
二	容易造成人员的素质一般，因为对推荐的人才，考核者会对其稍微松懈，造成人员素质参差不齐。
三	容易出现"举贤不避亲、打虎亲兄弟"的情况，从而在公司或企业内部形成小团体。

图 4-10　员工推荐招聘的弊端

【员工推荐】

　　刚毕业的小林和小刘，是大学同一专业的好哥们。毕业后，为了节省房租，同时，让居住环境好些，就和几个要好的朋友一起租了一个套房，人均每月大约只有300~400元的房租。

　　小刘在一家图书编辑公司找到了一份计算机的编辑工作，做得挺顺利的，而且待遇也还不错，近期由于公司业务的扩展，合作对象的增多，需要招聘更多具有专业知识的人才。

　　这时小刘想起自己的好友小林，觉得他在专业方面比自己要强，同时也觉得公司环境和待遇也能满足他，所以就将想法告诉了公司和小林，结果双方觉得合适，就进行了面试和试岗。

　　很快，小林就适应岗位，并有自己的见解和创新，在短期内为新公司编写出来两本畅销书，为公司带来了好的收益和声誉。小林也得到了相应的奖励，同时为小刘的推荐人才行为进行奖励。

　　从上面的实例中，可以清楚地看出公司通过员工推荐渠道，招聘到了合适和优秀的人才，作为经营者或管理者也可考虑使用该渠道进行人才招聘，但要观察被推荐人的才能。

4.4　未雨绸缪，做好招聘前的准备工作

　　招聘是一系列工作的集合，所以在招聘前，一定要先做好相应的准备工作，否则应聘者会觉得公司或企业不正规，从而出现找不到人才或找不到好人才等。

4.4.1　申请招聘费用

　　在招聘的过程中，肯定会产生这样或那样的费用，当然这些费用由公司或企业来承担，招聘人员可以先将这些费用进行申请。图4-11所示为一份常规的招聘费用表。

预算支出				
部门		编制时间		
部门经理		编制人		
招聘费用预算一览表				
费用名称		费用金额（元）		备注
材料制作费用				企业宣传材料制作费用、笔试材料费用
招聘广告费用	网络招聘费用			在某招聘网站上发布职位信息的费用
	报刊广告费用			在某报纸上刊登招聘广告的费用
	招聘会参展费用			参加招聘会的费用
办公费用				水电费等
人工成本				招聘人员的工资、差旅费等
其他费用				其他各项费用开支
总计				
财务审核				

图 4-11 招聘费用申请表

4.4.2 选择招聘时间和地点

一般情况下，招聘的时间没有特殊的要求，有些公司或企业分为春季招聘和秋季招聘，当然这些完全根据本公司或企业的实际需要来决定。若要参加招聘会招聘人才，那就需要与相关的单位进行相应的确认。

由于招聘的渠道不同，常见的招聘地点有以下几处，如图 4-12 所示。

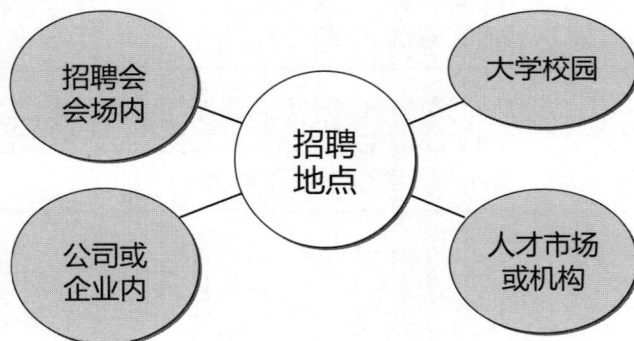

图 4-12 招聘地点

4.4.3 招聘前的工作会议

公司或企业是一个有组织的整体，所以就要以整体的形象，走出去完成招聘。那么首先就需要在招聘前召开一个统一协调的会议，来安排和决定一些事物分工等，如图 4-13 所示为招聘工作会议的内容。

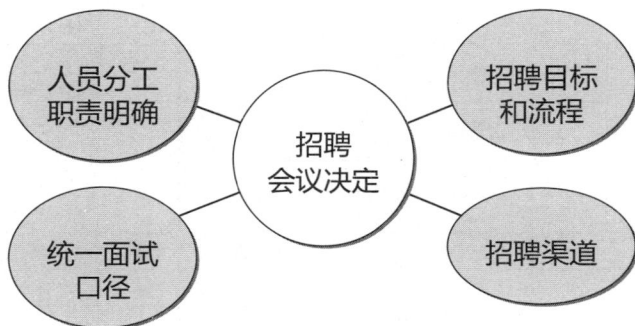

图 4-13 招聘会议的内容

4.4.4 招聘的文案设计

招聘的文案是公司或企业将招聘岗位的相应信息展示给应聘者的内容，让他们了解岗位的相应信息，从而决定是否感兴趣、投简历和应聘等。

招聘文案主要包括 3 个方面，如图 4-14 所示。

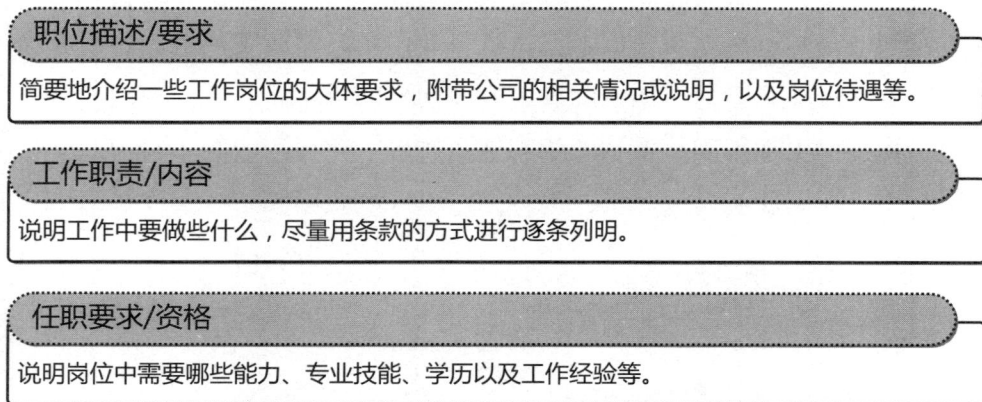

职位描述/要求

简要地介绍一些工作岗位的大体要求，附带公司的相关情况或说明，以及岗位待遇等。

工作职责/内容

说明工作中要做些什么，尽量用条款的方式进行逐条列明。

任职要求/资格

说明岗位中需要哪些能力、专业技能、学历以及工作经验等。

图 4-14 招聘文案的内容

如图 4-15 所示为常规的招聘文案样式。

职位描述/要求：

更新一下，截至 5 月 26 日 17 时，我们共收到了 123 份文案求职简历，但是很可惜，未有一人能够面试成功。其实我们的要求并不高，有文才、有创意、有思想即可，但最重要的是，有一颗对自己、对他人、对工作的责任心。公司业务迅速扩张，亟需一位有能力、有担当的文案人员，请您务必把握机遇，为自己的未来开创一片广阔的天空。

工作内容：

1.在策略总监的指导下，负责项目品牌推广传播文案的撰写工作，包括各类媒体的软硬广告文案等；

2.为项目整合营销传播、品牌推广提供创意思路或创意点；

3.为创意思路或创意表现提供创意说明，协助完成项目提案文字部分的撰写工作；

任职要求：

1.广告学、中文学、新闻学、传播学、市场营销学相关专业，本科以上学历；

2.专业广告公司 1～3 年文案工作经验，能高效撰写各类形式和内容的广告文案；

3.认真细致，责任心强，普通文稿三次检校后错字率控制在万分之五以内；

4.思维敏捷，思路开阔，见多识广，创意丰沛，对事物有自己独到的认知和见解；

5.为人忠厚老实，团队协作能力强。

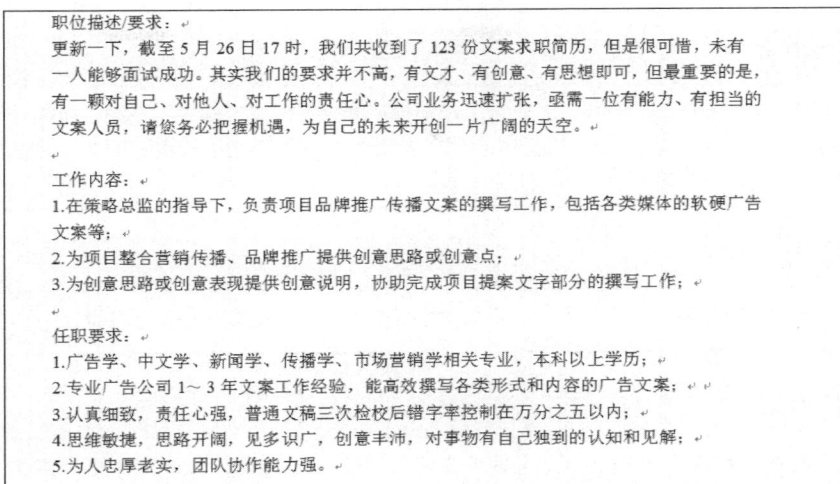

图 4-15　招聘文案

4.4.5　招聘物品准备

招聘前，我们必须对招聘需要的物品进行准备，方便我方和应聘者的使用，从另一个方面，展示招聘方的正规性和认真对待招聘的态度，避免应聘者觉得招聘方是皮包公司或不正规，从而导致人才难招的情况。

当然对于不同规模的招聘会，准备的物品也不同，如图 4-16 所示。

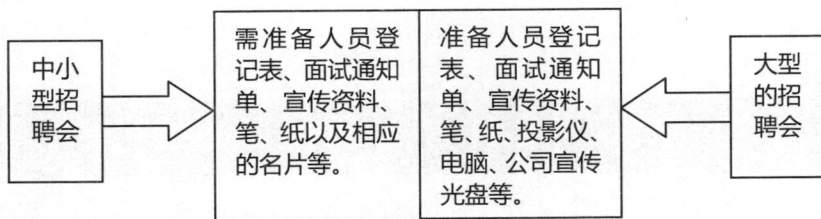

图 4-16　招聘准备物品

4.4.6　招聘的现场安排

招聘是一个公司或企业行为，它是公司或企业对外整体形象的一个缩略点，给应聘者的第一印象。所以在对外招聘时，招聘点的现场安排要有一定的讲究，这样才可能吸引和找到更多合适和优秀的人才。

招聘点的现场安排包括物品、人员和时间的安排，如图 4-17 所示。

用品放置

对于在招聘中要使用到的物品，要对其进行有序的整理，保证其整齐、干净、有序，不能是脏、乱、差。同时保证招聘人员能轻松找到，最好是记住各类用品放置的位置，避免使用时手忙脚乱，显得不专业、不正规。

招聘人员安排

在条件允许的情况下，让招聘人员进行男女搭配的形式，同时安排好谁是主聘人。

招聘人员仪态

招聘人员的形象在招聘中直接代表公司的文化和形象，所以招聘人员的着装要有讲究，最好是职业装，同时保持良好的言谈举止。

招聘时间安排

在招聘点上进行人员接待时要控制时间的长度，一般在 15 分钟左右，对于特别有意向的人员，可进行另谈，这样就不会让其他应聘者等待较长时间，因为等不及，而放弃。

招聘点位置

在招聘会或人才市场设置招聘点时，最好将其选择在人流多或容易看见的地方，这样人气就会相对高一些。

图 4-17　招聘准备物品

4.5　千里姻缘一线牵，高效预约应聘者

预约应聘者一般都是电话预约，也就是招聘人员觉得该人才适合相应的岗位，想进一步进行了解，从而让其进行面试的一种手段。但我们要应用好这种手段一定要有所讲究，下面进行介绍。

4.5.1　电话预约值得注意的细节

我们要通过电话预约应聘者前来面试，不能像平常打电话那样随意，需要注意以下细节，否则预约者可能就不会接受。

● **告知对方必要信息**：我们主动打电话给应聘者时，一定要先告诉对方

我是谁，也就是哪家公司，最好是公司全称，这样求职者才不会一头雾水，反复在心里想这是哪家公司，投过简历吗？导致不信任。同时告知自己的职位和姓名。如我是人事专员小林等。

● **注重商务性**：我们打电话预约应聘者面试，是一种商务活动行为，所以我们在电话中要用商业用语，如接通电话时，须询问对方是否方便接通电话，同时多用"您"等词语。

● **详细告知公司地址和乘车路线**：我们要想应聘者来面试，实现人才的招聘，可以告知公司的具体位置和相应的乘车路线，这样面试者会感觉到公司的人情味，从而促成预约成功。

● **给求职者话语权**：预约面试是一个双向行为，所以我们在拨打预约电话时，不要一直说，还要给预约人一些发问或表达的机会，实现简单的互动，当然具体的面试问题让其到公司面试时再谈。

● **人情关心**：我们在预约面试者时，可适当地进行关心和友情提示，让预约者心里觉得温暖，对公司或企业产生认同感，从而促成面试的成功。

● **事后跟进**：对于一些没有按时或按约定时间来面试的人员，我们可以进行事后跟进，了解没有来面试的原因，以方便我们下一步工作的开展，同时让那些由于客观因素没有来面试的人感受到关心而来面试。

【失败的预约】

刚毕业的小刘，在网上投了多家公司，应聘网站设计岗位，由于求职心切，就不停在网上投递简历，所以投递简历后，大部分公司都没有印象。突然有一天一家网站公司打电话给他，让其进行面试，并告知了相应的乘车路线，而且也很礼貌客气，但小刘不知道这是哪家公司，很疑惑地问了一句："贵公司的名称是？"对方有些生气地说："你投简历的公司你都不知道吗？"然后气冲冲地挂了电话，结果预约失败。

从上面的实例中，我们可以看出，招聘人员在进行电话预约人员面试时，忽略了基本的细节，就是首先告知对方，我是哪家公司，也就是我是谁，从而导致预约应聘者失败。

4.5.2　电话预约面试时的规范谈话流程

电话预约面试有一定的顺序和流程，如图 4-18 所示为一份完整规范的电话预约流程示意图。

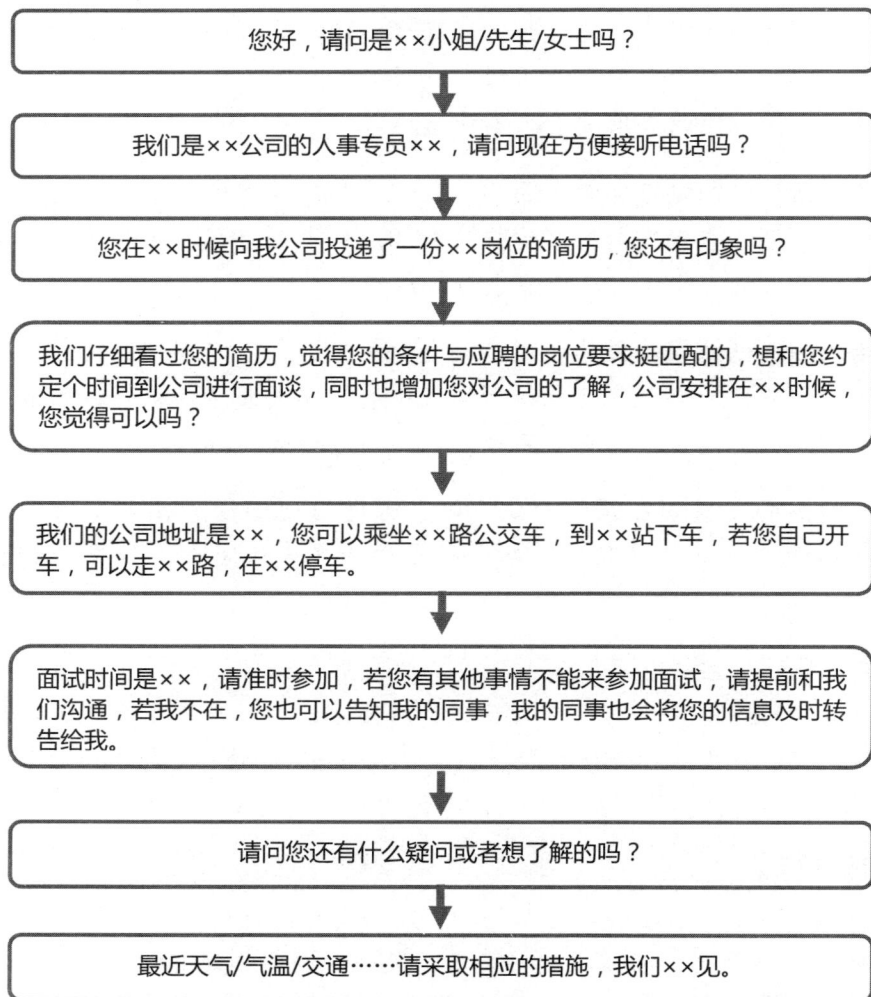

```
┌─────────────────────────────────────────────────────┐
│          您好，请问是××小姐/先生/女士吗？               │
└─────────────────────────────────────────────────────┘
                          ↓
┌─────────────────────────────────────────────────────┐
│   我们是××公司的人事专员××，请问现在方便接听电话吗？    │
└─────────────────────────────────────────────────────┘
                          ↓
┌─────────────────────────────────────────────────────┐
│  您在××时候向我公司投递了一份××岗位的简历，您还有印象吗？ │
└─────────────────────────────────────────────────────┘
                          ↓
┌─────────────────────────────────────────────────────┐
│ 我们仔细看过您的简历，觉得您的条件与应聘的岗位要求挺匹配的，想和您约 │
│ 定个时间到公司进行面谈，同时也增加您对公司的了解，公司安排在××时候， │
│ 您觉得可以吗？                                         │
└─────────────────────────────────────────────────────┘
                          ↓
┌─────────────────────────────────────────────────────┐
│ 我们的公司地址是××，您可以乘坐××路公交车，到××站下车，若您自己开 │
│ 车，可以走××路，在××停车。                           │
└─────────────────────────────────────────────────────┘
                          ↓
┌─────────────────────────────────────────────────────┐
│ 面试时间是××，请准时参加，若您有其他事情不能来参加面试，请提前和我 │
│ 们沟通，若我不在，您也可以告知我的同事，我的同事也会将您的信息及时转 │
│ 告给我。                                               │
└─────────────────────────────────────────────────────┘
                          ↓
┌─────────────────────────────────────────────────────┐
│         请问您还有什么疑问或者想了解的吗？               │
└─────────────────────────────────────────────────────┘
                          ↓
┌─────────────────────────────────────────────────────┐
│  最近天气/气温/交通……请采取相应的措施，我们××见。      │
└─────────────────────────────────────────────────────┘
```

图 4-18　电话预约的规范流程示意图

第5章

慧眼识才，如何挑选人才

在本章中，主要介绍面试官怎样通过面试来发现、发掘和找到人才，其中会涉及实际操作技能知识，贯穿简历的筛选、面试预约和面试 3 个环节，为用户练就一双能辨别人才的慧眼。

筛选简历

通知面试

面试小结和建议

面试前的准备

常用的招聘提问方式

能力面试技巧

压力面试

惯性心理测试

口头语言

肢体语言

5.1 如何组织面试

面试，是公司或企业招聘人才的环节之一，是为了查看应聘人才是否合适相应的岗位，同时，公司或企业是否能满足求职者的相应要求，如福利、个人发展要求等，下面将对组织面试的相应操作进行介绍。

5.1.1 筛选简历

简历的筛选是将那些符合应聘岗位人员的简历筛选出来，帮助面试者进行信息的收集，为面试做准备。同时将不符合条件的简历筛选出去，进行相应的处理，当然情况允许的话，可以对不符合条件的应聘者进行礼貌性的回复，如"希望有机会下一次再合作"，并对其简历的投递表示感谢等来婉拒他们，同时扩大公司正面影响。

5.1.2 通知面试

通知面试就是让应聘者到公司进行面试。它可以分为两种方式：电话通知和邮件通知。

其中电话通知与电话预约应聘的方式、步骤流程及规范要求相同，在第 4 章 5 小节处已讲过，这里就不再赘述。

而邮件通知面试中应包含的信息包括：面试时间、面试地点、乘车路线以及联系人等重要信息，如图 5-1 所示。

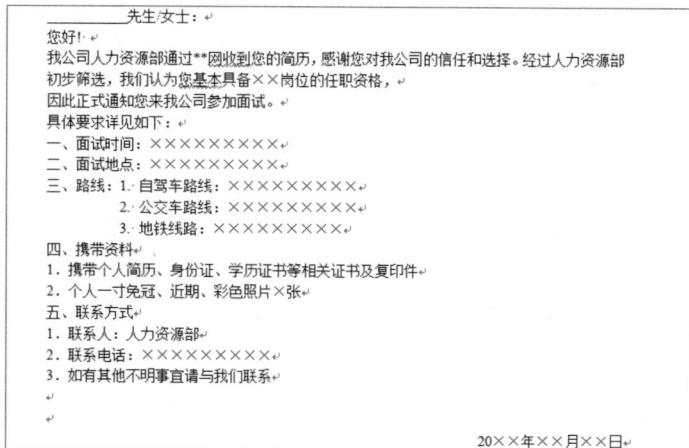

```
_____先生/女士：
您好！
我公司人力资源部通过**网收到您的简历，感谢您对我公司的信任和选择。经过人力资源部
初步筛选，我们认为您基本具备××岗位的任职资格。
因此正式通知您来我公司参加面试。
具体要求详见如下：
一、面试时间：×××××××××
二、面试地点：×××××××××
三、路线：1. 自驾车路线：×××××××××
        2. 公交车路线：×××××××××
        3. 地铁线路：×××××××××
四、携带资料
1. 携带个人简历、身份证、学历证书等相关证书及复印件
2. 个人一寸免冠、近期、彩色照片×张
五、联系方式
1. 联系人：人力资源部
2. 联系电话：×××××××××
3. 如有其他不明事宜请与我们联系

                                        20××年××月××日
```

图 5-1　正式面试步骤

5.1.3 正式面试步骤

求职者按照公司或企业的要求，到达指定面试地点后，就可以按照约定的时间进入正式面试，作为面试方我们按照一定的流程来逐步进行，保证面试的有效稳步进行，如图 5-2 所示。

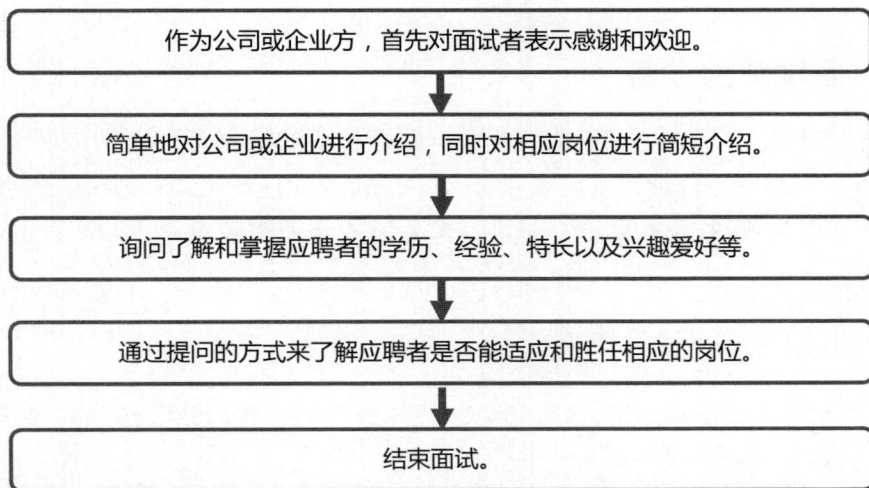

作为公司或企业方，首先对面试者表示感谢和欢迎。

简单地对公司或企业进行介绍，同时对相应岗位进行简短介绍。

询问了解和掌握应聘者的学历、经验、特长以及兴趣爱好等。

通过提问的方式来了解应聘者是否能适应和胜任相应的岗位。

结束面试。

图 5-2　正式面试步骤

面试结果

面试结束时，若自己有权限做出决定，可以当场做出录用或不录用的决定，当然也可让面试者等待回复，并明确告诉其回复时间段。若自己没有权限做出决定，需及时告知相应的人员。

5.1.4 面试小结和建议

我们对应聘者进行相应的面试后，可对其进行一个简单的小结，也就是客观评价，并对其进行相关合理的建议，当然这些建议都是一些大家认同的，如应聘工作前，可先对公司或企业进行相应的了解，掌握基本的信息，以及个人职业发展情况等。

这样，一方面作为对应聘者选择和信任本公司或企业的一种感谢，另一方面是维护和宣传公司或企业形象。

5.2 面试的提问方式

作为招聘方，为了招聘到更合适和更优秀的人才，就必须掌握一些面试时提问的方式，这样才能让求职者说出我方需要了解的重要信息，从而进行综合评定。

5.2.1 面试前的准备

作为面试的主动方，一定要在面试前做好相应的准备再来考核应聘者，让自己处于主动地位，否则，可能会被一些"厉害"的应聘者"带着走"，处于不利地位，从而失去这些优秀人才，同时为公司或企业形象减分。

作为相应的负责人或人事专员，在面试应聘者前，应该做好哪些准备呢？主要有以下几点，如图 5-3 所示。

1	面试前一段时间，大约 20 分钟，暂时放下手头工作，切换工作状态，并整理仪容仪表。
2	确认面试的具体地点以及相关人员等。
3	查看面试者简历，拟定相应的面试问题。
4	准备一些面试中必备物品，如笔、纸等。

图 5-3　面试前的相应准备

5.2.2 常用的招聘提问方式

在招聘过程中，我们会对应聘者进行相应提问，如工作经验、怎样看待这份工作以及职业安排等，但我们的提问方式可以根据不同的情况和想了解的信息来进行选择，从而高效、快速地找到我们想要得到的信息。

在招聘中，常见的提问方式有如图 5-4 所示几种。

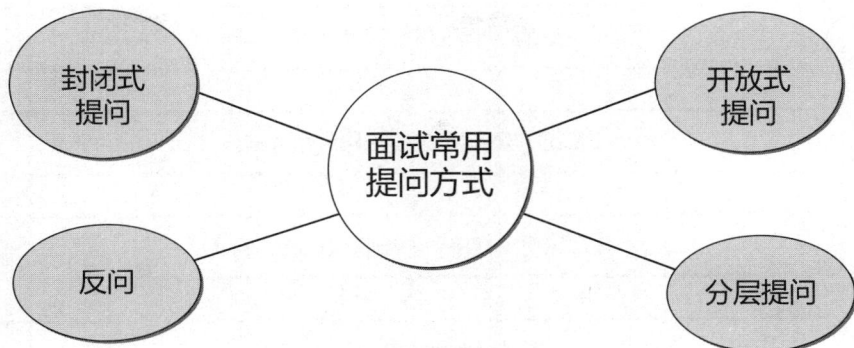

图 5-4　常用的提问方式

下面分别对这些常用提问方式进行简单介绍。

- **封闭式提问**：这类提问方式类似于是非题，主要是让回答者能直接地给予肯定或否定的回答，限定了回答者的思维，如"你确定吗？""你喜欢这个结果吗？""这是你最真实的想法吗？"等。但提问者往往能获得最直接想要的结果，同时掌握主动权。

- **开放式提问**：相对于封闭式提问，回答者就有更广泛灵活的思维空间，可以对提出的问题较为自由地阐述自己想法、观点和意见等，从而表现出自己的思维逻辑方式、语言组织能力以及个人的综合素质，这样面试者就能对应聘者有相应和全面的能力考查。而常见的面试开放式提问，基本上都是包含"什么时候"、"为什么"、"怎么样"、"请说明"、"请解释"等词句。

- **反问**：这类提示方式，可以帮助面试者掌控交谈之间的节奏，适时地切换话题，很好地控制面试进度和氛围等，让面试者掌握主动权和话语权等，如要结束一个滔滔不绝而没有重点的话题时，面试者可以通过"您的意思我已经清楚，我们进入下一个问题，好吗？"的反问来结束。

- **分层提问**：这类提示方式，就像剥洋葱一样，对一个整体系列问题进行一层一层逐步拨开，实现问题的深入，从而逐步了解面试者的相关能力，如我们要了解应聘者对上一份工作的看法，可按照如图 5-5 所示的分层提问方式来提问。

你以前就是一直在做相同岗位的工作吗？

↓

请谈谈你对这个岗位的认识和看法。

↓

你在这份工作中有哪些收获和成就吗？

↓

能够具体地说明一下吗？

↓

以后你打算怎样来做好这份工作呢？

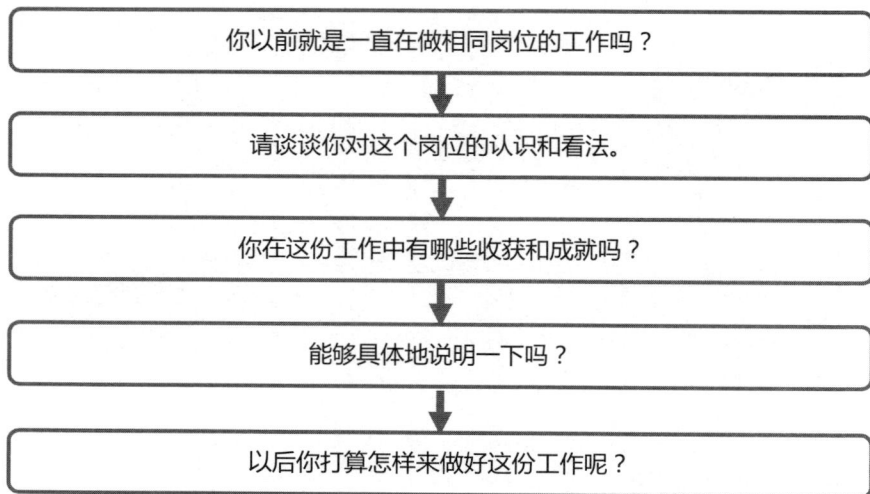

图 5-5　常用的提问方式

5.2.3　高效面试的技巧小提示

除了使用一些常用的面试提问方式，我们还可以借助一些小技巧，来最终提高面试的质量和效率，如图 5-6 所示。

| 一 | 面试的场所，除了指定的地点外，我们可以选择一些较为安静且光线较好的地方，如咖啡店、茶楼等。 |

| 二 | 面试人员在面试中，除了保证良好的仪表外，还要保持举止得体，符合商务活动，不能有抓耳挠腮、挖耳勺以及理头发等不雅举止。 |

| 三 | 面试时，多提一些开发性问题，同时将应聘者的回答进行相应地记录，尽量不要打断应聘者说话。 |

| 四 | 在提问时，可先挑一些容易的问题进行提问，然后再选择较难的问题进行提问，要有一个循序渐进的过程。 |

| 五 | 面试时，不要和应聘者进行亲戚或朋友式的拉关系，因为这样大家就会变得"随意"，让整个面试变得"水"起来，不利于人才的招聘和公司/企业形象的塑造。 |

| 六 | 多位面试官一起面试时，面试官之间尽量不要窃窃私语或大声讨论，这样我们就能更直接、有效地听到应聘者的声音。 |

图 5-6　面试小技巧

| 七 | 无论面试情况怎样，不要对应聘者进行言语、人身的攻击和伤害。 |

| 八 | 面试介绍时，对应聘者的参与表示感谢，并告知面试情况的回复时间段。 |

图 5-6　面试小技巧（续）

5.3　几种新的面试技巧

人才的辨别是很难的事情，需要很长的时间，正如俗语所说的"路遥知马力"，但作为公司或企业在招聘人才时，不能对相应人员进行较长时间的考核，毕竟时间和精力都不允许，同时公司业务急需人员的跟进。

在这样的情况下，我们可以使用一些新技能，来帮助我们在短时间内识别人才。

5.3.1　行为描述面试技巧法

行为描述，其实可简单将其理解为，让应聘者讲述一些工作经历，让事实来说话，这样就可以避免应聘者空口说白话的情况，从而帮助面试者更真实地掌握应聘者的情况。

它主要包含两个方面，下面分别进行展示和介绍。

● 让求职者描述过去的工作经历，以及选择我公司或企业的原因。

● 了解和掌握求职者现有的能力以及累积的工作经验，来判断是否能够适应和胜任应聘的岗位。

行为描述面试技巧主要是让应聘者结合过去经历"开口说"，所以我们在提问时，可进行以下的开放式提问，如图 5-7 所示。

| 一 | 请您描述一下以前工作的成功实例。 |

| 二 | 和同事们有摩擦吗？在哪方面？最后是怎样解决的？ |

| 三 | 以前遇到过最棘手的事情是什么？是怎样处理的？若再遇到该怎样解决？ |

图 5-7　行为描述面试的常见问题

| 四 | 是什么事情导致你离开上一家公司，具体离职过程？ |

图 5-7　行为描述面试的常见问题（续）

行为测试需注意

行为测试是根据应聘者过去的行为来预测未来，也就是假设所有的行为都是连续的，而且持续不变的，也就是过去的种种行为都会以同样的方式在将来重复出现，所以它忽略了人会随着时间、情景和位置的不同而发生变化的特征，这是它的致命缺点。

5.3.2　能力面试技巧

能力面试技巧也就是"STAR"原则，它包含 4 个要素：背景、任务、行动以及结果，如图 5-8 所示。

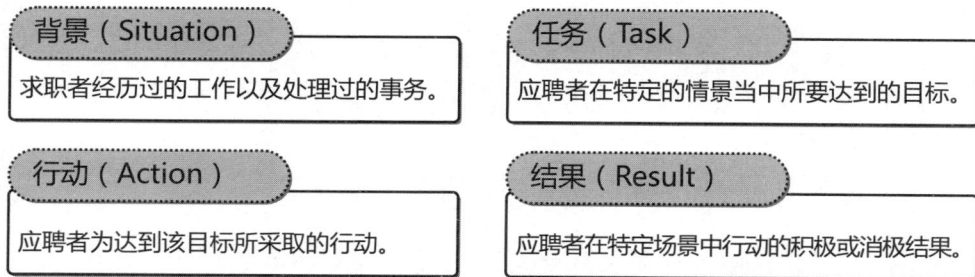

背景（Situation）
求职者经历过的工作以及处理过的事务。

任务（Task）
应聘者在特定的情景当中所要达到的目标。

行动（Action）
应聘者为达到该目标所采取的行动。

结果（Result）
应聘者在特定场景中行动的积极或消极结果。

图 5-8　STAR 原则包含元素

在实际招聘中，看到简历上都会写着自己以前做过什么、有过哪些成绩、获得哪些荣誉等，当然这些都是对过去的归纳总结，所以描述得都较为笼统和简洁，而我们需要了解获得这些成绩、荣誉的手段、方法及当时所处的大背景等，这时可以使用 STAR 原则来有效解决。

【STAR 原则面试】

由于业务的不断发展扩大，公司现需要销售经理，为了实现新老客户的维护和开发，所以在网站上发布销售经理的招聘信息。

不久，就有很多人投递简历，其中，一些简历让相应的招聘人员很感兴趣，觉得是公司需要的人才，所以就通过电话预约的方式，让他们到公司进行面试。

在面试前，相应的面试官开了一个小会，在初试中要求统一使用 STAR 原则，也就是能力面试原则，来考核这些填写着不错销售业绩的销售经理。

他们的大体操作，如图 5-9 所示。

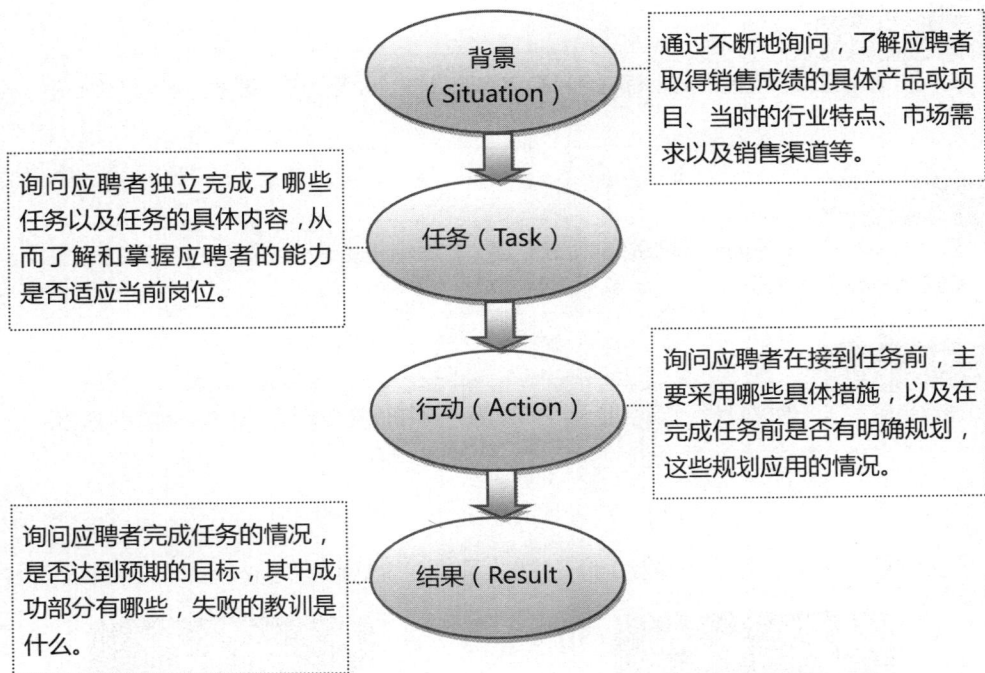

通过不断地询问，了解应聘者取得销售成绩的具体产品或项目、当时的行业特点、市场需求以及销售渠道等。

背景（Situation）

询问应聘者独立完成了哪些任务以及任务的具体内容，从而了解和掌握应聘者的能力是否适应当前岗位。

任务（Task）

行动（Action）

询问应聘者在接到任务前，主要采用哪些具体措施，以及在完成任务前是否有明确规划，这些规划应用的情况。

询问应聘者完成任务的情况，是否达到预期的目标，其中成功部分有哪些，失败的教训是什么。

结果（Result）

图 5-9　STAR 原则的实例应用

5.3.3　压力面试

压力面试（stress interview），是指有意制造紧张气氛，以了解求职者将如何面对工作压力，同时看出应聘者的应变能力和人际关系处理能力。

通常可以使用以下几种方式来制造压力，如图 5-10 所示。

环境压力

面试方可通过面试场所的摆设、灯光、面试官的座位以及表情或气势等，来让面试者产生心理压力。

图 5-10　产生压力的形式

言行压力

通过表情、言语和说话方式，来让应聘者感到压力，如不理不睬、瞪着眼以及态度的急转等。

方式压力

提问时采用直截了当的方式，有时会带有审问的口气，从而让应聘者不舒服，产生心理压力。

话题压力

它有两种方式：一是问一些刺激和隐私类问题，二是问一些不好回答、左右为难的问题，让应聘者心理产生压力。

节奏压力

通常会接二连三地提问题，而这些问题之间的紧密性和连接性很强，让应聘者感到压力。

图 5-10　产生压力的形式（续）

压力面试的方法并不是通用的，而是有相应的岗位类型，如图 5-11 所示。

中高级的管理岗位

这类人员，通常要面临上下左右、内外的沟通压力，而且随时随地都会有来自多方面的压力。

销售岗位

销售人员通常都需直接与客户进行沟通，而且要满足和解决客户的需要和问题，同时这些问题都是变化的。

图 5-11　需要压力面试的职位人员

压力面试需注意

压力面试主要是针对一些有压力或压力大的工作岗位，若应聘的职位没有压力或压力较小，就不必采用这个面试方法，否则适得其反，使一些能胜任其他岗位的人才流失掉。

常用的压力测试的方法有如下几种。

（1）激将法

激将法常常带有挑衅的意味，故意激怒对方的意图，让其失去自我"本位"。它包括以下几种方法。

● 用质疑、尖刻以及咄咄逼人的语言，用不友好的态度和锐利的眼神。

● 从面试者最薄弱的地方入手，往往是"哪壶不开提哪壶"。

常见的激将法类问题如图 5-12 所示。

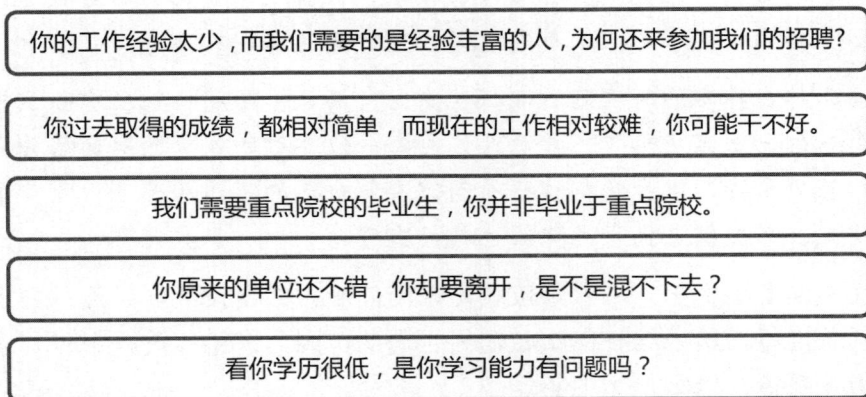

> 你的工作经验太少，而我们需要的是经验丰富的人，为何还来参加我们的招聘？

> 你过去取得的成绩，都相对简单，而现在的工作相对较难，你可能干不好。

> 我们需要重点院校的毕业生，你并非毕业于重点院校。

> 你原来的单位还不错，你却要离开，是不是混不下去？

> 看你学历很低，是你学习能力有问题吗？

图 5-12　常用到的激将法问题

（2）诱导法

用诱导法来迷惑应聘者，以使其做出错误的选择或回答，它表现的形式有如下几种，下面分别进行介绍。

● 提供一些特定的选择，诱导对方做出错误的回答。这类问题的答案，应聘者选择或确定任何一个，都可能掉入设置的陷阱。如你认为工资、职称和个人发展，哪个重要？

● 提供一系列的背景资料，让应聘者顺着面试者的逻辑思路去思考，从而掉入事先设好的陷阱中。如"以前的公司是不是很不人道，不然你为什么辞职不干？"

- 提出一系列问题，而且故意将应聘者的回答作为下一题的把柄，并且进行连环发问，使面试者没有喘息的机会，故意打击面试者的自信和还击的勇气。

（3） 测试法

用虚构和假设的一种情况，让应聘者做出回答，如"今天前来面试的有好几位，怎样证明你最合适这个岗位呢"。

【扛不住压力的小林】

小林准备到一家电信公司做销售代理，他首先将自己的简历投递到该电信公司，并接到了人事部门人员的电话，约定面试时间和地点。

当小林在指定的时间到达面试地点时，面试专员将他们所有面试销售代理的人员带到一家市场门口，要求他们对每一位路过的人员鞠躬问好并将准备好的小单派发出去，小林觉得这样的面试有损自己的尊严和面子，立即采取了离开的决定，当然销售代表的职位也就没有得到。

在上面的实例中，用人单位就是采用的压力面试技能，当然，由于岗位是销售代表岗位，所以这种面试是较为合理的，因为在销售过程中也要求销售人员放得下身段，以客户为中心。

5.3.4 惯性心理测试

惯性心理测试，其实是对应聘者进行一种惯性思维模式测试，能很好地考察出应聘者的心理素质和业务能力，因为惯性思维模式是长时间积累而成的，并不是一两天短时间的积累。

当然这种惯性心理测试是从应聘者的生活或工作细节入手，如平时的生活习惯和环境适应能力等。

5.4 识别求职者谎言的秘诀

作为招聘人员，我们不仅要知道怎样来组织面试和面试的技巧等，还要具有判断谎言的本领，来辨别应聘者描述和回答的信息哪些是真的，哪些是假的，从而为公司或企业挑选到合适的人才，同时也保证自己的专业性。

5.4.1　口头语言

要通过口头语言来识破求职者是否说谎，不能靠主观的猜想臆断，我们必须根据应聘者的表述，发现破绽，进行判定。

而在面试中，应聘者若有说谎，通常会有以下几个方面的表现：

（1）怀疑式的肯定

通常情况下，一些"修为"较浅的人，当自己说了谎话后，为了让自己不心虚同时让别人相信，基本上会加上一些肯定或确定的词语，如真的、不骗您、就是这个样子，我说的是真的，你不相信吗等。

（2）概略式的描述

对于没有充分准备，同时经验不是很多的人，通常对一件不是自己真正经历或完整参与的事情，基本上都只能概括性地描述，缺少很多细节，因为这些细节他/她自己都不清楚。

（3）逻辑不通

大多数我们经历过的事情，都会有一定的逻辑，那么这样就符合常理和思维惯性，很少出现艺术作品中的蹊跷事情，所以，我们在听应聘者描述一些事情时，若有一些常识性和常规性错误，我们都能凭着简单常规的思维，判断出真假。

（4）容易抛弃"我"

一般说谎者在要求讲述自己经历时，若是自己真正经历过的，带入感就会强一些，会多次将"我"带到描述中，若不是自己的经历，就会像是在讲述别人的经历，所以很多时候就忘了称呼"我"。

5.4.2　肢体语言

我们在表达自己想法时，不是单纯使用语言来表现，很多时候我们的肢体也会发出相应的信号。当一个人说谎时，它的肢体语言自然会做出相应反应。

作为面试人员，我们可以通过这些肢体语言来判断应聘者说的是否是谎言，从而做出相应的处理。

下面就介绍工作生活中，我们常用观察肢体语言来判断应聘者是否说谎的方法。

（1）　眼神

眼睛是心灵的窗户，它能在一定程度上反映用户的心理情况，所以我们可以通过应聘者的眼神来判定其是否说谎。如下是常见眼睛反映心理的几种情况。

● 对于心理坦荡、没有隐晦的应聘者，在回答问题时通常眼神镇定，神态自如，而且时不时与面试官进行眼神的正面接触和交流。对于一些说谎的人，内心又不坚定，就会出现眼神躲避和闪烁的现象，若要戳破谎言，只需进行强有力的反问即可。

不敢正视、躲避眼神要分辨

对于一些自卑、胆小或经受过打击的人员，也会出现不敢与他人的眼神接触和交流的情况，当然，这种情况，面试者通过一些细节就不难发现，如说话的语气、语调等。

● 当面试人员提出一个较为简单，且容易回答的问题时，若应聘者眼神移动，这时，应聘者可能是不想回答这个问题，或准备用谎言来回答这个问题。

● 当面试人员提出一个复杂的问题时，若应聘者的眼神没有移动，这时，可能反映出 3 种情况：一是该问题已经有准备的答案；二是准备用人家提供的正确答案；三是顺口用谎话来敷衍。

● 在面试中，若应聘者被问到某些问题，而他在回答时出现揉眼睛的情况，也有可能是在说谎，因为大多数人在撒谎时，容易出现眼睛干涩。

● 一般大脑在思考问题时，眼睛都会向右上方看，等待大脑思考答案，而撒谎时，恰好相反。

● 当我们直视说谎人眼睛时，由于说谎人感到压迫，所以在对视中，瞳孔会放大。

（2）　面部表情

在面试中，当应聘者说谎时，会出现以下两种常见表情。

- 当应聘者在说谎时，会出现面部泛红或面色苍白，这是因为应聘者内心紧张所致。

- 当应聘者在说谎时，内心会出现恐惧的反应，这时通常会用微笑来掩饰，当然这种微笑很不自然，所以很容易识破，而且还可能出现说话声调越来越高。

辨别真假微笑

假笑由于缺乏感情，微笑时神情显得有些茫然，嘴角上扬，一副难受的病态假相，同时持续的时间超过 10 秒或 5 秒（狂喜例外），而且眼睑也不会眯起。而真笑反映了真实情绪，可以拉动嘴角向上的面颊肌肉，面颊肌强有力收缩时会拉长嘴唇，扯动整个面颊向上，使眼睛下的皮肤似口袋般松垂，同时使眼角下的鱼尾纹起皱，而持续时间一般在 2 ~ 4 秒之间。

- 当应聘者在说谎时，鼻子因脸部充血而扩大几毫米。

（3）触摸动作

当应聘者在说谎时，自己首先会感到身体某些部位不舒服，所以会时不时地触摸自己身体的某些部位，或有些小动作，常见的有以下几种表现，如图 5-13 所示。

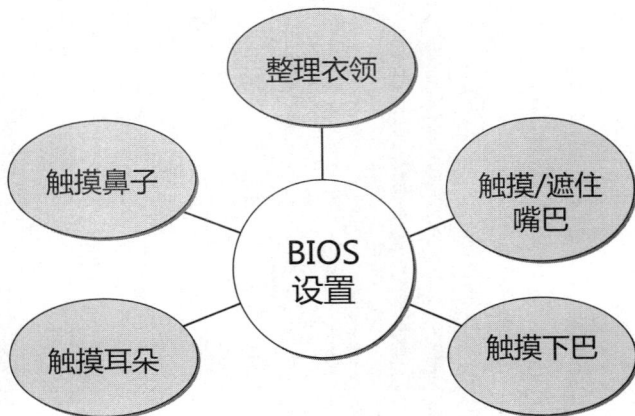

图 5-13　说谎的常见表现

（4）手势与姿势

我们平时在表达自己感情时，除了使用语言表达外，还会使用到各种手势和姿势。所以作为招聘人员，我们可以根据这些手势和姿势来进行谎言的识别，常见的有如下几种情况。

- 在面试的过程中，若应聘者开始时手势比较多，但随着谈话的深入面试者手部的动作减少了，那么应聘者可能在说谎（若是面试气氛变得紧张或压抑，也有可能出现这种情况）。

- 不自觉地把手藏起来，放到口袋里，这时应聘者可能在说谎。

- 若招聘人员有意或无意间拆穿谎言，应聘者很紧张、焦躁不安，就会将手背到身后，或者互相紧握着，或者是握住另一只手的腕部以上的部位（握的部位不同，显示心情紧张程度不同）。

第6章

员工试用、入职与离职管理

在本章中，主要介绍一套完整的员工试用、培训、入职到最后的离职程序，其中分别对各个环节进行了详细而又实用的知识讲解、展示和介绍，帮助新手开公司，在试用员工这一方面打下牢靠的基础，从而使整个员工管理工作变得更加顺畅。

试用期应注意的法律问题
为什么要对员工进行培训
员工培训的方法
员工招聘录用管理制度
明确培训目的
培训评估
员工转正定级工作标准及考核办法
劳动合同的基本内容及订立原则
劳动合同的风险预防
劳动合同的变更
员工离职处理原则
进行离职谈话
离职防范与目标

6.1　新员工试用期培训与管理

为公司或企业招到合适或胜任岗位的人才后，员工会进入一个试用期，以及进行相关的培训，在这段时间内，我们需要对其进行相应的管理。

6.1.1　试用期应注意的法律问题

用人单位在对新人进行试用这段时间内，需要遵守相关的劳动法条例规定，来保障劳动者的相关权益，同时也维护自身的权益。

作为公司或企业用人方，我们需要遵守如下几点法律规定。

（1）　试用期的期限

在对员工的工作能力进行查看和实绩考核过程中，作为用人方我们必须遵守《劳动法》和《劳动合同法》相关规定。

- 劳动合同期限3个月以上不满一年的，试用期不得超过一个月。

- 劳动合同期限一年以上不满3年的，试用期不得超过两个月。

- 3年以上固定期限和无固定期限的劳动合同，试用期不得超过6个月。

- 以完成一定工作任务为期限的劳动合同或者劳动合同期限不满3个月的，要约定试用期。

- 试用期包括在劳动合同期限内。

我们在解读和使用《劳动合同法》时，需注意以下几点，避免产生不必要的争端，下面分别进行介绍。

- 试用期是一个约定的条款，如果双方没有事先约定试用期，就不存在试用期，用人单位就不能以试用期为由解除劳动合同。

- 试用期包含试岗期、适应期、实习期以及约定试岗等。

- 同一用人单位与同一劳动者只能约定一次试用期，即使该劳动者在同一用人单位内调换了新的工作岗位，也不得与该劳动者再约定试用期。

（2）试用期的工资

对于招聘的人才，在试用期内，公司或企业要给予相应的工资，当然这里的工资不是随意给的，需要遵守《劳动法》相应的条款规定，这样对于企业和个人都是公平的。

通常情况下，试用期工资有两个硬性指标，如图 6-1 所示。

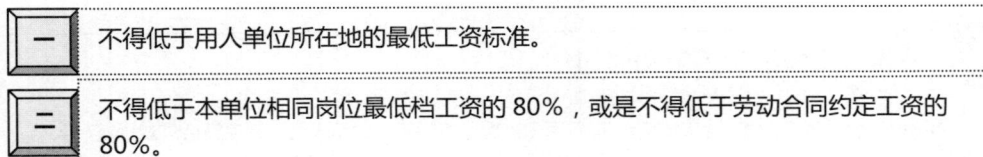

一	不得低于用人单位所在地的最低工资标准。
二	不得低于本单位相同岗位最低档工资的 80%，或是不得低于劳动合同约定工资的 80%。

图 6-1　试用期工资指标

当然，公司或企业为了留住优秀人才，可以人为地提高试用期工资标准，但不能为了赶走不适合岗位的人员，而故意降低标准或不发工资，这是作为新手开公司或企业要注意的。

（3）试用期内的权益

公司或企业在对人员进行试用的期间，需要行使相应的权利，当然这些权利是符合《劳动法》或相关的条款条例的规定，如图 6-2 所示。

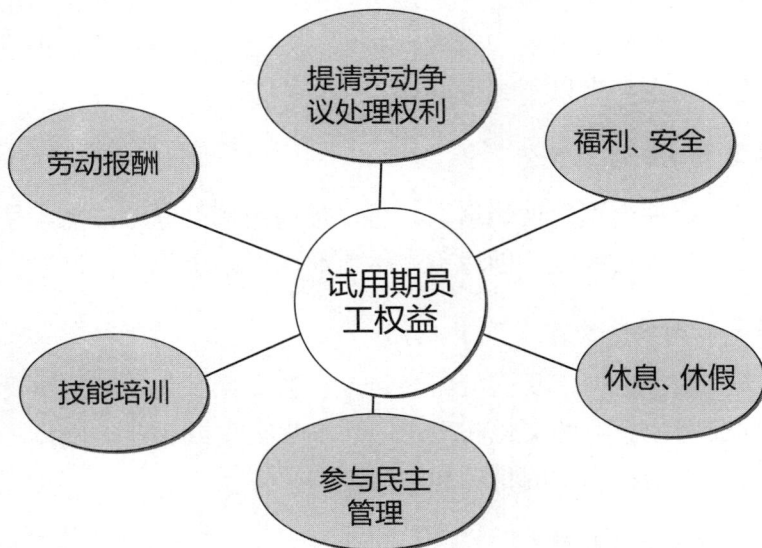

图 6-2　试用期员工常见享有权益

（4）解除试用期劳动合同

公司或企业对于一些不适合工作岗位的人员，可进行劳动解除，也就是将其辞退。当然公司或企业必须有理有据，如使用人员在专业技能或综合素质等方面不能适应工作岗位，而不是其他无故理由。另需要支付相应的试用期工资。

使用人员解除试用劳动合同

在试用期间，公司或企业考察应聘成功人员是否适合岗位的同时，试用人员也在考察公司或企业，实际上是一个双选环节。所以公司或企业方要求试用人员必须提前3天提出解除试用劳动合同的请求。

6.1.2 为什么要对员工进行培训

你可以搬走我的机器，烧毁我的厂房，但你要留下我的员工，我就可以有再生的机会。

——IBM 开拓者小托马斯·沃特森

在任何公司或企业中，员工才是最重要的，也只有合格和优秀的员工才能保证公司或企业的形成、发展和壮大。所以，对公司或企业的员工进行培训，就显得非常重要。主要有以下几大好处。

（1）提高员工的专业技能

对员工进行定期或不定期的培训，可以提高他们的专业技能，使其从事的工作不断完善，为公司或企业创造更多价值的同时减少成本。

（2）增强企业的凝聚力

通过对员工进行培训，我们可将公司或企业文化有效地灌输给员工，从而让其更加认同公司或企业的文化和理念等，增加公司或企业的整体凝聚力和向心力，实现公司或企业制定的目标和策略。

（3）增加员工的积极性

公司或企业进行培训，员工会感觉到企业或公司在对自己进行投入和培养，这样他们就会觉得自己更靠近公司的目标和规划，可有效激励员工的工作积极性、主动性和创新性。

培训的有效性和高效性

作为公司或企业，给员工培训时，需建立一套学习型的，同时始终贯穿"以人为本"的理念，提高员工素质和激发员工活力的人才培训机制。

6.1.3　员工培训的方法

我们对员工的培训不是走过程，必须有明显的作用，所以我们在培训过程中要讲究方法，否则培训的目的达不到，同时还让员工对公司或企业产生不信任，让投入的人力和财力打水漂。

在培训中，我们可以采用这样的一些常用方法，下面分别进行简要介绍。

● **讲授法**：这是最基本的培训方法，也就是将员工集中起来，然后，通过授课人员传输相应的信息。它有几个优点如图 6-3 所示。同时它也具有几个不足，如图 6-4 所示。

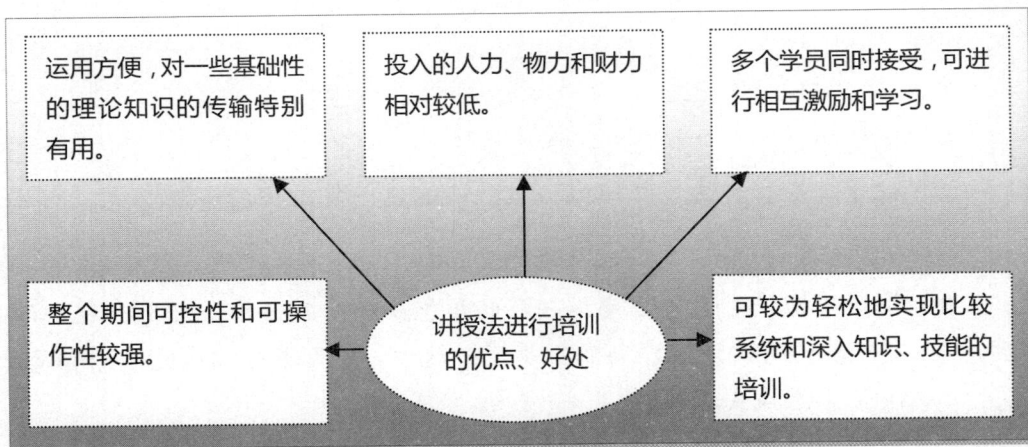

运用方便，对一些基础性的理论知识的传输特别有用。

投入的人力、物力和财力相对较低。

多个学员同时接受，可进行相互激励和学习。

整个期间可控性和可操作性较强。

讲授法进行培训的优点、好处

可较为轻松地实现比较系统和深入知识、技能的培训。

图 6-3　讲授法培训优点和好处

― 讲师的水平直接决定培训的效果。

图 6-4　讲授法培训缺点和不足

| 二 | 讲授型培训与老师讲课基本相同，所以同样是单向性信息传递，缺乏信息交流和反馈。 |
| 三 | 培训内容不容易记牢和巩固。 |

图6-4　讲授法培训缺点和不足（续）

● **讨论法**：就某个指定的案例进行讨论，分为小组讨论和研讨会两种形式，如图6-5所示。

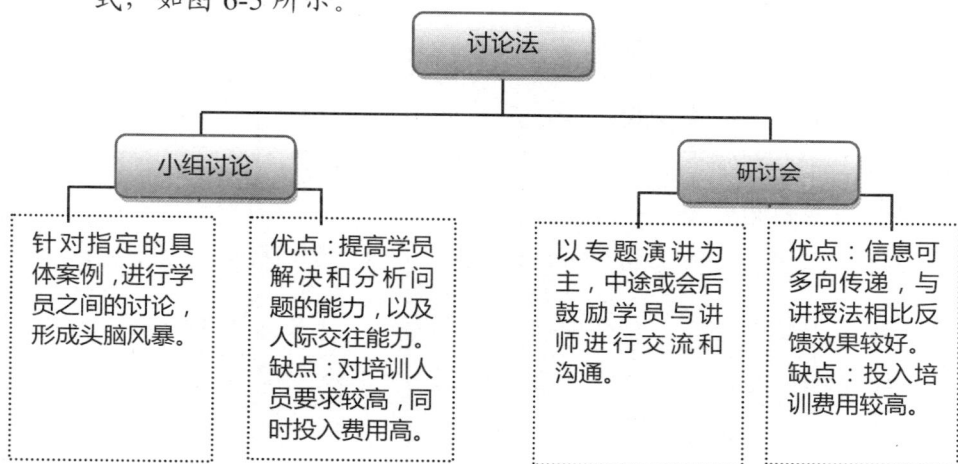

```
                        讨论法
        ┌───────────────┴───────────────┐
     小组讨论                          研讨会
   ┌────┴────┐                    ┌────┴────┐
针对指定的具    优点：提高学员      以专题演讲为    优点：信息可
体案例，进行学  解决和分析问        主，中途或会后  多向传递，与
员之间的讨论，  题的能力，以及      鼓励学员与讲    讲授法相比反
形成头脑风暴。  人际交往能力。      师进行交流和    馈效果较好。
              缺点：对培训人      沟通。          缺点：投入培
              员要求较高，同                      训费用较高。
              时投入费用高。
```

图6-5　讨论法培训缺点和不足

● **网络培训法**：它是利用网络信息技术，将相应的培训信息放在网络上，让学员进行自主性的学习。当然，这是一种新兴的培训方式，而且逐步推广和流行，但投入较大。

● **情景模拟法**：为学员安排相应的角色和相应的情景，并进行现场的表演，其他暂时没有参与的人员进行观看，事后进行相应的讨论和总结，类似于游戏式培训。

培训要有针对性

公司或企业在对员工进行培训时，要针对不同的员工用不同的培训方式和内容，进行多样式培训，因为各个员工所处的阶段和综合素质不太相同，各有差异。

6.1.4　员工培训的步骤

要让培训的效果更好，就必须按照培训的步骤操作，进行科学合理的培训。当然无论是哪种形式的培训，它的步骤都包含以下 4 个部分，如图 6-6 所示。

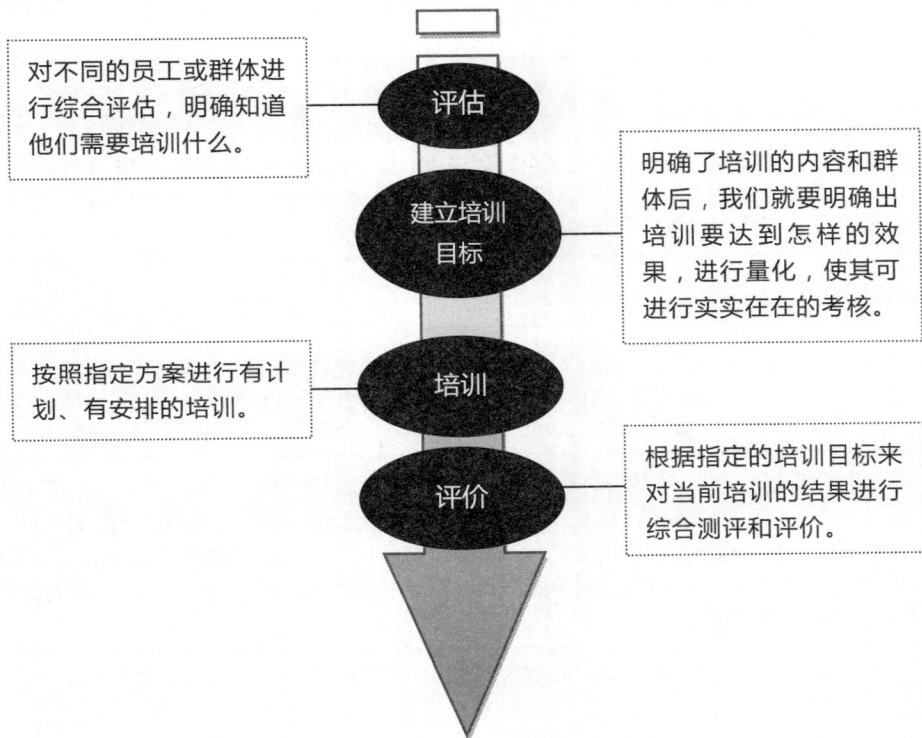

对不同的员工或群体进行综合评估，明确知道他们需要培训什么。

评估

建立培训目标

明确了培训的内容和群体后，我们就要明确出培训要达到怎样的效果，进行量化，使其可进行实实在在的考核。

按照指定方案进行有计划、有安排的培训。

培训

评价

根据指定的培训目标来对当前培训的结果进行综合测评和评价。

图 6-6　培训步骤

6.1.5　试用期员工管理误区

我们在对员工进行试用时，对其进行有效的管理是非常必要的，但作为新公司，可能陷入一些管理上的误区，从而不利于公司。下面分别进行介绍，如图 6-7 所示。

误区一：口头约定代替试用期合同

作为用人方的公司或企业，一旦人员进入试用期，无论签不签订试用合同，都实际存在雇佣关系，也就存在实际劳动关系，如劳动关系超过一个月，公司或企业辞退员工则需支付双倍工资，且员工可随时终止劳动关系。但公司或企业要终止劳动关系，则需提前 30 天通知员工，且需要支付经济补偿金。这就让公司或企业处于被动和不利地位，所以试用期一定要签订相应的试用期劳动合同。

图 6-7　试用员工管理误区

误区二：延长试用期

有些人员在试用期内的表现不能完全满足岗位的要求，但可以进行培养。对员工能力不太了解的情况下，同时没有更合适的替补人员，有些公司或企业就采用了延长试用期的措施。当然无论出于哪种原因，这样都是不符合劳动法的，一旦出现问题，公司或企业需向员工支付违法设定的试用期赔偿金。

误区三：试用期的误解

试用期限的误解主要体现在一年的劳动合同期限，最多只能设定一个月的试用期。其实劳动法中"一年以上的劳动合同才能设定两个月的试用期"这一条规定中包含一年，所以订立为期一年的劳动合同，也可以设置两个月的试用期。

误区四：旁观式管理

在试用期内，一些管理者基本上是让试用人员进行"自行表演"和能力的展示，而自己处于观看状态，即使试用人员做得不对，也不会进行干涉，然后再找一些所谓的"恰当"时机，进行所有的错误总结，这样让试用期员工感觉到"秋后算账"的感觉，间接促使人才流失。

误区五：随意辞退

在试用期内，一些管理者觉得该人员不符合我的"口味"，只要找到机会就可以让其离开。其实这是一个很大的误区，一旦无故辞退的员工进行维权，那么公司或企业将会处于被动状态，而且要进行相应的赔偿支付。

误区六：形象忽视

试用期内是试用员工逐步了解公司或企业的一个过程，主观决定是否继续留下来。所以，试用人员会对公司或企业的文化和形象有一个主观认知。在对试用人员进行管理中，一定要记住自己代表公司的整体形象，不然，人员离开后会对公司或企业的形象进行负面宣传，从而不利于公司或企业发展。

图 6-7 试用员工管理误区（续）

6.1.6 试用期内用人单位是否可以解除劳动合同

在试用期间，公司或企业和个人都有权解除劳动合同，但要遵循一定条例的要求，如图 6-8 所示。

正常解除劳动合同

在试用期内，试用人员的职业技能和综合素质不能满足录用岗位的要求时，公司或企业可根据劳动法等相关规定进行试用劳动合同解除。

图 6-8 解除试用劳动合同

非正常解除劳动合同

在试用期内，因为公司或企业自身的问题要辞退试用人员，则需要双方进行平等协商后解除试用劳动合同。

图 6-8 解除试用劳动合同（续）

6.1.7 如何处理劳动合同与服务期不一致

劳动合同与服务期不一致的情况有两种：一是劳动合同期限大于服务期期限，二是劳动合同期限小于服务期期限。

对于前一种情况，双方继续遵循签订的劳动合同期限。对于后者，用人单位与劳动者依照劳动合同法第二十二条规定续签合同，双方另有约定的，从其约定。

6.2 新员工入职培训与管理

新员工的入职培训是必不可少的，特别是对于一些毫无经验的人员，同时要对其进行相应的管理，使其行为更加符合公司的整体要求。

6.2.1 员工招聘录用管理制度

为了保证公司或企业的正常运作，必须及时有效地为需要补充人员的部门和岗位提供优秀的人才，而要保证这项工作顺利地进行和开展，公司或企业必须制定、遵守和执行员工招聘录用管理制度。

下面是摘抄的一段××公司的员工招聘录用的管理制度条例。

人力资源管理制度体系

第一部分 员工招聘录用制度

第一章总则

第一条

为保证公司各岗位能够及时有效地补充所需的优秀人才，满足公司不断发展的需要，健全人才选用机制，根据公司管理制度，特制定本规定。

第二条

公司人员招聘录用源于以下六种情况下的人员需求：

（一）缺员的补充；

（二）突发的人员需求；

（三）为确保公司发展所需的人才储备；

（四）公司管理阶层需要扩充时；

（五）公司对组织机构有所调整的需要；

（六）为了使公司的组织更具灵活性，而必须导入外来的资深人士时。

第三条

公司招聘员工坚持"公开"、"平等"、"竞争"、"择优"的原则。

第四条

初、中级人才招聘工作由人力行政部根据各部门需求负责拟定招聘计划和组织实施，招聘职位所在部门必须参与招聘测评的技术设计和实施工作。

6.2.2　明确培训目的

我们在对员工进行入职培训时，一定要明确培训目的，那么在培训中，我们要明确哪些培训目的呢？

（1）明确岗位职责

要让新进入的员工通过培训知道自己岗位的职责、要求、内外的工作联系、工作目标、考核项目以及公司战略和文化等，同时还有对同事的了解，让其可以迅速适应岗位要求。

（2）接受企业理念和文化

在培训期间，必须让员工了解、熟悉和接受认可公司或企业经营理念和文化等，形成共同的价值观念，最低限度也须要求员工不对公司或企业的理念和文化排斥甚至否认。

（3）技能和自我提升

对员工进行培训，最直接的目的就是让其专业技能和知识得到快速提升，从而快速达到岗位要求；其次要让其意识到自我发展的重要性，从而增强与公司或企业的合作积极性。

6.2.3 拟定详细的新员工培训计划

制定新员工的培训计划，主要考虑到以下几个方面，如图 6-9 所示。

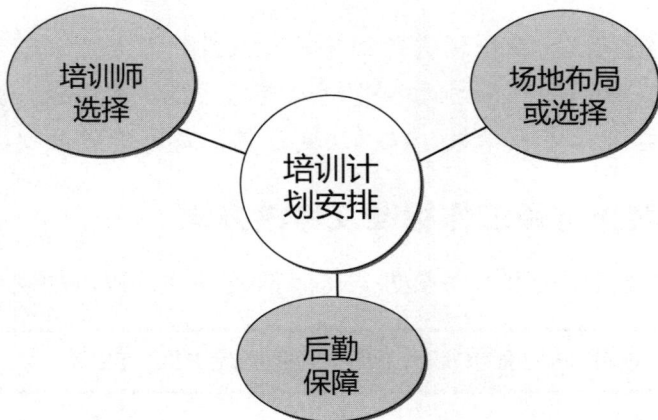

图 6-9 新员工培训计划的工作内容

其中场地的布局或选择根据人数的多少来确定。一般情况下，人数较多（50～200 人之间），可选择教室性或剧院性的布局场地，人数较少时，我们可以选择长方形或矩形的半开放式的小场地。

6.2.4 培训评估

在对员工进行培训的同时，要对培训的效果进行实时监督和评估，以便做出相应的调整，查看受训人员是否适合继续培训下去。

作为公司或企业的运营者、管理者和培训师，可从哪些方面进行培训的评估？该怎样进行评估？下面分别进行介绍。

- **从培训过程评估**：作为培训师或培训人员，可直观地从培训中或课堂中进行评估，如进行相应的提问。

- **进行问卷考核**：在培训过程中，我们可以自己制作一些问卷调查，从受训人员那里得到及时的反馈，当然这类调查主要是评估受训人员对当前培训的方式、方法以及培训内容情况的了解，如是否对培训内容感兴趣以及培训方式的接受情况等，得出受训人员对当前培训的认可和接受程度，有没有出现反感和排斥的情况。

● **培训心得、报告**：我们在对员工进行培训期间，可让受训人员写一些心得体会或类似报告的东西，这样就能更加清楚地知道员工对培训的具体想法。

● **培训成绩测试**：在培训进行到某一阶段或结束时，我们可以制作一些考试表，来对受训人员的接受情况进行考察，最终以分数或级别的方式来直接显示考核结果，从而决定该员工是否能进入到岗位工作。

6.2.5　员工转正定级工作标准及考核办法

员工转正定级工作标准及考核方式可概括成具体流程，如图 6-10 所示。

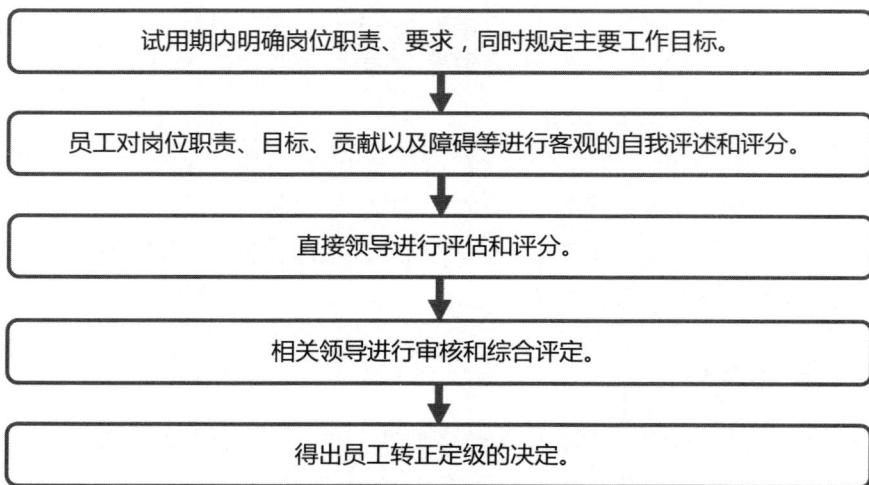

图 6-10　员工转正定级流程

员工转正考核

公司转正考核主要有两个方面：一是试用员工对工作岗位的认识、定位工作上碰到的问题、工作上的规划以及相关意见和建议等，二是根据直接领导或管理者对试用员工的技能和素质的评价。

6.2.6　如何做好新员工的入职管理

试用合格转为正式员工时，公司或企业需要为员工入职做好相应的管理工作，主要有如图 6-11 所示的事项流程。

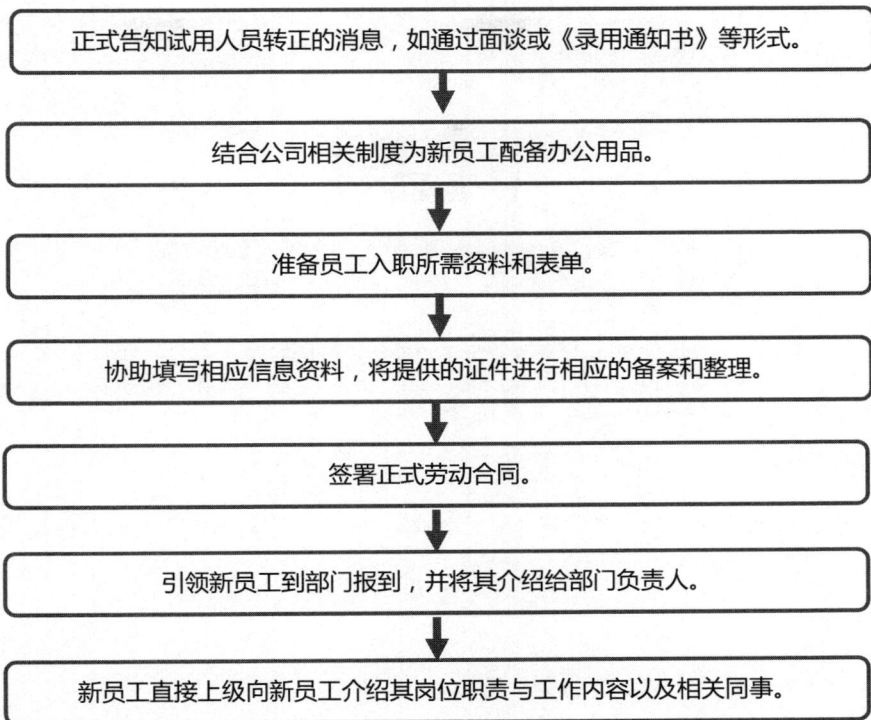

正式告知试用人员转正的消息，如通过面谈或《录用通知书》等形式。

↓

结合公司相关制度为新员工配备办公用品。

↓

准备员工入职所需资料和表单。

↓

协助填写相应信息资料，将提供的证件进行相应的备案和整理。

↓

签署正式劳动合同。

↓

引领新员工到部门报到，并将其介绍给部门负责人。

↓

新员工直接上级向新员工介绍其岗位职责与工作内容以及相关同事。

图 6-11　新员工入职管理流程

员工应提供的证件

身份证原件、复印件；学历证书原件、复印件；职称证书原件、复印件；彩色寸照；个人电子简历；特殊职业还需提供本人 3 个月以内的健康体检表（必须包括肝功能、心肺功能检查）。

6.2.7　入职员工管理规定

对于入职员工管理方法和流程等，作为公司或企业，必须有一个统一、系统和明确的规定，这样就会更好地帮助新员工进入工作岗位，快速进入工作角色中。

一份入职员工管理规定，大体包括以下几个要点，如图 6-12 所示。

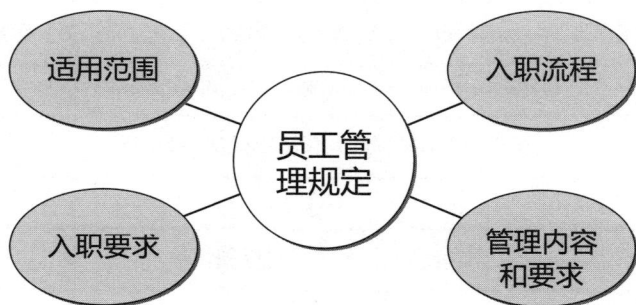

图 6-12　入职员工管理规定包括要点

下面是一小段入职员工管理规定条例。

第一条

为规范公司员工的入职管理，降低用人成本，确保公司和入职员工的正当权益，特制定该制度。

第二条

本条例适用于公司所有全日制从业员工。

第三条

本公司因临时性、短期性、季节性或特定性需要聘用的非全日制人员参照本制度的部分条款执行。

第四条

实习学生参照本制度部分条款执行。

第二章　录用

第五条　录用基本条件：

一、年满十六周岁。

二、符合岗位所需的身体素质要求。

三、有良好的职业道德和个人修养，无不良嗜好。

四、无任何犯罪记录。

6.3 新员工入职劳动合同管理

作为用人单位，对于新的入职员工，我们需要与其进行相应劳动合同的签订，同时进行备案管理，形成一个有效的法律约束文件，便于公司或企业的管理和权益的维护。

6.3.1 劳动合同的基本内容及订立原则

劳动合同是一份约束双方行为的具有法律效益的文件，所以它必须有相应内容，同时必须遵循相应的原则，不能随意而为。

公司或企业的劳动合同，其基本内容都是固定的（除一些特殊行业或者当事双方有其他约定等外），大体包含以下几个方面，如图 6-13 所示。

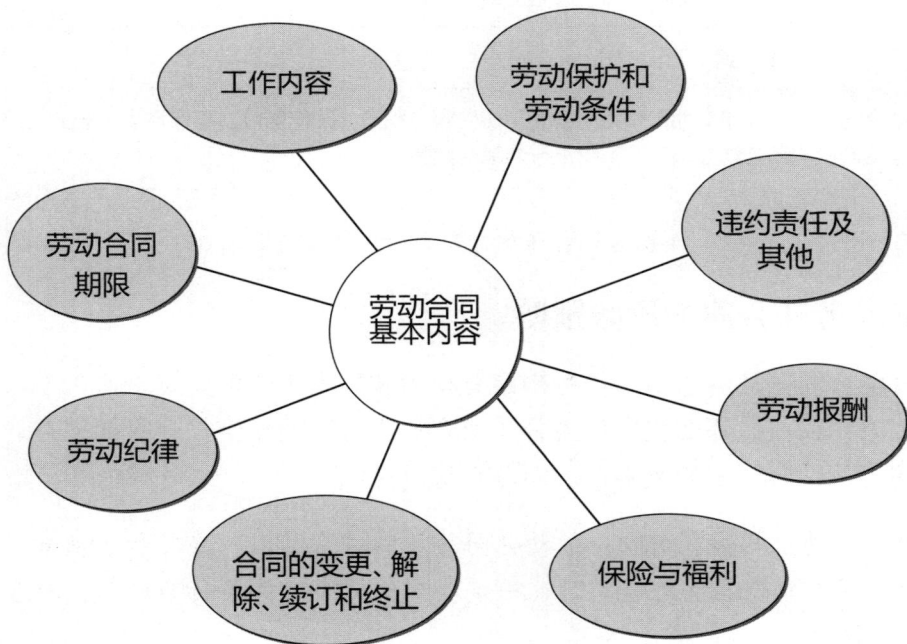

图 6-13 劳动合同包含的基本内容

作为公司或企业，在制作劳动合同基本内容以及与员工签订劳动合同时，需遵循以下基本原则，如图 6-14 所示。

合法原则

劳动合同形式和内容都要合法，必须遵循劳动合同法的规定（除非全日制用工外），以书面形式订立，且劳动合同内容必须具备必备条款。

公平原则

劳动合同内容必须公平合理，用人单位不得以强势地位压制弱势地位的劳动者，强行制定和签订不公平的合同条款。

平等自愿原则

我们在签订劳动合同时，用人单位和劳动者双方平等、自愿，不能是一方强压另一方。

协商一致原则

在一些劳动合同中，公司或企业以及个人在特殊情况下做出特殊的约定，这时，我们都应遵循协商一致的原则，不能将一方意愿强加给另一方。

诚实信用原则

劳动合同中，必须如实告知劳动者的工作内容、职责、工作条件、工作地点、职业危害、安全生产状况和劳动报酬等，不得进行隐瞒或欺骗。

图 6-14 制作和签订劳动合同应遵循的原则

6.3.2 劳动合同的风险预防

劳动合同签订的出发点，是构建劳动者和用人单位的劳资平衡关系，保护劳资双方的权益。那么我们作为公司或企业甲方，为了维护自身的权益，我们必须防范劳动合同中的风险，下面分别进行介绍。

- **劳动合同签订对象**：劳动合同签订的对象是用人单位和劳动者，所以用人单位在签订合同时，一定要确保员工有民事行为能力，符合就业年龄。

- **劳动合同签订时间**：建立劳动关系的同时或自用工开始的同一月内签订相应的劳动合同。

- **不签订劳动合同**：建立劳动关系后，用人单位若没有与劳动者签订劳动合同，会出现这样几个方面的风险，如图 6-15 所示。

风险（一）
没有在自用工之日起一个月内订立书面劳动合同，但在自用工之日起一年内订立了书面劳动合同，可能会出现向劳动者每月支付两倍工资的风险（工作期间）。

风险（二）
若自用工之日起满一年仍然没有与劳动者订立书面劳动合同的，除了向劳动者每月支付这一年期间的两倍工资外，还会被认定为已经与劳动者订立无固定期限劳动合同。

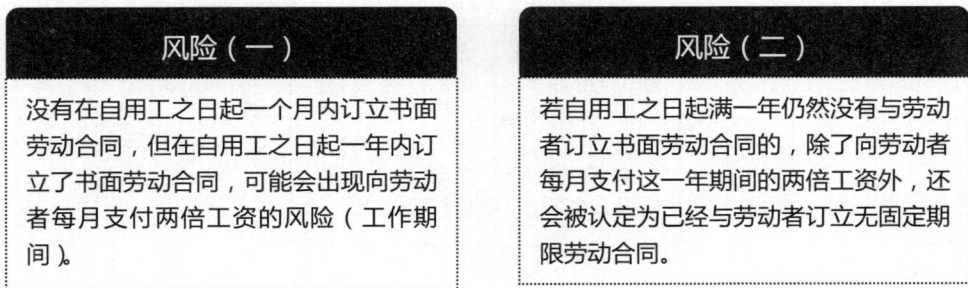

图 6-15　用人单位不与劳动者签订合同风险

● **劳动者不愿签订劳动合同**：公司或企业要求劳动者签订劳动合同，但劳动者不愿签订劳动合同，这时作为公司或企业可进行如图 6-16 所示的风险控制方法。

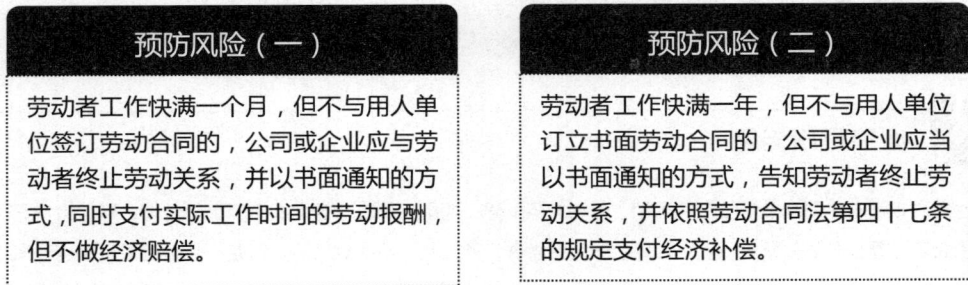

预防风险（一）
劳动者工作快满一个月，但不与用人单位签订劳动合同的，公司或企业应与劳动者终止劳动关系，并以书面通知的方式，同时支付实际工作时间的劳动报酬，但不做经济赔偿。

预防风险（二）
劳动者工作快满一年，但不与用人单位订立书面劳动合同的，公司或企业应当以书面通知的方式，告知劳动者终止劳动关系，并依照劳动合同法第四十七条的规定支付经济补偿。

图 6-16　预防劳动者不签订合同风险

● **劳动合同签订**：公司或企业与劳动者签订劳动合同时，要一式两份，而且条款具体明确，签字盖章，签订后各执一份。

6.3.3　劳动合同的法定必备条款

　　劳动合同的内容会因为公司或企业的不同性质和规模有所不同，但劳动合同中存在一些必备的条款，不能人为地进行删减，以避免给公司或企业带来不必要损失，从而保证公司或企业的良好发展，常见的必备条款有如下一些。

（1）**劳动合同双方主体条款**

　　劳动合同中，必须包含公司或企业和劳动者双方主体的基本信息，如图 6-17 所示。

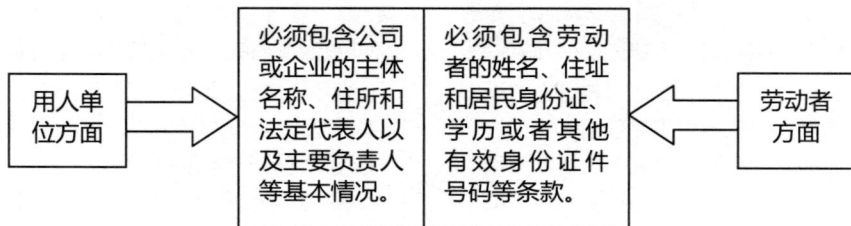

图 6-17　劳动合同中必备主体基本情况

（2）劳动合同期限

劳动合同期限即劳动合同的有效期限，规定双方当事人相互享有权利、履行义务的时间界限。它主要分为 3 类，下面分别进行介绍：

● **固定期限劳动合同**：明确规定了合同效力的起始和终止的时间，劳动合同期限届满，劳动关系也就随之结束。

合同期限到期

若用人单位与劳动者签订的合同到期，劳动关系解除，而用人单位与劳动者希望继续合作，可进行合同的续期，延长劳动关系时间。用人单位一定要续签劳动合同，不能进行口头约定，否则容易带来劳动风险。

● **无固定期限劳动合同**：没有界定劳动关系期限的一种劳动关系合同，在这种合同中应该具备以下 3 个条件，如图 6-18 所示。

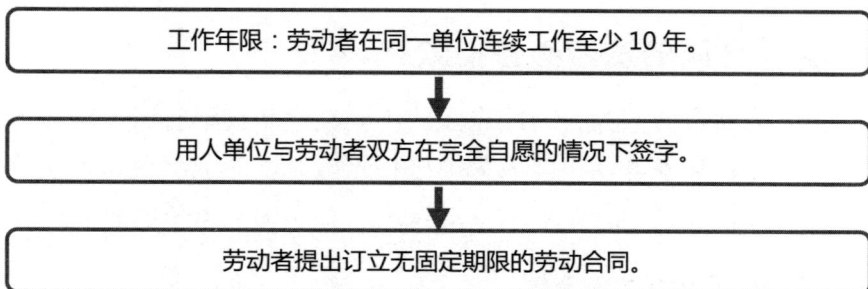

图 6-18　无固定期限劳动合同必备条件

无固定期限合同的效用

无固定期限合同一旦签订，只要不出现法律、法规规定的或者双方在合同中约定的设立解除合同的事项，劳动合同就不能解除。

- **以完成一定的工作任务为期限合同**：是指用人单位与劳动者约定以某项工作或项目的完成为合同期限的劳动合同。

（3）工作内容和地点

工作内容和地点是劳动合同中必须有的法定基本条款，这样就可以明确知道劳动者在哪里工作，什么环境和场合下工作，以及工作的内容是什么等，避免用人单位随意调动劳动者的工作岗位和工作地点，这也是法律不允许的。

（4）工作时间

工作时间又称作劳动时间，是指劳动者在用人单位中，必须用来完成其所担负的工作任务的时间，如 6 小时工作制或 8 小时工作制，日班和夜班等。

（5）休息休假

休假是每一劳动者必须享有的权利，所以在劳动合同中必须体现相关的休假制度条款。

（6）劳动报酬

劳动报酬是劳动者在用人单位通过劳动后获得的合法收入，也是劳动者付出劳动后应该得到的回报。所以，在劳动合同中应包括劳动人员报酬的相关制度条例。

而且条例中必须包含这样几个方面：（1）用人单位工资水平、工资分配制度、工资标准和工资分配形式；（2）工资支付办法；（3）加班、加点工资及津贴、补贴标准和奖金分配办法；（4）工资调整办法；（5）试用期及病、事假等期间的工资待遇；（6）特殊情况下职工工资（生活费）支付办法；（7）其他劳动报酬分配办法。

在劳动合同中，相关劳动报酬条款的约定要符合我国有关最低工资标准的规定。

（7）社会保险

社会保险，人们习惯称之为"社保"，是国家通过立法建立的一种社会保障制度，目的是使劳动者在市场经济条件下因年老、患病、工伤、失业、生育等原因，丧失劳动能力或中断就业，本人和家属失去工资收入时，能够获得物质帮助。它包括以下几方面保险，如图6-19所示。

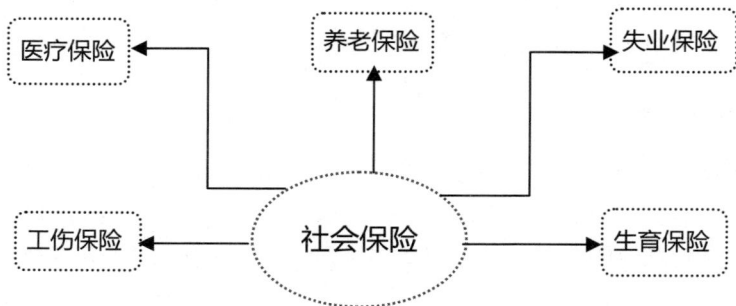

图6-19　社保的构成

（8）劳动保护

劳动保护，我们可将其简单理解为用人单位必须为劳动者提供的生命安全和健康保护措施，特别是一些不安全或不卫生的工作环境。

（9）劳动条件

劳动条件是指用人单位必须为劳动者提供因履行劳动义务、完成工作任务所需的必要物质和技术条件，如必要的工作场所、工具、设备、仪器、技术资料等。

（10）职业危害防护

职业危害防护主要是应用于一些对劳动者的生命和健康有害的职业，而用人单位也必须如实地告知劳动者，并在劳动合同中列出，同时为劳动者提供相应的保护与预防措施。

6.3.4　劳动合同的变更

在实际的工作中，劳动合同会因为工作岗位、工作内容、工作需求等变化而需要适当地修改或变更，这也是非常常见的、普遍的合同变更基本环节。

但劳动合同的变更并不是随意的，常见的变更合同的原因有以下 3 个，如图 6-20 所示。

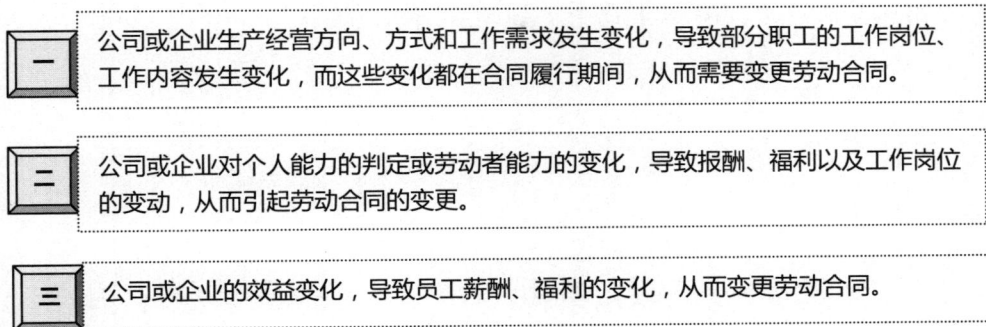

一	公司或企业生产经营方向、方式和工作需求发生变化，导致部分职工的工作岗位、工作内容发生变化，而这些变化都在合同履行期间，从而需要变更劳动合同。
二	公司或企业对个人能力的判定或劳动者能力的变化，导致报酬、福利以及工作岗位的变动，从而引起劳动合同的变更。
三	公司或企业的效益变化，导致员工薪酬、福利的变化，从而变更劳动合同。

图 6-20　劳动合同变更原因

变更劳动合同与签订劳动合同一样，都要遵循一定的原则，不能因为是变更就随意而为。变更劳动合同必须遵守平等自愿、协商一致的原则。

合同变更遇到麻烦

公司或企业提出的变更合同条款，劳动者不同意、不接受的情况，尤其是在增加员工义务而减少其权益的情况，这时公司或企业可以适当增加员工的权益，形成一种交易，使职工保持心理平衡。

6.4　员工离职时的妥当处理

人事正常流动是不可避免的，但我们在处理员工离职的流程上，一定要认真、谨慎，将其办理妥当，不能因为操作上的失误而为公司带来负面的影响和损失。

6.4.1　员工离职处理原则

员工离职可能有很多种原因，所以我们可以根据不同的原因，采取不同的措施、处理方法，这样就能让整个离职工作办得妥妥的。

那么作为运营者或管理者，特别是人事专员，在处理员工离职问题时，可遵守这样几个原则，下面分别进行介绍。

（1） 员工离职区分

在处理员工离职前，我们一定要区分员工离职的形式，然后再进行相应的流程。常见的离职形式有以下几个，如图 6-21 所示。

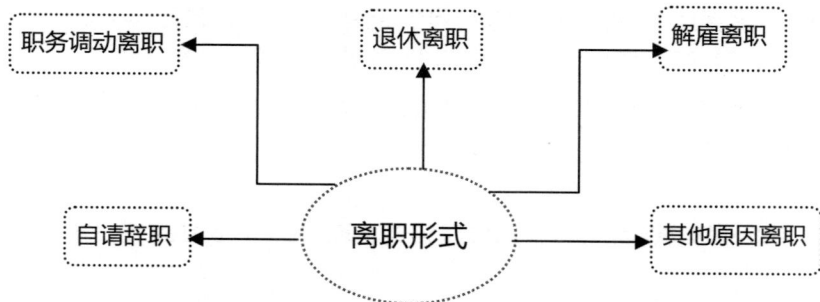

图 6-21　员工离职形式

（2） 挽留处理

对于平时工作成绩优良的自请辞职者，单位相关管理人员应加以疏导挽留，如去意仍坚，可暂办停薪留职，不办理离职手续，这样可以劝其再返公司或企业进行工作，继续为公司效力。

（3） 离职手续

对于一般的员工，需要提前 30 天提出离职申请，而对于中高层管理人员，则需提前 3 个月提出，经过相应部门或人员同意后办理离职手续。

（4） 移交手续

员工离职时填写相应的离职表，交给相应的部门或人员。然后将相应办公物品或工作移交给相应的接收人员。

6.4.2　离职的流程

根据上面的原则来进行员工的离职处理时，我们必须按照相应的流程来操作。当然在操作过程中，我们一定要区分是员工主动辞职，还是被辞退或解聘，因为这两者的处理方式稍有不同，具体介绍如下。

● **主动辞职**：员工因为某种原因主动辞职时，处理程序如图 6-22 所示。

主动辞职时应提前 30 天向公司提出书面申请。

填写《员工辞职申请书》，经其直接上级签字同意后，报人力资源部（或管人事的总经理）审核，由相关领导审批。

辞职批准后，需要同其直接上级协商，确定离职时间，并在辞职前领取《员工辞职移交手续清单》，做好工作交接。

按《员工辞职移交手续清单》完成规定工作及相关事宜，交接后方可获取"离职证明"等文件，正式离职。

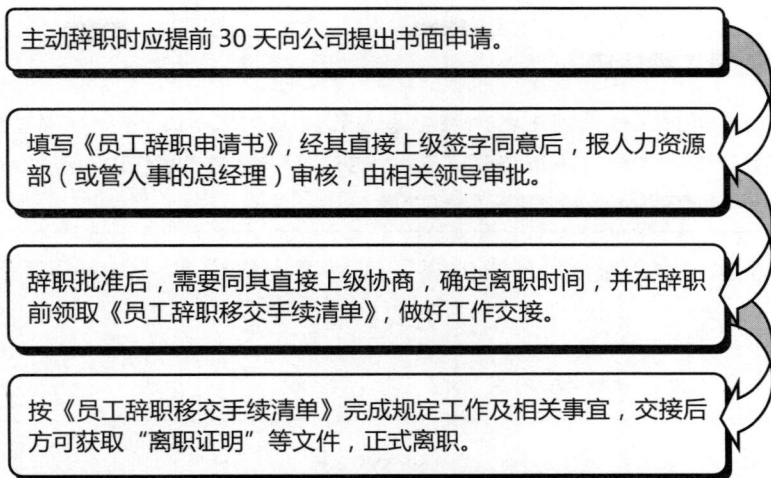

图 6-22　辞职的流程

处理离职需注意

员工辞职要严格执行劳动合同中的变更、解除、终止等有关条款，若员工不按以上程序办理辞职手续，并给公司带来重大经济损失，公司保留对其追究法律责任的权利。

● **被动辞职**：被动离职也就是被公司解聘或辞退，依照劳动合同法规定和公司内部规定解除劳动关系。当然，在辞退员工时也必须有相应的流程，做到有理有据，同时有礼有节。如图 6-23 所示为解聘员工的流程示意图。

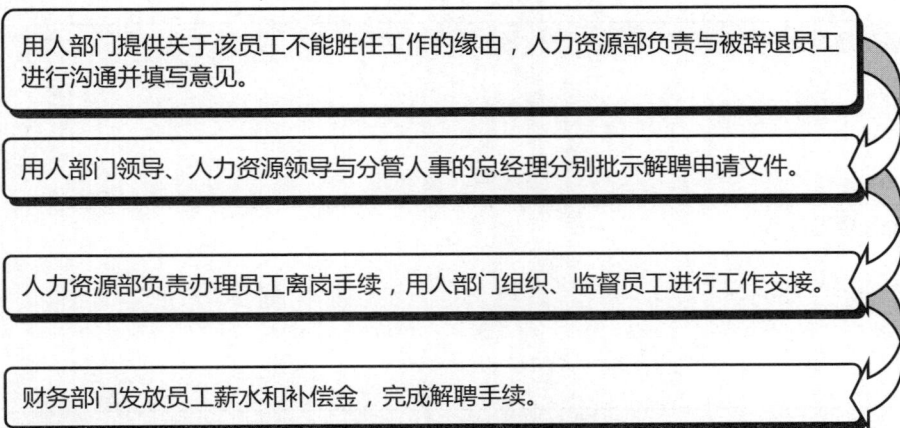

用人部门提供关于该员工不能胜任工作的缘由，人力资源部负责与被辞退员工进行沟通并填写意见。

用人部门领导、人力资源领导与分管人事的总经理分别批示解聘申请文件。

人力资源部负责办理员工离岗手续，用人部门组织、监督员工进行工作交接。

财务部门发放员工薪水和补偿金，完成解聘手续。

图 6-23　解聘的流程

解聘员工需注意

公司或企业在解聘员工时，必须注意这样两点：一是无过失辞退员工，员工享受经济补偿金，具体标准以国家劳动政策法规为准；二是被辞退员工应及时做好工作交接，并在指定日期内到人力资源部办理相关手续，如不办理交接者，公司有权采取处罚措施。

如图 6-24 所示为一张基本的离职或辞退表格样式，作为新手开公司或企业，我们可以在这个样式上进行变更或扩展。

离职申请种类（✓）　　□ 辞职　　□ 辞退			
姓　　名		入职日期	
所在部门		职　　务	
辞职/辞退原因： 申请人/建议人签字： 日期：			
部门负责人意见：		经理意见：	
人事部意见：			
总经理意见：			

图 6-24　辞职/辞退表格样式

6.4.3 离职缘由和影响

人员的离职有时候对公司是一种损失，因为一个合格和优秀的人才，公司投入了很多的精力进行培养。所以对于人员离职，我们需要知道并分析其原因，同时掌握和控制其影响。

员工离职的原因大体上有 3 个方面，如图 6-25 所示。

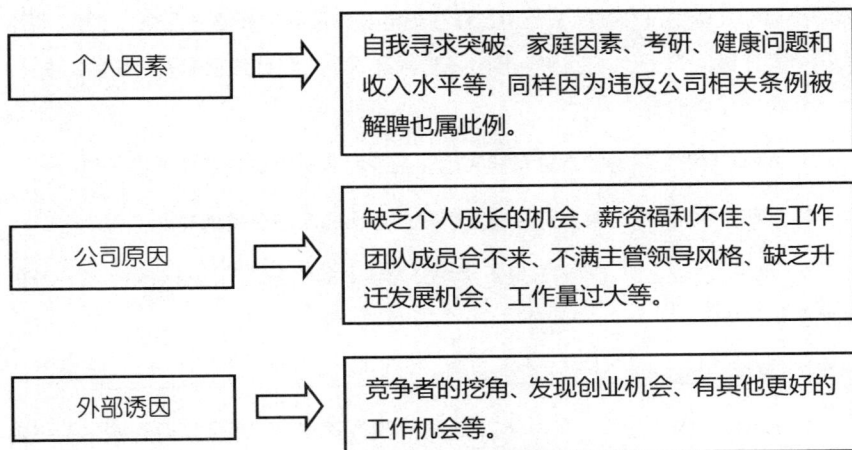

个人因素	⟹	自我寻求突破、家庭因素、考研、健康问题和收入水平等，同样因为违反公司相关条例被解聘也属此例。
公司原因	⟹	缺乏个人成长的机会、薪资福利不佳、与工作团队成员合不来、不满主管领导风格、缺乏升迁发展机会、工作量过大等。
外部诱因	⟹	竞争者的挖角、发现创业机会、有其他更好的工作机会等。

图 6-25 离职的缘由

员工离职造成的影响主要有 5 方面，如图 6-26 所示。

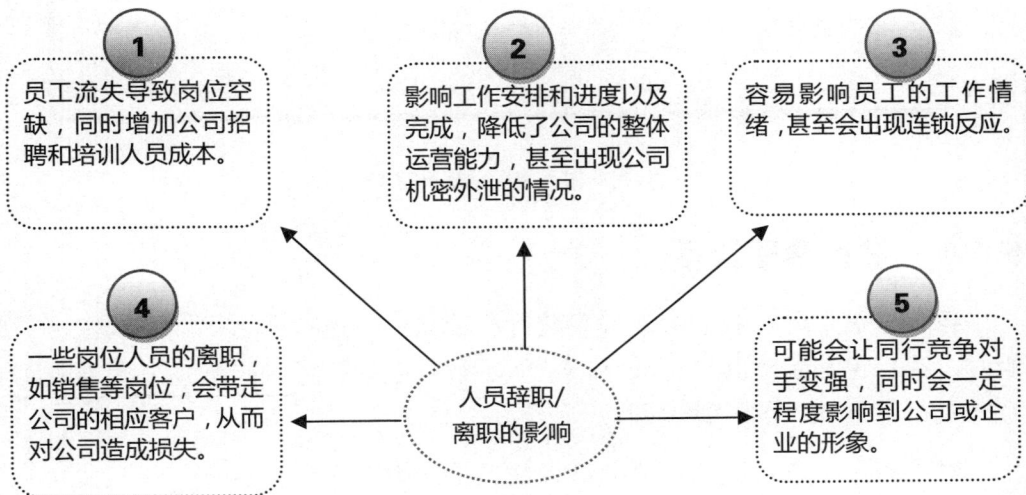

1 员工流失导致岗位空缺，同时增加公司招聘和培训人员成本。

2 影响工作安排和进度以及完成，降低了公司的整体运营能力，甚至出现公司机密外泄的情况。

3 容易影响员工的工作情绪，甚至会出现连锁反应。

4 一些岗位人员的离职，如销售等岗位，会带走公司的相应客户，从而对公司造成损失。

人员辞职/离职的影响

5 可能会让同行竞争对手变强，同时会一定程度影响到公司或企业的形象。

图 6-26 离职的影响

在如图 6-26 所示的离职影响中，对于一些高层或重要岗位，为了防止公司或企业内部资料泄露出去或被带给竞争对手，我们可以在员工离职时签订一份承诺书，来约束离职员工的行为。如图 6-27 所示为一份离职承诺书范本样式。

本人从_____年__月__日至_____年__月__日在_____公司负责_____工作，担任_____职位，掌握了公司的核心商业机密。公司已按劳动法等有关规定向我支付了一切工资福利待遇和保密工资及竞业禁止工资。现本人因个人原因，于_____年__月__日要求辞职，公司已同意本人的要求。在此，本人郑重向公司承诺：

1. 保证不将公司的客户资料和其他涉及公司商业机密的资料带出公司。

2. 保证半年内不向与公司形成竞争的商业机构泄露公司的商业机密。

3. 保证_____（时间）内不承接公司客户的业务，不为与公司形成竞争的商业机构服务。

4. 其他_____。

以上承诺，如有违反，本人将_____倍补偿退回在公司服务期间保密工资和竞业禁止工资共计_____元整并承担由此而造成的一切法律责任和经济损失。

本承诺书一式两份，承诺人与公司各执一份，经承诺人签字、公司盖章确认后生效。

公司签章：······························ 承诺人：

年···月···日

图 6-27 离职承诺书范本

6.4.4 进行离职谈话

在引进员工时，我们会对员工进行相应谈话，包括面试等。那么在员工离职时，我们也需要对其进行谈话，从而了解相应的信息，当然也可作为公司或企业对员工离职时的一种道别。

对离职员工进行谈话，我们可以从以下两方面入手。

（1）离职谈话的方法

在进行离职谈话时，不能抱有一拍两散的心态，而是要起到一定的作用，如挽留人才、维护公司形象等，那么我们可以按照如图 6-28 所示的方法来进行离职谈话的准备。

明确谈话目的

针对不同性质离职人员，谈话的目的和重点会有所不同。例如，挽留跳槽的重要员工需要知道其离开的缘由，有没有对公司不满，能不能在将来返聘等；要劝退不太合格的员工，需进行安抚并给出合理的理由和建议等。

拟定谈话的提纲

主要涉及谈话的重点和要点，进行针对性的提问和交流，以保证离职谈话的最初目的得以实现，当然在制定谈话提纲前，一定要对员工的信息进行了解，做到有礼有节、有的放矢。

活用法律与制度

我们在对员工进行离职谈话时，是代表公司或企业来进行的，所以我们在谈话中一定要遵循和使用劳动法的相关规定以及公司或企业内部制度，从而维护公司或企业的利益和形象。

控制谈话过程和节奏

在进行员工的离职谈话时，要进行相应的过程和节奏的控制把握，让谈话的效果更佳，顺利地完成最初预定的谈话目的。

图 6-28　离职谈话的方法

在离职谈话时，除了我们给离职人员的信息外，还应记录下离职人员的反馈信息。针对这一目的，我们可以准备如表 6-1 所示的面谈表。

表 6-1　离职人员面谈表

分　类	访谈内容	记　录
公司满意度	对于公司的政策、文化及发展前景的个人观点	
公司管理	对直属上司的领导能力、管理能力及对下属培养的满意度	
工作满意度	是否喜欢自己的工作，是否能从工作中获益良多，离职后将计划从事何种类型的工作	
职业发展	对于公司提供发展机会的满意度	
薪酬及福利	对总收入及公司提供的相关福利是否满意，希望公司如何调整等	

续表

分　类	访谈内容	记　录
认可或奖励	对于公司奖励机制的满意度	
工作环境	对上班便利性、安全性和办公环境等的满意度	
其他		
评价/结论		

（2）离职谈话的样题

在进行离职谈话时我们要多问，而且还要问一些让员工能自由发挥的问题，这样我们才能从其中得到更多信息，从而找到那些我们需要的答案，便于在经营管理上做出相应的调整。

那么在离职谈话中，有哪些能让员工开口同时又是我们想要得到回复信息的问题呢？下面就分别列举一些常见、实用的离职谈话样题供大家选择。

- 你为什么做出离职决定？决定离职的主要原因是什么？

- 你决定离职的其他原因是什么？在你决定离职的原因中，你最在意的是什么？

- 抛开导致你决定离职的原因，是什么使你起初决定与公司长期共同发展事业？

- 公司可以采取什么样的措施让你打消离职的念头？你希望问题如何得到解决？

- 你觉得有哪些机会可以预防出现目前的状况？你对导致你决定离职的缘由有何看法？公司应怎样使你更好地发挥潜力？

- 你对公司有何感想？有什么具体的建议？如果公司提供机会，你可以在哪些方面做得更好？

- 你在公司有什么好的或满意的经历吗？你在公司有什么沮丧的或困难的经历吗？

- 你觉得自己的角色发展或定位适当吗？你自己想承担哪些额外的职

责？你觉得公司对你的培训和发展需求的评估妥当吗？你觉得什么样的培训和发展计划对你最有帮助且你最感兴趣？

- 你觉得公司或部门内的沟通如何？应该如何改进？你觉得应如何改进公司的客户服务？

- 你觉得公司招聘你的方式如何？与你进公司时对它的期望相比，现实是如何改变的？公司应如何改进对你的入职培训？公司应如何帮助你更好地了解其他部门或更好地与之合作，以提高效率？

- 你对公司对你展开的绩效评估和给出的绩效反馈有何看法？你对公司的激励机制有何看法？你认为它应如何进行改进？

- 公司存在哪些特别荒谬的政策、制度或指令，能具体谈谈吗？

- 你觉得公司应如何改进工作条件、工时安排、薪资制度、管理方法和便利设施等？

- 公司或管理层有没有在什么方面给你的工作造成麻烦，或使你厌恶，或降低了你的效率？

- 你是否愿意谈谈你的去向（如果你已经决定了）？是什么吸引你想加入他们？他们提供了什么重要的条件正是我们这所缺少的？当情况好转，你会考虑重新回公司吗？

- 你是否愿意在离开公司前与经理或接任者或同事进行简短的谈话，以便我们可以从你的知识和经验中受益？

- 你将在什么时候，以何种方式将你的工作资源（客户名单、重要研究成果等）交接给接任者？

6.4.5　离职防范与目标

员工的离职，不论是主动辞职或被动离职（辞退），都会为公司或企业带来损失。

我们作为经营者或管理者，就一定要建立一套防范离职带来损失的措施（当然这主要是针对主动离职情况），同时制定相应的离职目标来作为公司或管理人员在管理上的依据，下面分别进行介绍。

（1）离职防范

离职防范主要就是防止员工主动离职的情况，从而减少公司人才流失和经营成本。要做到离职防范，我们可以从以下 5 个方面入手，如图 6-29 所示。

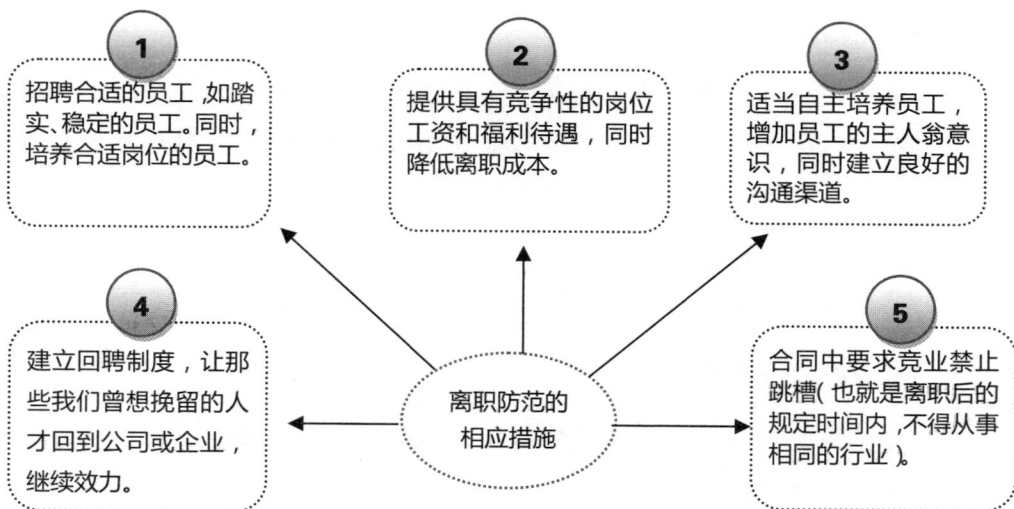

图 6-29　离职防范措施

（2）离职目标

离职是非常正常的，但一定要控制在合理的范围内，不然我们采用的防范措施就成为无用功。当然为了更好地控制人员的离职，从而提高公司或企业的管理水平，我们可以进行目标的制定，如图 6-30 所示。

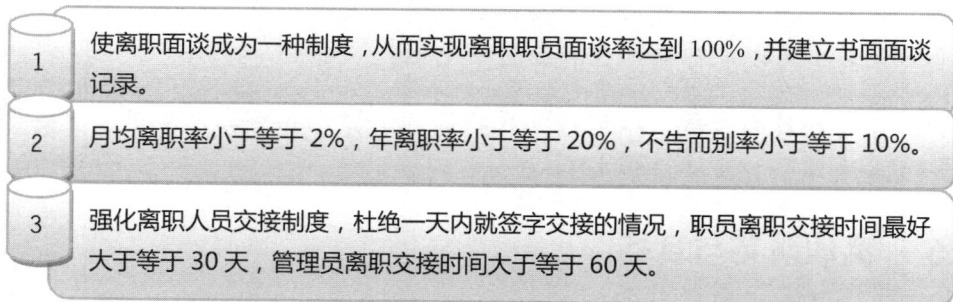

1	使离职面谈成为一种制度，从而实现离职职员面谈率达到 100%，并建立书面面谈记录。
2	月均离职率小于等于 2%，年离职率小于等于 20%，不告而别率小于等于 10%。
3	强化离职人员交接制度，杜绝一天内就签字交接的情况，职员离职交接时间最好大于等于 30 天，管理员离职交接时间大于等于 60 天。

图 6-30　离职目标的制定

6.4.6　离职手续/证明

离职手续也可称作离职证明，专门用来证明离职当事人已和雇佣公司/企业没有劳动关系。它通常用于员工去新公司应聘，如图 6-31 所示为两份常规的离职证明文件图。

离职证明

辞职人________（身份证号码：________________，
社保号：__________），原职务：________，于____年____月
____日至____年___月___日在本单位工作，并于___年
____月____日与本单位解除劳动关系，特此证明。

单位盖章
______年___月___日

本证明真实。　申明人：___________
______年___月___日

离 职 证 明

兹有________（许可证类别及证号）与我单位劳动合同期满，即日起与我单位已无劳动人事关系。其工作变动后不影响本单位的资质。

特此证明。

单位负责人（签字）：

单位（名称和公章）：

年　月　日

图 6-31　离职手续/证明

6.4.7　离职处理技巧

离职处理技巧不是指公司或企业让员工离职的技巧，而是在员工离职时的一些处理技巧，也就是辞退人员的技巧。作为公司或企业的经营者或管理者有必要知道这些，来看看不同离职形式的技巧。

- **主动离职**：对于主动离职的员工，我们可以对其进行相应的挽留，必要时进行停薪留职的处理，当然有些员工的离职只是想找一个表达的机会，对于这样想表达的员工，就让其痛快地说，这样可以将其留下来继续为公司创造效益。
- **自动离职**：对于自动离职的员工，我们在处理时，可先通过电话等方式进行联系，询问其不上班的原因，若离职决心已定，可让其办理离职手续，若不到公司或企业办理离职手续，可让相应的人事部门进行代办，解除劳动关系。
- **公司辞退**：在处理辞退的操作时，我们必须让其知道自己被辞退的原因，使其认可，然后按照相应的程序进行即可。其中很重要一点就是让被辞退者知道是自己的原因被辞退，而不是公司或企业的原因。

6.4.8 员工离职管理制度

员工离职是人事变动的一部分，也是不可避免的一部分。所以作为公司的经营者或决策者，需要制定一套专门、系统的员工离职管理制度，来作为员工离职处理和流程的标准线。

下面是摘抄的部分员工离职的管理制度条例。

员工离职管理制度

第一章　总则

第一条　目的

为规范全体员工离职管理工作，确保日常工作和生产任务的连续性，确保公司和离职员工的合法权益，特制定本制度。

第二条　适用范围

所有员工，不论何种原因离职，均依本制度办理。若有特殊，由总经理签字认可。

第三条　相关人员职责

1.人力资源部负责员工的离职管理工作。

2.离职人员所在部门协助人力资源部完成工作、事务的交接手续。

3.财务部负责员工款项的核算与支付。

第二章　离职定义

第四条　合同离职

员工终止履行受聘合同或协议而离职。

第五条　员工辞职

员工因个人原因申请辞去工作，有两种情形。

1.公司同意，且视辞职员工为违约。

……

第7章

员工有保障，企业发展的根本

作为公司或企业的经营者或管理者，心理一定清楚，我们是靠自己的员工来获取效益和利益，所以，员工才是根本。那么要让员工心甘情愿地为自己卖力，就得为其提供可靠的保障，来保证企业的发展。所以，在本章中特别介绍一些常用和实用的员工保障的策略和方法。

确定薪资水平的要点
福利的具体形式
奖金的设计
自助式薪酬管理
社保缴费基数和比例算法

7.1 确定员工薪资水平

薪资不仅是员工最关心的问题，同时也是公司或企业经营者最关心的问题，因为对于员工来讲薪资收入保证他们生活的正常进行，而对于公司或企业来讲，员工薪资是主要的成本投入之一。

那么，在实际的操作中，作为公司或企业的经营者或高级管理者，该怎样来确定员工的薪资水平呢？

7.1.1 确定薪资水平的要点

我们在确定薪资水平时，不是凭主观意识来决定，它必须进行以下几个要点的考虑，如图 7-1 所示。

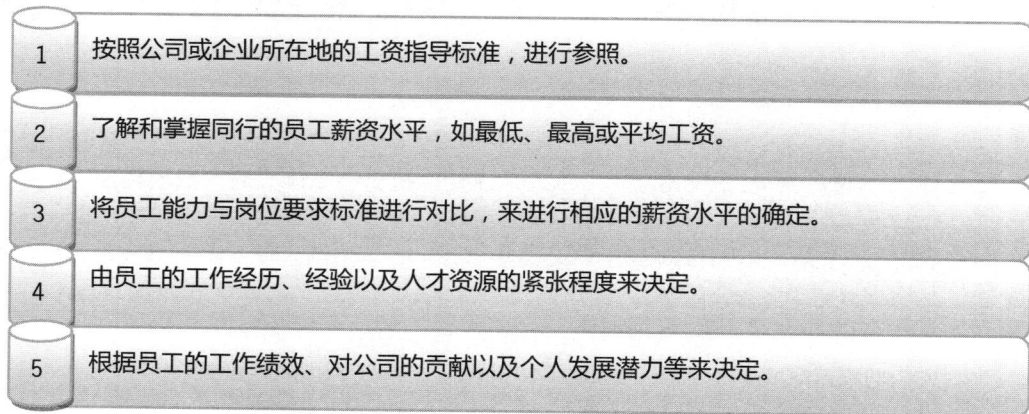

1	按照公司或企业所在地的工资指导标准，进行参照。
2	了解和掌握同行的员工薪资水平，如最低、最高或平均工资。
3	将员工能力与岗位要求标准进行对比，来进行相应的薪资水平的确定。
4	由员工的工作经历、经验以及人才资源的紧张程度来决定。
5	根据员工的工作绩效、对公司的贡献以及个人发展潜力等来决定。

图 7-1　确定薪资水平的要点

7.1.2 薪资制定的科学方法

作为公司或企业的经营者，我们希望员工以最大的积极性和热情投入到工作中，所以在管理中，我们可以通过薪资来作为杠杆进行调控。

在实际操作中，公司或企业管理者可以按照这样几种科学的方法来制定薪资水平，下面分别进行介绍。

（1）销售额薪资

按销售额进行薪资的计算，主要用于销售行业或销售人员的薪资结算，按照员工的销售数额来按比例进行计算，它分为两种情况，如图 7-2 所示。

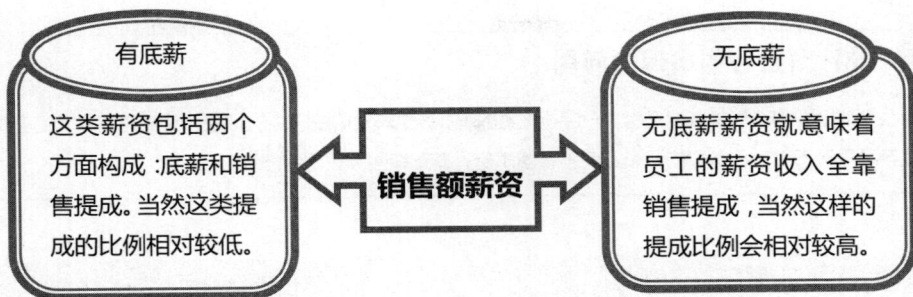

图 7-2　销售额薪资分类

提成比例

提成比例的确定，并不单是取决于有无底薪，它还有很多其他的参考，如销售金额的多少、当前的市场状况以及销售人员的级别等。

（2）计件薪资

计件工资是按照员工的生产数量来进行薪资的计算，它主要用于一些加工、生产行业或岗位。

这类薪资计算方式分为两种计算方式，如图 7-3 所示。

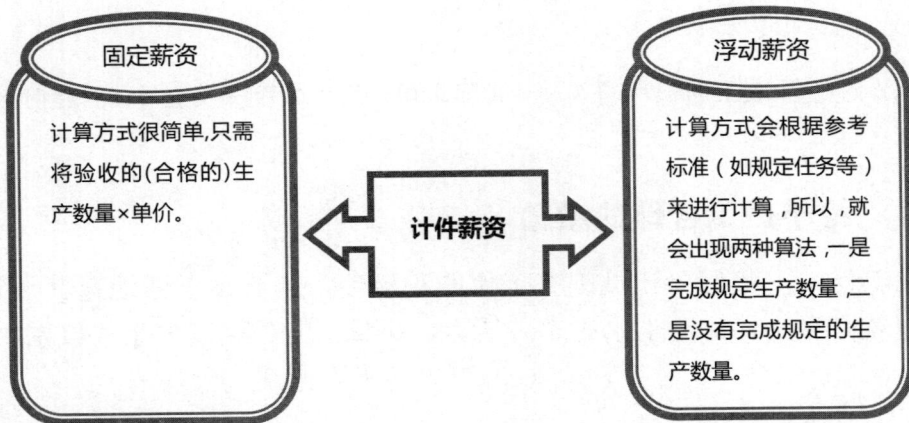

图 7-3　计件薪资分类

> **计件薪资容易出现的问题**
>
> 作为公司或企业的经营者或管理者，一定要注意的是，计件薪资中由于生产数量会直接影响收入的多寡，这就容易导致员工进行数量的赶超，而不看重质量，甚至有些员工虚报产量。

【科学的浮动薪资计算】

小林在一家图书编辑公司供职，该公司采用的是浮动计件薪资，也就是规定编写的图书量作为标准线，当员工完成这个工作量，在单价的基础上进行浮动补助，若没有完成，则在单价的基础上进行惩罚式下调。

同时，为了避免员工只顾任务量的完成而忽略书稿质量，特安排相应人员进行书稿质量的把控，并给予相应的标准判定。这样既能保证书稿进度，同时保证书稿的质量，从而在激烈竞争中存活并发展。

（3）计时薪资

计时薪资按工作时间来进行核算的，所以它包括两部分：标准工作时间和加班工作时间，当然计算薪资的算法也有两种。

- **标准工时**：所得工资=实际工时×小时工资（低于标准工时的按公司规定扣除相应薪水）。

- **超过标准工时**：所得工资=实际工时×小时工资＋奖金系数×超时数×小时工资。

7.1.3　给予员工合理的激励

在工作中，我们要让员工有工作的积极性，就必须不断地对其进行鼓励，也就是激励，让员工始终充满活力，让整个工作团队的工作氛围"活"起来。

在实际的操作中，我们可以采用以下一些激励员工的方法，如图 7-4 所示。

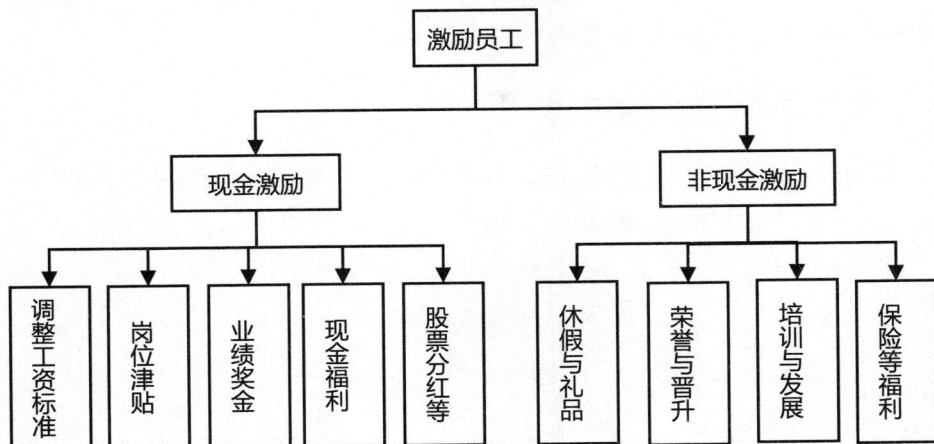

图 7-4 激励员工的方法

图 7-4 所示为常见的一些激励员工方法，可能在实际的操作中并不够用，但作为公司或企业的经营者或管理者，可在以下的一些基本要点和方向上进行变通融合，如图 7-5 所示。

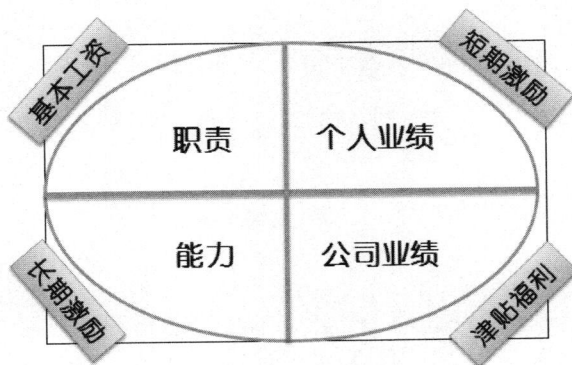

图 7-5 激励员工的 4 个方向

【现金激励员工】

老张开了一家小作坊，专门用来生产一些小配件，他采用的是浮动计件薪资计算方法，所以生产配件的数量就直接决定了员工的收入。另外，他一旦发现员工当前生产的配件有难度，或从来没有生产过的，就会对当事人的计件单价进行提高，若员工在生产中碰到了生产技术上的难度，而出现了泄气的情况，也会及时承诺给予补助。

这样，就出现了员工主动加班加点进行生产，同时保证生产质量的好现象，这就是较为常见和实用的现金激励员工的方法。

7.1.4　薪资总额包含的内容

员工薪资不只是单一的基本工资，而是包括多种工资，如图 7-6 所示，这样有利于吸引人才，同时激励和留住人才。

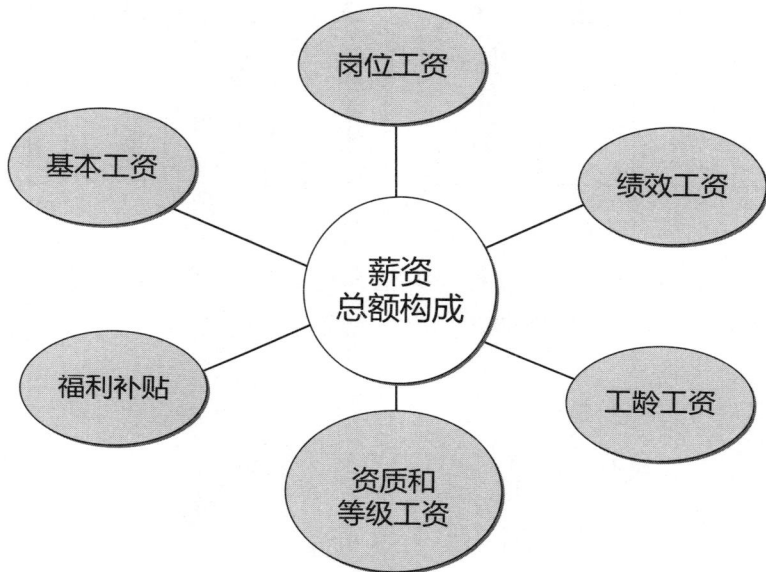

图 7-6　薪资总额构成

【多项薪资构成】

小周是一家咖啡店的老板，作为新手的他，为了招聘到员工，同时留住已有的员工，它决定将以前的固定工资更改成由几个方面组成的薪资体系，他的计算公式是：工资总额＝岗位工资＋过节补贴＋生日补贴＋工龄工资＋加班费用＋级别工资＋基本工资。

这样他的员工基本上都较为满意这样的待遇，而安心工作，即使出现人事流动，也能很快招聘到合适的员工。

7.1.5　根据生命周期定薪资

员工的薪资状况不单取决于员工的工作岗位、能力以及管理上的激励措施，同时要考虑到公司或企业的当前发展情况，也就是处在哪个阶段。

一般情况下，公司或企业都会经历这样 4 个阶段，作为公司或企业的经营者或管理者，我们也应在不同的阶段做出合适的薪资调整策略，如图 7-7 所示。

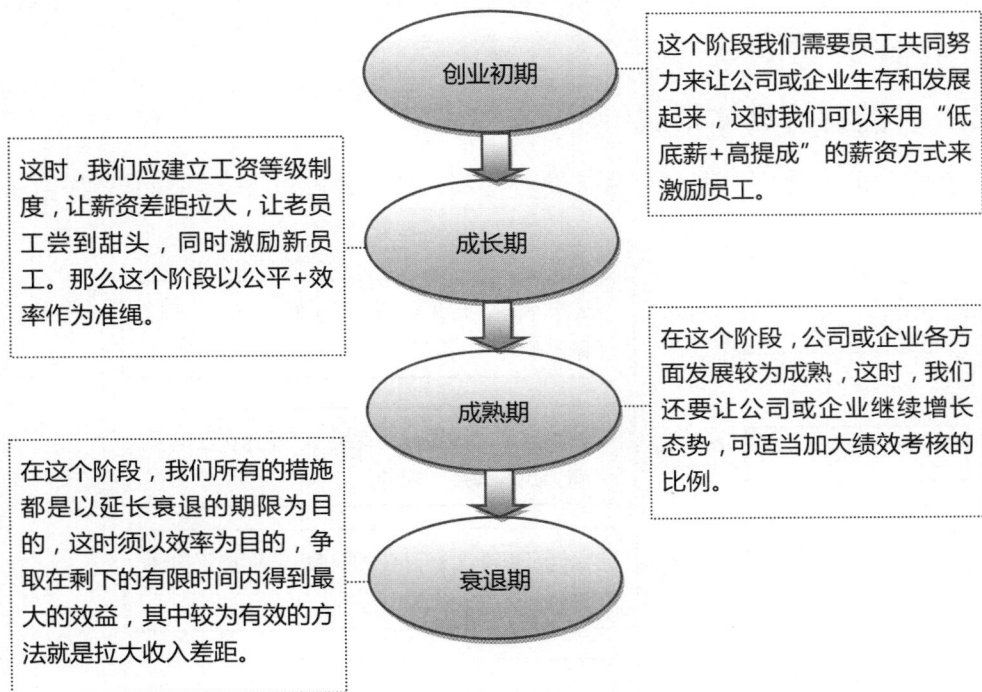

创业初期

这个阶段我们需要员工共同努力来让公司或企业生存和发展起来，这时我们可以采用"低底薪+高提成"的薪资方式来激励员工。

这时，我们应建立工资等级制度，让薪资差距拉大，让老员工尝到甜头，同时激励新员工。那么这个阶段以公平+效率作为准绳。

成长期

成熟期

在这个阶段，公司或企业各方面发展较为成熟，这时，我们还要让公司或企业继续增长态势，可适当加大绩效考核的比例。

在这个阶段，我们所有的措施都是以延长衰退的期限为目的，这时须以效率为目的，争取在剩下的有限时间内得到最大的效益，其中较为有效的方法就是拉大收入差距。

衰退期

图 7-7　根据生命周期定薪资

7.1.6　公司成本核算指标

作为公司或企业的经营者，要想获利赚钱，就必须先对成本进行计算，同时，对成本进行有效的控制。

当然，公司成本的计算有固定的计算方式，也是非常科学的，下面就分别进行说明。

- 人工成本=工资总额+福利支出+其他人工费用＝工资总额+社会保险费用+福利费用+教育费用+劳动保护费用+住房费用+其他。

- 人均利润=公司利润总额÷公司员工总数。

- 劳动分配率=人工费用÷增加值（纯收入）。

7.2 用福利留住人心

公司或企业福利是一种额外的投入，不是员工本应必须的薪资构成，但公司或企业可通过福利发送的方式来收取他们的心，让其心甘情愿为公司做事，甘心付出，从而为公司或企业带来更大的收益。

7.2.1 福利的具体形式

在实际的操作中，我们为员工发放福利，可以通过以下一些形式，如图7-8所示。

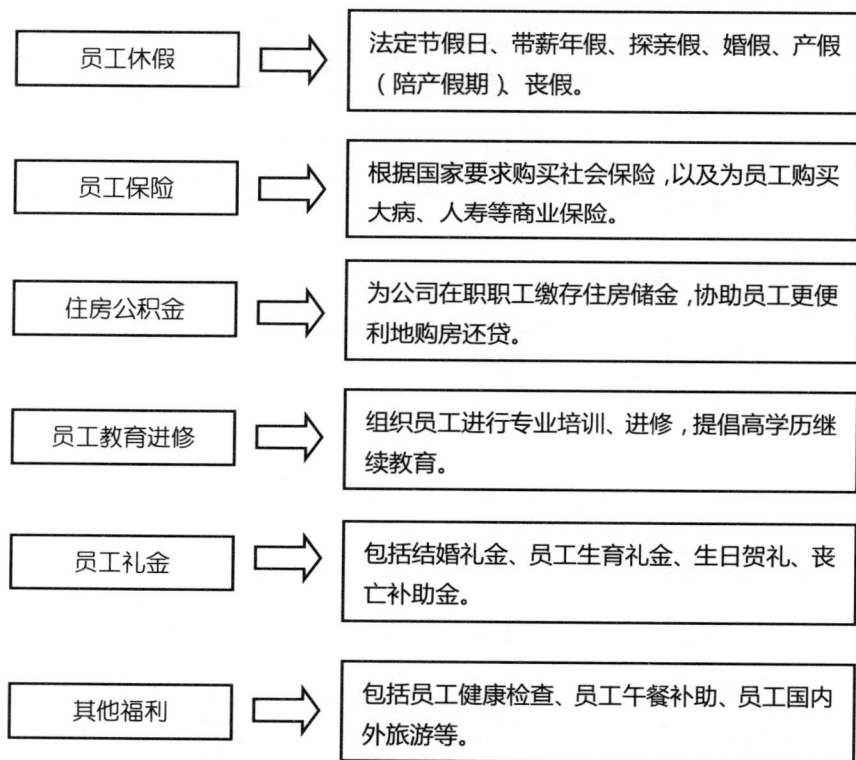

员工休假	→	法定节假日、带薪年假、探亲假、婚假、产假（陪产假期）、丧假。
员工保险	→	根据国家要求购买社会保险，以及为员工购买大病、人寿等商业保险。
住房公积金	→	为公司在职职工缴存住房储金，协助员工更便利地购房还贷。
员工教育进修	→	组织员工进行专业培训、进修，提倡高学历继续教育。
员工礼金	→	包括结婚礼金、员工生育礼金、生日贺礼、丧亡补助金。
其他福利	→	包括员工健康检查、员工午餐补助、员工国内外旅游等。

图 7-8 福利具体形式

对员工发放的福利也是公司或企业的投入，属于经营成本，所以我们在用福利暖人心时，也要考虑到成本。同时为了让执行者有个明白的标准，我们可以对相应福利进行规定。

如图 7-9 所示为某公司的部分福利发放标准。

福利名称	发放标准
午餐补贴	公司发放标准为每人每月 300 元，随每月工资一同发放（或公司直接提供午餐）。
生日补贴	员工过生日，公司送贺卡表示祝福，并送上八寸生日蛋糕。
节日补贴	端午节发放粽子，中秋节发放月饼；妇女节为全体女职工发放价值 50～100 元的纪念品或放假一日；元旦、春节公司组织聚餐；劳动节、国庆节、清明节公司给予员工 50～100 元的节日补贴。
员工礼金	当员工逢婚、育、大病和丧事等情况时，公司给予员工礼金或慰问品约200 元左右。

图 7-9　福利发放参考标准

当然，还有一些投入不高的小福利，而且也能达到收取人心的目的，下面分别进行列举。

● 免费为员工提供咖啡、茶、水果、点心等。

● 加班后打车回家时，公司支付打车费用。

● 不定时为员工提供带薪假作为惊喜。

● 每年组织各部门员工参加不同要求的免费健康体检。

● 每年夏季（6、7、8 月）发放防暑降温费或防暑降温用品。

● 员工在职或短期脱产免费培训、公费进修等。

7.2.2　奖金的具体形式

奖金是公司或企业发放给员工的一种物质补偿，同时，作为勉励员工继续努力、鞭笞激励其他员工的方法。

那么，作为公司的经营者或管理者，我们可以用以下一些具体形式进行奖励，如图 7-10 所示。

优秀员工奖	可每月评比月度优秀员工，奖励 50 元；每季度评比季度优秀员工，奖励 50～200 元；年度优秀员工奖励 200～1 000 元。
超额完成任务	对于工作特别积极，效率非常高的员工给予奖励，金额 300～1 000 元。
创新奖	在工作方法、工作思路或开拓业务等方面有较大的突破和创新，对提高工作效率或管理水平有突出贡献的，奖励金额为 1 000～20 000 元。
优秀建议奖	对公司的发展或管理问题提出好建议被采纳，或经常提出建议的积极员工，给予一次性奖励，奖励金额为 500～5 000 元。

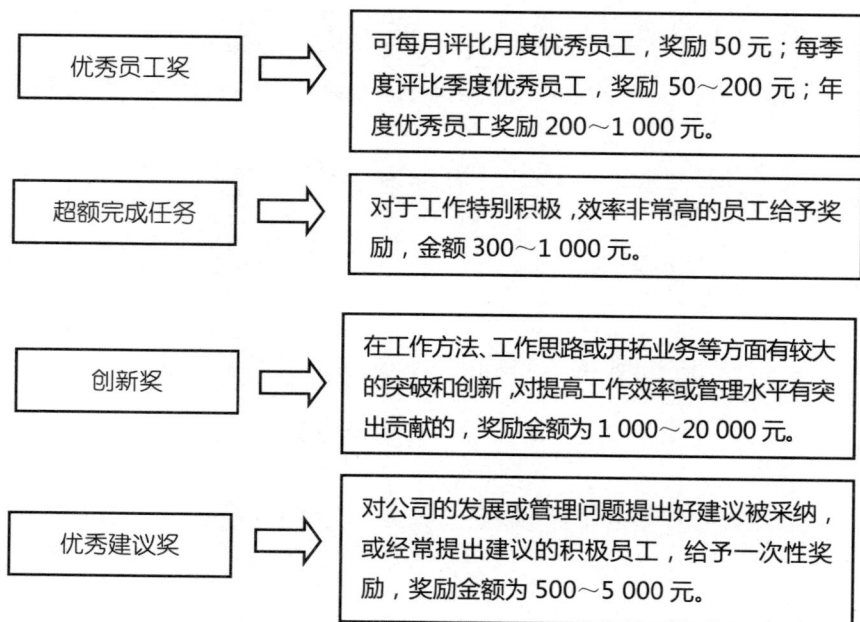

图 7-10　奖金发放的具体形式

　　奖励不同于节日补贴或年终奖等，所以对员工进行奖励时，须判定其是否符合奖励的条件，同时讲究一定的原则，下面就简单地列举一些供参考。

- 个人、团队做出了特殊的贡献，如其行为挽救了重大损失，使得公司某一业务单元效益大幅增长等，均可发放奖励。

- 奖金的金额视效益情况、支付能力及个人和团队贡献而确定。

- 奖金制度的实施必须建立在科学、公平、合理的工作评价制度基础之上，才能让员工心服口服并为之努力。

- 获得公司员工奖的获奖人数，原则上不超过公司总人数的 10%；年度内团队获得公司特别奖的部门或项目组，原则上不超过两个。

- 奖金制度在强调物质激励的同时，不能让未获奖的员工心生不平，不能破坏公司员工间的团结互助精神，我们需要的是互相竞争而非互相记恨。

● 奖金分配应尽快兑现，不能拖拖拉拉让员工心生不满，拖久了，就再也没了惊喜和激动的心情。

● 在奖金制度实施之前一定要考虑清楚这制度是否可行，下达实施之后需避免短期大修大改，应保持稳定，不能朝令夕改。

发放奖金要注意

发放奖金的目的是勉励当事员工，同时激励其他员工，从而激发员工的积极性，所以，我们发放的奖金金额一定要让人心动，不能让员工感觉到得不得奖金都无所谓。

7.3　员工福利与奖金的设计

福利和奖金是激发员工积极性的一种手段，但在实际操作中，需要讲究一定的技巧，使其达到或超出预期的效果。

7.3.1　奖金的设计

我们在实际的操作中，可以针对不同类型的奖金进行不同的设计，使其更好地达到激励员工的目的，下面分别进行介绍。

1．常规奖金的设计

常规奖金也就是一般性的奖金，如月奖金、季度奖金、项目奖金等，它没有条件的限制，可应用于所有员工。

在设计这类奖金时，主要标准是根据个人的效率和贡献对部门的整个绩效和项目进度的拉动和提升。当然，个人贡献越大奖金就越多。

2．业绩奖金的设计

业绩奖金就是直接与业绩挂钩，在进行业绩奖金设计中，可要注意下面几个问题。

● **业绩标准：**它是查看员工是否达到奖金发放的直接参考线，让公司和员工非常清楚，什么情况发放奖金以及什么情况可以得到奖金，从而激发员工获取奖金的冲劲。

● **照顾全面**：在进行业绩奖金发放时，不仅仅要考虑到当事人或当事团队、部门，若有人或团队、部门进行协助和配合，还应对其进行奖金的发放。

● **回款金额**：在业绩考察中，特别是销售中，有些人员或团队已经将产品或项目等销售出去，并达到或超过业绩规定标准，这时，作为经营者或管理者，一定要结合回款的情况来决定是否进行奖励以及奖励的多少等。

7.3.2 津贴补贴的设计

津贴补贴是公司或企业为员工发放的一种补偿，而且应用于部分指定人员，但其没有明确统一的定义描述。通常情况下是指对特殊劳动条件、特殊的工作环境中的员工的额外补偿。

在公司或企业中进行津贴补贴有这样几种类型，如图 7-11 所示。同时具有以下几个特点，如图 7-12 所示。

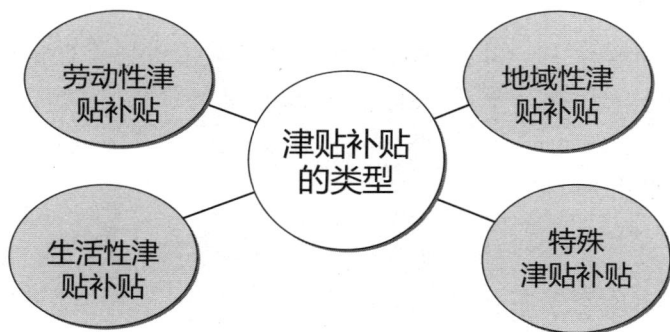

图 7-11　津贴补贴类型

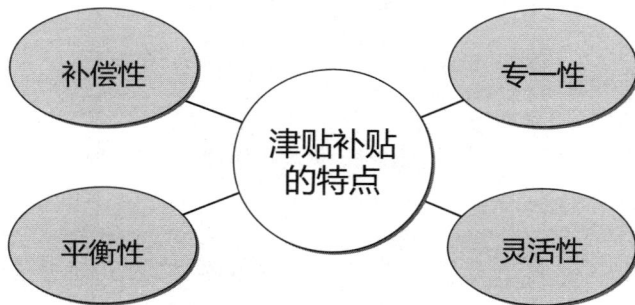

图 7-12　津贴补贴的特点

下面分别对这些津贴补贴的类型进行详细介绍。

● **劳动性津贴补贴**：常见的有高温作业津贴补贴、夜班津贴补贴、职务津贴补贴、医疗卫生津贴补贴。

● **地域性津贴补贴**：用于条件较为艰苦的工作环境，如野外工作津贴补贴、流动施工津贴补贴、艰苦地区工作津贴补贴。

● **生活性津贴补贴**：与工作生活挂钩的补贴，如出差津贴补贴、菜篮子补贴等。

● **特殊津贴补贴**：用于一些特殊学历或职位的补贴，如博士津贴补贴、硕士津贴补贴等，在微小型企业中很少存在。

由于津贴补贴是一种额外的劳动补偿，所以在发放过程中容易出现问题，为了充分发挥津贴补贴的激励作用，我们需要制定以下一些管理规定，如图 7-13 所示。

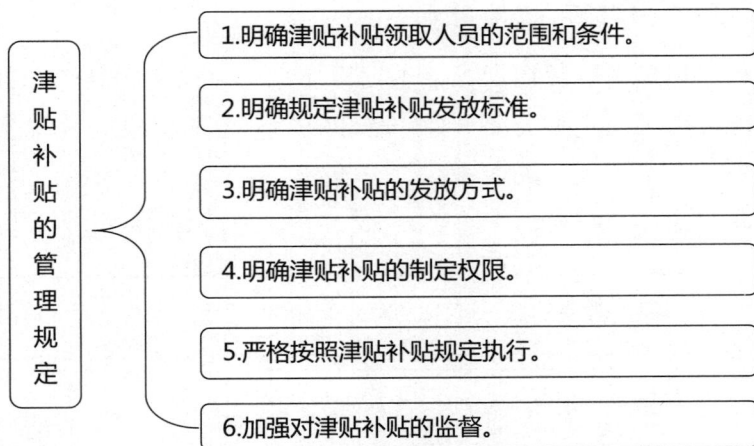

津贴补贴的管理规定

1. 明确津贴补贴领取人员的范围和条件。
2. 明确规定津贴补贴发放标准。
3. 明确津贴补贴的发放方式。
4. 明确津贴补贴的制定权限。
5. 严格按照津贴补贴规定执行。
6. 加强对津贴补贴的监督。

图 7-13 津贴补贴管理

津贴补贴与福利的区别

津贴补贴属于按劳分配范畴，而福利虽然也属于按劳分配范畴，但它具有明显的按需分配。

7.3.3　福利的设计

福利是调动员工积极性的重要措施之一，也是员工较为关心的问题之一，它会直接影响员工的工作积极性以及对公司或企业的满意度，所以我们在设计福利时要遵循一些重要的原则，如图 7-14 所示。

一	对所有职工福利项目进行经济核算，提高福利基金的利用率，坚决杜绝浪费。
二	对员工发放的福利，一定要与公司或企业的实际效益挂钩，也就是公司或企业的效益越好福利越多，反之越少。
三	福利发放不能是平均主义，需按照个人的贡献和能力来进行多少的评定。
四	公司设定的福利项目，一定要考虑到员工的需要，优先考虑员工迫切需要的。

图 7-14　福利设计原则

7.3.4　弹性福利计划

弹性福利计划是在一般福利计划上发展而来，有一定的弹性和选择灵活多样性，更加符合员工的实际需要，而不像以往福利那样死板，从而实现更好的激励员工效果。

一般弹性福利计划包括以下 4 种情况，如图 7-15 所示。

1	每个员工都可以享受的福利+可以随意选择的福利项目。
2	员工可以在企业推出多种固定的"福利组合"中任选其一。
3	员工可以选择降低其薪水来获得福利。
4	员工可以通过放弃或降低其税前奖金的方式来获得福利。

图 7-15　弹性福利计划

弹性福利的别名

弹性福利计划通常也会简称为"弹性福利"，也可称为自助餐式福利、菜单式福利或自选福利等。

7.4 薪酬体系调整与管理

薪酬体系也属于公司的规章制度，所以，随着时间的推移、社会环境的变化以及公司的发展，都需要进行相应的调整和管理，使其更加符合当前的实际管理需要。

7.4.1 薪酬预算的方法

在公司或企业中，由于职位和岗位的不同，薪酬待遇也不相同，所以我们的薪酬预算不能一刀切，也不能大概或估计，而是需要一定的科学步骤来进行预算，如图 7-16 所示。

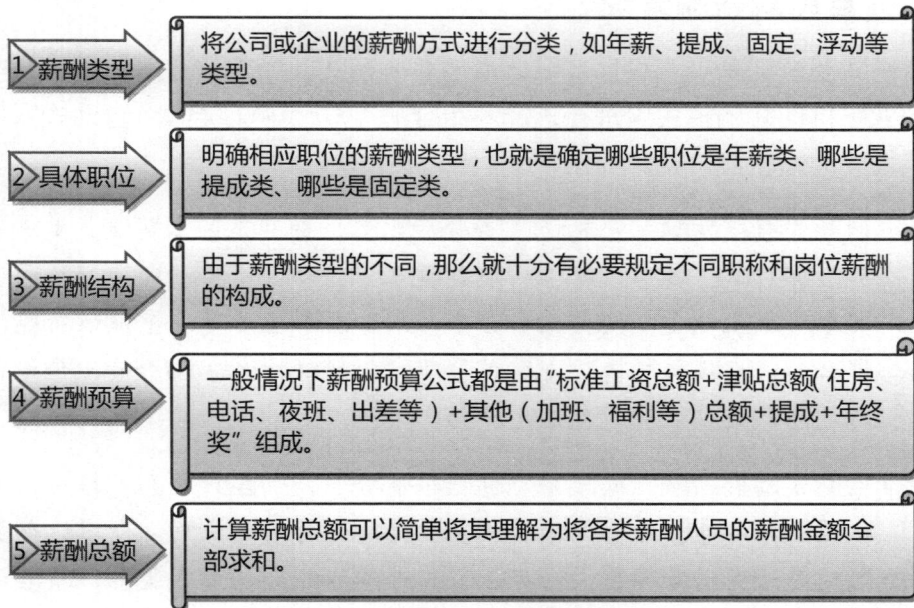

1 薪酬类型 将公司或企业的薪酬方式进行分类，如年薪、提成、固定、浮动等类型。

2 具体职位 明确相应职位的薪酬类型，也就是确定哪些职位是年薪类、哪些是提成类、哪些是固定类。

3 薪酬结构 由于薪酬类型的不同，那么就十分有必要规定不同职称和岗位薪酬的构成。

4 薪酬预算 一般情况下薪酬预算公式都是由"标准工资总额+津贴总额（住房、电话、夜班、出差等）+其他（加班、福利等）总额+提成+年终奖"组成。

5 薪酬总额 计算薪酬总额可以简单将其理解为将各类薪酬人员的薪酬金额全部求和。

图 7-16 薪酬预算方法

在薪酬预算中，不能闭门造车，还要考虑内、外部这两个因素，从而保证薪酬体系的实用性，如图 7-17 所示。

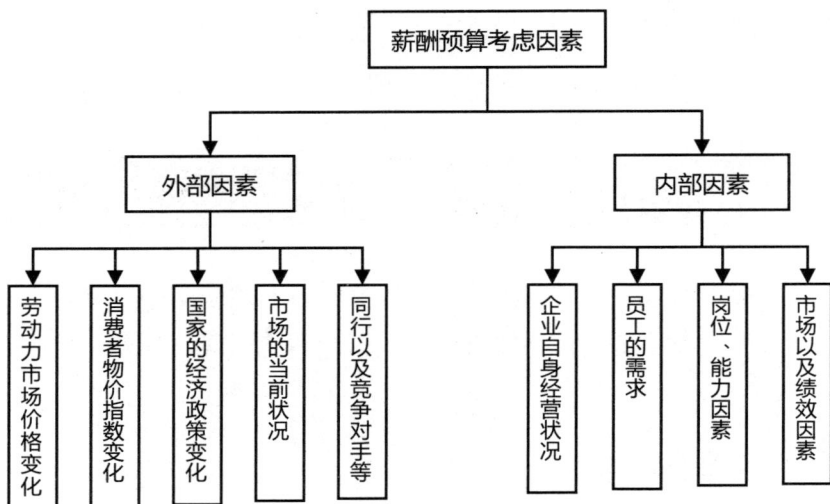

图 7-17　薪酬预算考虑因素

7.4.2　自助式薪酬管理

自助式薪酬就是员工可以自己选择的薪酬模式（当然这些薪酬模式是在公司或企业提供的薪酬模块中进行选择和组合）。它分为两种类型：自助式直接薪酬和自助式间接薪酬，详细介绍如下。

- **自助式直接薪酬**：它包括 3 部分的内容，分别是基本薪酬、奖励薪酬和附加薪酬。其中，基本薪酬是员工根据个人岗位和能力而给予的；奖励薪酬主要是一些奖励和激励；附加薪酬主要是一些津贴补贴等。那么要对直接薪酬进行自助式管理，就可以对这 3 部分的比例进行灵活调整，同时让员工自主选择其比例。

- **自助式间接薪酬**：间接薪酬包括很多方面，如各种福利、培训、发展机遇、旅游等，这些间接薪酬主要是起到弥补的作用，所以这部分薪酬的灵活变动空间更大，可让员工选择和组合的方式更多，将其设置为自助式会更好地提高员工的积极性。

7.5 员工社保购买和处理办法

员工社保是公司或企业不可避免的一个问题，作为新手开公司或企业，我们必须知道是如何购买和处理员工社保的。

7.5.1 了解员工社保购买的险种类型

公司或企业为员工购买的社保，类型大体分为 5 种，如图 7-18 所示。

养老保险

养老保险是劳动者在达到法定退休年龄退休后，从政府和社会得到一定的经济补偿、物质帮助和服务的一项社会保险。

医疗保险

它是城镇职工基本医疗保险制度，根据财政、企业和个人的承受能力所建立的保障职工基本医疗需求的社会保险。

工伤保险

工伤保险也称为职业伤害保险，劳动者由于工作原因并在工作过程中受意外伤害，或因接触粉尘、放射线、有毒害物质等职业危害因素引起职业病后，由国家和社会给负伤、致残者以及死亡者生前供养亲属提供必要物质帮助的保险。

失业保险

失业保险是国家通过立法强制实行的，由社会集中建立基金，对因失业而暂时中断生活来源的劳动者提供物质帮助的保险。

生育保险

生育保险是针对生育行为的生理特点，根据法律规定，在职女性因生育子女而导致劳动者暂时中断工作、失去正常收入来源时，由国家或社会提供的物质帮助的保险。

图 7-18 社会保险的类型

7.5.2 社保缴费基数和比例算法

社保各个险种的缴费金额并不是统一的，而且它们是由国家、公司/企业和个人共同承担，所以，我们需要了解和掌握社保的基数和比例的算法，保证为员工缴纳足够社保费用，下面分别进行介绍。

（1）社保缴纳基数

社保的缴纳基数是社会平均工资的 60%～300%。如社会平均工资 2 000 元，那么社保缴纳基数范围是 1 200～6 000 元。

（2）社保缴纳比例

社保缴费比例基本上每年都会做出调整，而且各个城市和地区之间都会存在一定的差异，但各个地区都有一套明确的规定，如图 7-19 所示为北京市 2018 年～2019 年的社保缴费比例。

养老保险

1、城镇户口和外国籍人员（不含港澳台）：单位缴 19%，个人缴 8%。2、农业户口：单位缴 19%，个人缴 8%。

医疗保险

1、城镇户口和外国籍人员（不含港澳台）：单位缴 10%，个人缴 2%+3。2、农业户口：单位缴 10%，个人缴 2%+3。

工伤保险

1、城镇户口和外国籍人员（不含港澳台）：单位缴 0.2%，个人不缴。2、农业户口：单位缴 0.2%，个人不缴。

失业保险

1、城镇户口和外国籍人员（不含港澳台）：单位缴 0.8%，个人缴 0.2%。2、农业户口：农村劳动力的，单位缴 0.8%，个人不缴或缴 0.2%。

生育保险

1、城镇户口和外国籍人员（不含港澳台）：单位缴 0.8%，个人不缴。2、农业户口：单位缴 0.8%，个人不缴。

图 7-19　社保缴纳比例

如图 7-20 所示为武汉市 2018 年 7 月～2019 年 6 月中心城区职工社保最高缴纳标准。

险种	最高缴费基数	企业部分		个人部分		合计
		费率	缴费金额	费率	缴费金额	
养老保险	19921.00	19%	3784.99	8%	1593.68	5378.67
医疗保险	19921.00	8%	1593.68	2%	398.42	1992.10
大额医保	-	-	0.00	-	7.00	7.00
失业保险	19921.00	0.7%	139.45	0.3%	59.76	199.21
生育保险	19921.00	0.7%	139.45	-	0.00	139.45
工伤保险	19921.00	0.48%	95.62	-	0.00	95.62
合计			5753.19		2058.86	7812.05

201807-201906武汉市中心城区职工社保最高缴纳标准

图 7-20 社保最高缴纳标准

7.5.3 员工离职停缴社保处理

社保是公司或企业为在职员工缴纳的社会保险金额，所以一旦员工离职，就可以按照正常程序停缴该员工的社保费用。其流程非常简单，如图 7-21 所示。

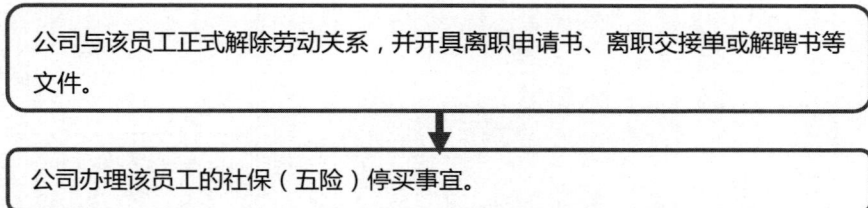

公司与该员工正式解除劳动关系，并开具离职申请书、离职交接单或解聘书等文件。

公司办理该员工的社保（五险）停买事宜。

图 7-21 员工离职社保处理步骤

7.5.4 在职员工社保卡遗失的补办处理

在职员工若出现社保卡丢失，作为公司或企业可以为其进行补办，其操作流程大体如图 7-22 所示。

1 弄明白公司属于哪个区的社保，然后选择较近的社保街道办事处。

2 填写《成都市社保卡制作申请表》两份（包括补办社保卡的编号、补办人员的身份证等信息），并盖公司单位章。

图 7-22 在职员工社保卡补办流程

3 按照办理人员的提示出示复印件等相关文件。

4 20 个工作日后，带上领卡人的身份证原件和复印件领取。

图 7-22　在职员工社保卡补办流程（续）

为在职员工补办社保卡需注意

由于是公司或企业为在职员工代办社保卡，所以要准备补办人身份证复印件、代办人身份证原件\复印件以及单位介绍信。

第8章

绩效管理，
在竞争考核中挑选干将

公司或企业在经营过程中，需要一些优秀能干的员工作为自己的左右手，帮助自己分担管理和生产中的事务，当然，这些人才和干将的选择，并不是随意而定，需要系统化的绩效管理，所以，在本章中，我们将会讲解绩效管理在竞争考核中来挑选干将和人才的常用方法，帮助经营者和管理者找到合适的左右手。

不同人员的绩效考核要点
绩效目标制定的SMART原则
绩效管理要走出误区
把收入和业绩挂钩
奖励不当会使人变坏
金钱上做一点牺牲是必要的

8.1 合理进行绩效考核

在公司或企业中，衡量员工的能力和贡献时，绩效是一条很好的准绳和标尺，并根据考核的结果进行薪水分配和管理上的调整等。

8.1.1 什么是绩效考核

绩效考核其实就是公司或企业运用特定的标准和指标，对员工过去的工作行为及取得的工作业绩进行评估，并运用评估的结果对员工未来的工作行为和工作业绩产生正面引导的过程和方法。

我们可以将其简单理解为，绩效是公司或企业对员工个人完成规定任务情况的一个跟踪、记录、考评。

由于绩效评估是一种主观行为，所以，我们必须保证其科学性，这时我们可以将绩效的考核标准分为几个等级，如图 8-1 所示，然后根据不同的等级采取相应的措施和决定。

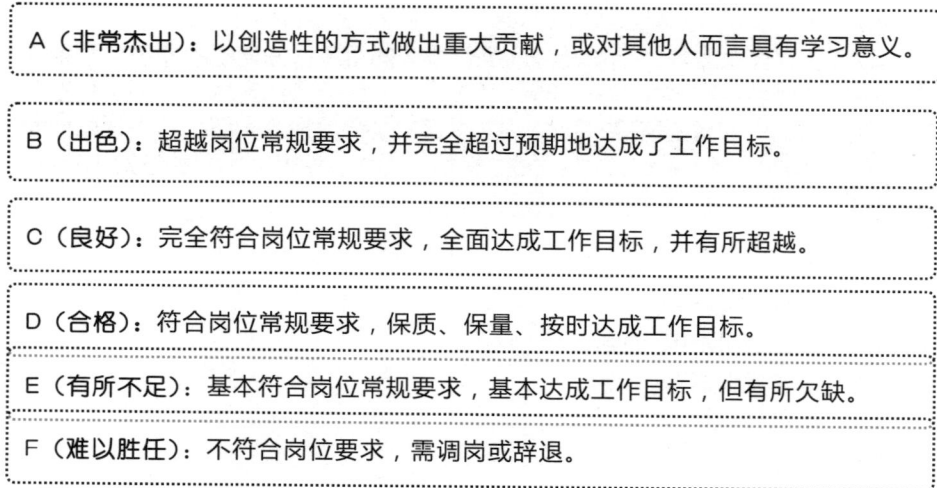

A（非常杰出）：以创造性的方式做出重大贡献，或对其他人而言具有学习意义。

B（出色）：超越岗位常规要求，并完全超过预期地达成了工作目标。

C（良好）：完全符合岗位常规要求，全面达成工作目标，并有所超越。

D（合格）：符合岗位常规要求，保质、保量、按时达成工作目标。

E（有所不足）：基本符合岗位常规要求，基本达成工作目标，但有所欠缺。

F（难以胜任）：不符合岗位要求，需调岗或辞退。

图 8-1　绩效等级划分

8.1.2 不同人员的绩效考核要点

前面讲过绩效考核就像一把尺子和准绳来测评员工的工作态度、工作能力、工作业绩、个人品行等。但在使用它时，也要做到因地制宜和具体情况具体分析，不能是一套标准衡量天下。

在具体的考核中，为了考核的结果是科学合理的，我们可以将绩效考核对象分为 3 类：一线职员、办公室职员、管理人员。我们对不同类人员的业绩考核采用不同的方式方法，下面分别进行介绍。

（1）一线职员绩效考核

一线职员可简单将其理解为直接与客户打交道的人员，如业务员、服务员、收银员、安装人员、设计人员和采购人员等。

他们的考评方法有汇总月销售成绩、顾客调查汇总、典型事件加减分、工作完成情况以及工作目标达成等。其大致考评方法如图 8-2 所示。

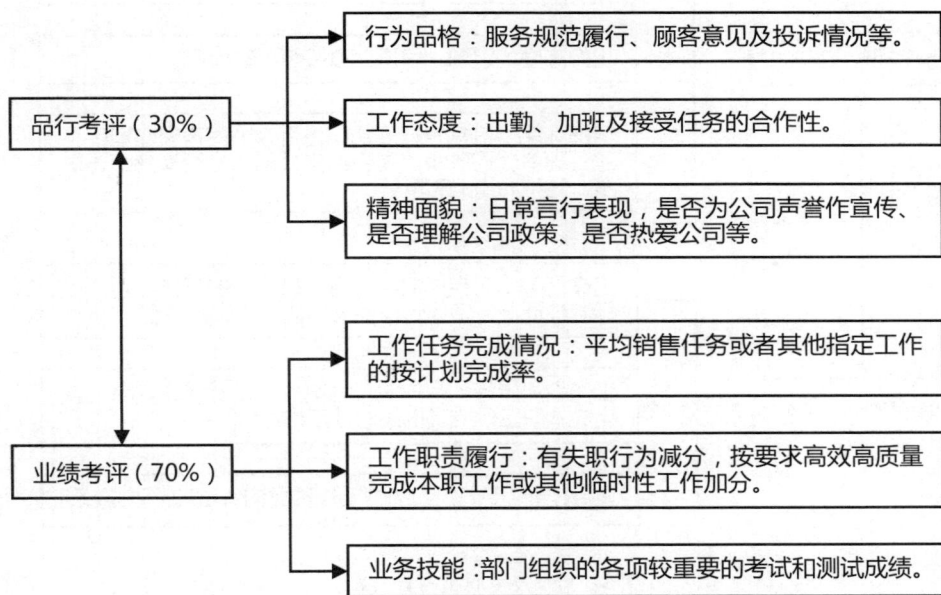

| 品行考评（30%） | 行为品格：服务规范履行、顾客意见及投诉情况等。 |
| 工作态度：出勤、加班及接受任务的合作性。 |
| 精神面貌：日常言行表现，是否为公司声誉作宣传、是否理解公司政策、是否热爱公司等。 |

| 业绩考评（70%） | 工作任务完成情况：平均销售任务或者其他指定工作的按计划完成率。 |
| 工作职责履行：有失职行为减分，按要求高效高质量完成本职工作或其他临时性工作加分。 |
| 业务技能：部门组织的各项较重要的考试和测试成绩。 |

图 8-2　一线职员考评方法

【一线职员绩效考核——对采购人员的考核】

老张是公司的采购经理，他会不定期对手下人员进行绩效考核，而且得出的结果也较为客观准确，所以手下对他也是比较佩服，其他部门的负责人就向他求教，他就将部门的考核方法告诉了大家。第一，采购人员具有良好的市场调控能力，在采购周期内，是否有工作失误；第二，在职责范围内是否按照采购计划进行采购，有没有造成采购积压的情况；第三，是否因采购信息传递不到位，使相关部门的工作陷入被动或造成损失；第四，领导交办的临时性工作完成情况是否办好、是否及时上报等。

在本例中，采购经理的绩效评估主要是对业绩的考评，其中主要是考核采购人员的业务技能、工作职责的履行、工作任务完成情况3个方面，从而能客观准确地评价手下采购人员的绩效。

（2）办公室职员绩效考核

办公室职员可简单将其理解为在办公室办公的，且不与客户直接打交道的人员，如办公室主任、助理、文案、财务人员等。对于他们的业绩考核方法，可按照如图8-3所示的要点进行。

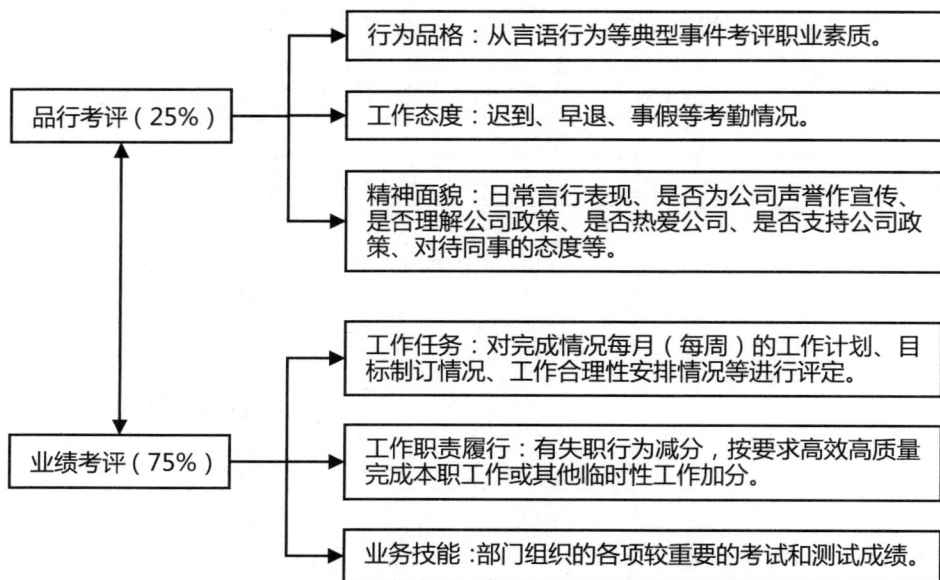

图8-3　办公室职员考评方法

（3）管理人员绩效考核

管理人员是联系员工的节点，他们的工作能力和工作态度以及工作品行相当重要，直接关系到公司或企业是否能组织员工来完成既定目标和战略，这时我们可以按照如图8-4所示的要点和方法进行绩效考核。

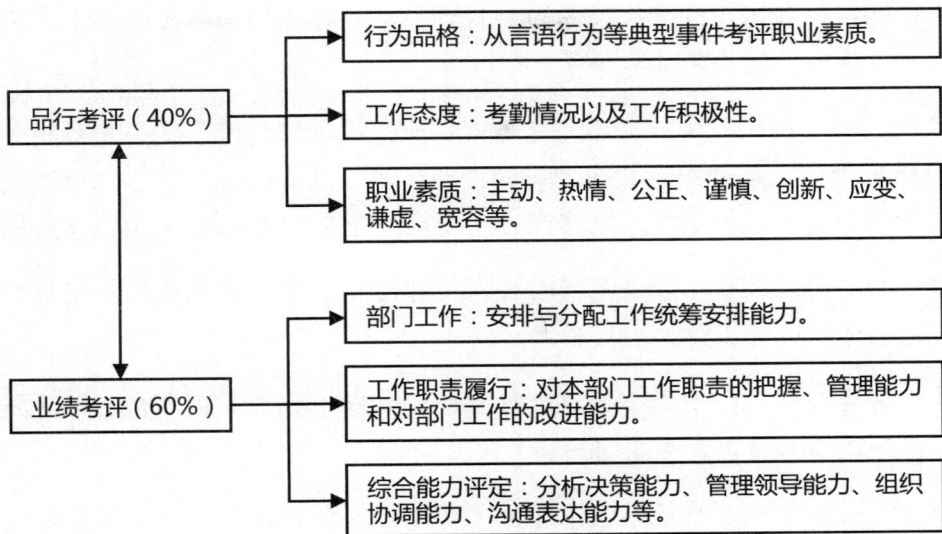

图 8-4　管理人员绩效考核方法

8.1.3　绩效考核的类型

业绩考核从不同的出发点、角度以及目的看，可以对其类型进行以下几种的划分。

- **按时间划分**：按时间划分考核类型，可分为日常考核、定期考核、长期考核和不定期考核，其中，定期考核非常常见，如月考核、季度考核和年度考核等。

- **按性质分**：它主要分为定性考核和定量考核。其中，定性考核是对被考核者素质和工作绩效的质的方面的考查核实。定量考核是给定相应的评定标准和分数，然后进行分数汇总。

- **按主体划分**：它是按职称级别来划分，大致可分为上级考核、自我考核、同级考核和下级考核。

- **按形式划分**：它可分为口头考核与书面考核、直接考核与间接考核、个别考核与集体考核。

- **按设计方法划分**：按照考核标准设计考核，可分为绝对标准考核和相对标准考核两种。

- **按目的和用途划分**：可分为例行考核、晋升考核、转正考核、评定职
  称考核、转换工作考核等。

我们对员工的绩效考核并不是走形式，而是根据这些考核结果来对相应员
工进行综合评定，从而决定其在公司的待遇、职位升降以及去留等，所以我们
在执行绩效管理中，一定要注意这样一些要点，否则就会事端多起、人心不服。

- 约定的绩效管理方法要提前公布，并与员工代表沟通确认，突如其来
  的考核办法会让人心生不满。

- 需要公开、公平、公正地进行打分，以避免员工不认可自己的得分，
  导致其对公司产生厌恶情绪。

- 要让员工明白绩效考核不是为了惩罚，其目的只是帮助员工有效规划
  自己的工作，不断提高专业能力，提高工作效率。

- 尽量让所有数据都是能够有依据地被量化，要有明确的考核目标、指
  标，详尽真实的绩效数据，并严格按事前设定的绩效计划、奖惩方案
  落实考核结果。

- 绩效考核结束之后需要与员工做面对面的交谈，针对他们的绩效表现
  以及对他们的绩效评价进行沟通，给愤怒的员工一个合理的交代。

- 建立业绩档案，收集、保留员工的绩效表现情况，积极的表现和消极
  的表现都应记录在案，特别重大的消极表现需请员工签字确认，在考
  核中即可有凭证、依据。

- 在绩效考核结束后，不能将考核表束之高阁，而应当查看员工的表现
  情况，找出哪些错误地方可以改正以提高效率，并根据情况修正公司
  的管理制度。

8.1.4　绩效考核各种模板

我们在对内部人员进行绩效考核时可借助一些表格来记录、测试和评定相
应的考核项目和情况。

当然，一些特有的业绩考核表格，需要公司或企业内部进行制定，但对于
一些通用的业绩考核，我们可以直接根据已有的模板来进行修改或使用，这样

不仅可以借鉴到别人的业绩考核方法，同时提高了工作效率。

在这里我们展示几张常见类型的业绩考核表模板样式。

表 8-1　员工绩效评价表

评价项目	对评价期间工作成绩的评价要点	评价尺度				
		优	良	中	可	差
勤奋态度	A．严格遵守工作制度，有效利用工作时间	14	12	10	8	6
	B．对工作持积极态度	14	12	10	8	6
	C．忠于职守，坚守岗位	14	12	10	8	6
	D．以团队精神工作，协助上级，配合同事	14	12	10	8	6
业务工作	A．正确理解工作内容，制订适当的工作计划	14	12	10	8	6
	B．不需要上级详细地指示和指导	14	12	10	8	6
	C．及时与同事沟通，使工作顺利进行	14	12	10	8	6
	D．迅速、适当处理工作中的失败及追加任务	14	12	10	8	6
管理监督	A．以主人公精神与同事同心协力完成工作	14	12	10	8	6
	B．正确认识工作目的，正确处理业务	14	12	10	8	6
	C．积极努力改善工作方法	14	12	10	8	6
	D．不打乱工作秩序，不妨碍他人工作	14	12	10	8	6
指导协调	A．工作速度快，不误工期	14	12	10	8	6
	B．业务处理得当，经常保持良好成绩	14	12	10	8	6
	C．工作方法合理，时间和经费的使用有效	14	12	10	8	6
	D．工作中不半途而废，没造成后遗症的现象	14	12	10	8	6
工作效果	A．工作成果达到预期目的或计划要求	14	12	10	8	6
	B．及时整理工作成果，为后期工作创造条件	14	12	10	8	6
	C．工作总结和汇报准确真实	14	12	10	8	6
	D．工作熟练程度和技能提高能力	14	12	10	8	6

1. 该员工的综合得分是：_____分，　　评分等级是：[ ]A[ ]B[ ]C[ ]D

2. 评价者意见_____

3. 评价者签字：_____

表 8-2　管理人员绩效评价表

评价	对评价期间工作成绩的评价要点	评价尺度				
		优	良	中	可	差
态度	A．把工作放在第一位，努力工作	14	12	10	8	6
	B．对新工作表现出积极态度	14	12	10	8	6
	C．忠于职守，坚守岗位	14	12	10	8	6
	D．对下属的过失勇于承担责任	14	12	10	8	6
业务	A．正确理解工作指示和方针，制订适当的工作计划	14	12	10	8	6
	B．按照下属的能力和个性合理分配工作	14	12	10	8	6
	C．及时与有关部门进行必要的工作沟通	14	12	10	8	6
	D．在工作中始终保持团队精神，顺利推动工作	14	12	10	8	6
管理	A．在人事关系方面，部下没有不满或怨言	14	12	10	8	6
	B．善于放手让下属工作，鼓励他们乐于协作的精神	14	12	10	8	6
	C．十分注意生产现场的安全卫生和整理整顿工作	14	12	10	8	6
	D．妥善处理工作中的失败和临时追加的工作任务	14	12	10	8	6
协调	A．经常注意保持提高下属的工作积极性	14	12	10	8	6
	B．主动改善工作和提高效率	14	12	10	8	6
	C．积极培训、辅导部下，提高他们的技能和素质	14	12	10	8	6
	D．注意实施目标管理，使工作协调进行	14	12	10	8	6
效果	A．正确认识工作意义，努力取得最好成绩	14	12	10	8	6
	B．工作方法正确，时间和费用安排合理有效	14	12	10	8	6
	C．工作业绩达到预期目标或计划要求	14	12	10	8	6
	D．工作总结和汇报准确真实	14	12	10	8	6

1. 通过以上各项的评分，该员工的综合得分是：_____分

2. 该员工应处于的等级是：（选择其一）　　　　[ ]A[ ]B[ ]C[ ]D

　　A．240 分以上；B．240～200 分；C．200～160 分；D．160 分以下。

3. 评价者意见_____

_____

　　签字：_____　　　_____年_____月_____日

表 8-3 绩效评价表

被评人姓名：		被评人部门：		被评人职务：	
评价人姓名：		评价人职务：		评价时间：	

评价标准	需要提高	可以接受	一般水平	比较优秀	非常优秀
	1 分	2 分	3 分	4 分	5 分

评 价 项 目	得 分	备 注
在解决问题、做出决定和满足客户需求时具有时间观念		
清晰表达他的需求/期望		
与其他员工共享信息或帮助他人		
倾听其他员工的建议		
为满足未来需求而制订计划		
按计划执行任务		
……		
其 他 评 价		

表 8-4　年度绩效评价表

尺度及分数		优秀（10分）　良好（8分） 一般（6分）　较差（4分）　极差（2分）	评分	平均	权重
业绩	工作素质	1. 工作过程、结果的符合程度			4
	工作量	2. 职责内工作及自主性工作完成的总量			
	工作速度	3. 完成工作的迅速性、时效性，有无浪费时间			
	达成度	4. 工作与目标或标准之差距（考虑客观难度）			
能力	计划性	5. 对工作安排分配的合理性、有效性			3
	应变力	6. 针对客观变化的主动性、有效性			
	改善创新	7. 在改进工作方面的主动性及效果			
	职务技能	8. 对知识的掌握、运用，工作的熟练程度			
	发展潜力	9. 是否具有学识、涵养，可塑程度			
	周全缜密	10. 工作细致及深入程度，考虑问题的全面性			
态度	合作性	11. 人际关系，团队精神、配合情况			3
	责任感	12. 严格要求自己与否，遵守制度纪律情况			
	工作态度	13. 工作自觉性、积极性；对工作的投入程度等			
	执行力	14. 对上级指示的执行程度			
	品德言行	15. 是否做到廉洁、诚信，是否具有职业道德			
得分统计	Ⅰ.评分	（1～4项平均分）×4 +（5～10平均分）×3 +（11～15项平均分）×3 =＿＿＿分			
	Ⅱ.出勤	迟到、早退＿＿次×0.5 + 旷工＿＿天×2 +事假＿＿天×0.4 +病假＿＿天 ×0.2=＿＿＿分			
	Ⅲ.处罚	警告 ＿＿次×1 +小过＿＿次×3 +大过＿＿次×9 =＿＿＿分			
	Ⅳ.奖励	表扬 ＿＿次×1 +小功＿＿次×3 +大功＿＿次×9 =＿＿＿分			
总分		Ⅰ＿＿＿分 - Ⅱ＿＿＿分 - Ⅲ＿＿＿分 + Ⅳ＿＿＿分 = ＿＿＿分			
等级		□A. 90 分以上　□B. 70～89 分　□C. 40～69 分　□D. 40 分以下			

8.2 怎样制定绩效考核目标

我们在前一小节知识点中讲解了绩效考核是什么,其类型、要点以及模板等,但我们在实际操作中该怎样来制定绩效考核的目标呢?下面我们就进行相应的介绍。

8.2.1 绩效目标的内容

绩效目标的内容包括 3 个方面分别是绩效内容、绩效指标和绩效标准,其具体内容如图 8-5 所示。

> **绩效内容**
> 对绩效目标进行整体描述,并将其细化到各个部门或单位的履行职能、要求以及达到效果的描述说明。

> **绩效指标**
> 对绩效的各项内容制定指标,使其量化,实现可衡量。

> **绩效标准**
> 它与绩效指标相对应,明确相应指标需要达到的基本要求,使指标规定有标准和基础。

图 8-5 绩效目标的内容

8.2.2 绩效目标制定的 SMART 原则

绩效目标按照 SMART 原则制定,能让员工在接受任务或安排时由被动状态变为主动,从而提高工作能动性和效率。

绩效目标的 SMART 原则,包括 5 个方面,下面分别进行介绍。

● S(Specific):目标要清晰、明确,使考核者与被考核者能够准确地理解目标。

● M(Measurable):目标要量化,考核时可以采用相同的标准准确衡量。

● A(Attainable):目标要通过努力才可以实现,也就是目标不能过低和偏高,偏低了无意义,偏高了实现不了。

- R（Relevant）：目标要和工作有相关性，不是被考核者的工作，就别设定目标。

- T（Time bound）：目标要有时限性，要在规定的时间内完成，时间一到，就要看结果。

8.2.3　绩效目标的分解

绩效目标往往是一个整体，我们需要对其进行分解，成为各个小块，然后将这些小块进行分解，直到能将其分担到相应部门或个人，来保证整个绩效目标的可实现性和责任可追究性。

同时，我们对绩效目标进行分解时，需遵循一定的流程，如图 8-6 所示，同时结合公司制度进行管理并不断完善。

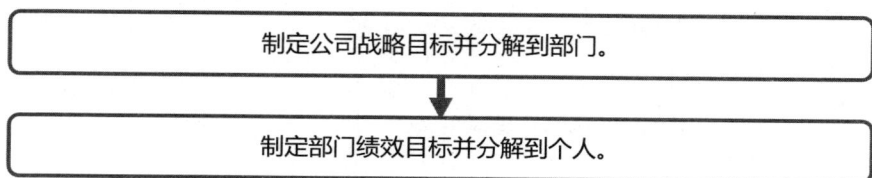

制定公司战略目标并分解到部门。

制定部门绩效目标并分解到个人。

图 8-6　绩效目标分解流程

8.2.4　绩效目标制定的关键环节

在目标绩效制作过程中，我们需要注意一些关键环节，使其发挥更好的效应和作用，从而实现既定的目标。

下面就对这些关键环节进行简要介绍。

- **层级不同绩效目标制定的原则不同**：高层人员主要是制定公司/企业战略指标以及个人绩效目标。对于一般的基层人员，更多地从具体的岗位职能、职责中进行指标的提炼。

- **保证绩效的导向作用**：公司或企业的绩效目标，需严格遵守 SMART原则，对工作进行总体的指导，不能有太详尽的安排，否则变成工作计划。

- **绩效并不独立存在**：要保证绩效目标的实现，就必须以公司的相关制度、规范为支撑。

- **先建立后完善**：公司或企业制作公司战略以及部门、个人绩效目标后，必须要求公司或企业的各级管理人员进行学习，然后在实行的过程中进行完善和改良。

- **沟通落实**：在分解和落实绩效目标到个人时，相应主管一定要与下属进行充分的沟通，使下属认同个人绩效目标，使双方达成一致。

8.3　掌握必要的绩效考核方法

绩效考核是对员工的工作能力、业务水平、工作职责和工作态度等进行衡量和测评，其结果直接关系员工以后的发展，所以我们在绩效考核中必须掌握一些方法。

8.3.1　只有绩效考核还不够

绩效考核只是一个衡量标准，所以得出的也只是一系列的数据结果，而我们要让其发挥作用和效力，让员工重视起来，就必须让其与管理制度相结合，让其与被考核人员的薪酬、升迁、调动等问题进行密切结合。

同时，在考核中发现的问题，管理人员要做出相应的管理调整，进行问题改进，找到差距进行提升，最后达到双赢的目的。

8.3.2　绩效管理要走出误区

绩效管理从 20 世纪至今被广泛应用，帮助许多企业进行了有效的管理和提升，而有些公司或企业却没能达到理想的效果，甚至有时还适得其反，引发了许多的问题，这可能是公司或企业在绩效管理中走进了这样一些误区，下面分别进行介绍。

- **关注结果，忽略过程**：一些公司或企业只注重考核的结果，而忽略或没有足够重视绩效实现的过程监控、沟通和辅导，从而走进了绩效考核的误区，造成绩效考核的不成功。

- **考核范围受限**：绩效考核对象分为 3 种，分别是一线员工、办公室人员和管理人员。而在实际的操作中，一些考核人员只会对一线员工、办公室人员和初中级管理人员进行考核，而人为放弃对高层人员进行绩效考核，最终造成绩效考核流于形式，同时，助长了官僚主义。

- **考核重点不清**：绩效考核必须跟随公司的既定战略和目标，以及现阶段的工作重心来进行考核，而不是为了考核而考核。

- **考核标准不合适**：绩效考核前，标准或目标必须制定准确和合适，不能过高或过低，若过高，员工普遍不能触及，这样员工就会觉得无所谓；而过低，员工轻易实现，那么就失去了绩效考核中发现问题、解决问题的初衷。

- **考核指标统一**：绩效考核的指标不是千篇一律、一成不变的，在对不同部门和特殊岗位，以及在不同时间段进行考核时，一定要有适合的指标。

- **自测自考**：绩效考核必须由第三方进行测评，不能自己考核自己，因为这样的结果往往不是太可靠。

- **结果惩罚式**：绩效考核的重心是在绩效改进和绩效面谈分析上，根据绩效结果，进行有效的人力资源管理改进，而不是一味地惩罚来打击员工的士气。

- **等级划分**：一些部门或人员，会根据绩效考核结果进行人员的等级划分，人为创造摩擦，大伤元气。

8.3.3　合理考核可以产生绩效

考核的目的可以说是为了产生好的绩效，当然，我们只要采用合理的考核就可以产生绩效结果。

那么，怎样的考核是合理的呢？主要有以下几点：

- 通过考核，全面客观地评价员工的各项工作成绩，并让员工了解到这些成绩与报酬和待遇的关系。同时，创造机会让员工参与管理程序，发表自己的意见。

- 不断完善考核中的不足，并根据考核结果对员工进行相应的培训。

- 根据考核结果与员工进行一对一交流，帮助他们找到问题的所在，同时也倾听员工的想法。

- 在考核中，我们可以使用 3 种考核标准：绝对标准、相对标准和客观标准，并根据不同的部门和岗位对考核标准进行细化。

8.3.4 考核是为了发现人才

合理标准和指标的考核结果能明显地看出员工的技能和工作态度，以及综合水平的高低，那么对公司来说就能轻易发现人才，然后对其进行相应的培训和使用，就能为成为公司的一名干将。

当然，这个前提是合理标准和指标，也就是考核方法是科学的，目的和动机是正确的，对于那些把绩效考核当成压制员工的手段的企业，是无法发现人才的。

8.3.5 确定绩效考核的期限

绩效考核的期限也被称为绩效考核周期，也就是多长时间对员工进行一次考核。一般情况下，绩效考核的周期分为月度考核、季度考核、半年度考核和年度考核。

公司或企业制定绩效考核周期时，可结合以下几点进行确定。

- **职位的性质：**不同工作内容的职位，制定出不同的考核周期，一般周期相对短一些。

- **指标的性质：**由于考核的性质不同，所以其指标也不尽相同，所以周期也不一样，通常情况下，性质稳定的指标，考核周期相对要长一些；相反，考核周期相对短一些。

8.3.6 将工作态度纳入考核之中

一个合格和优秀的员工，不仅具有合格和优秀的职业技能，同时，还应具有良好的工作态度。

所以，我们在考核中也应将员工的工作态度纳入其中，由于行业不同，这种工作态度考核表的内容和指标不尽相同，我们可参考如表 8-5 所示的考核员工工作态度的表格进行评定。

表 8-5 员工工作态度考核表

姓名	性别		职务		部门			职称	
考核因素	态度						考核结果	调整	排序
纪律性	• 是否遵守纪律和规章，很少迟到、早退、缺勤 • 对上级、同事等是否有礼貌、注重礼仪 • 是否严格遵守工作汇报制度，按时报告工作								
积极性	• 为改变现状，是否以积极的态度工作 • 对分配的工作是否讲条件、尽量多做工作 • 是否积极学习业务执行所需的知识								
协调性	• 工作是否充分考虑他人的处境 • 工作中是否主动协助上级和同事 • 是否努力使工作气氛活跃								
责任感	• 是否认清自己在组织中的角色、地位并负责 • 工作是否需要监督 • 对工作中的失误是否逃避责任或多寻求辩解								
服务态度	• 能否遵守服务规则、标准及其他规定 • 服装或礼仪是否规范 • 态度是否认真，服务周到								
合　　计									
备注说明									

8.4　鼓励竞争，深层次挖掘员工的潜力

公司或企业因为处于激励的竞争中，所以才会想方设法地让自己生存和发展。同样的，我们也可让内部员工处于竞争中，鼓励竞争，这样就可以将他们变成"狼"，从而提高生产动力和效益。

8.4.1　把收入和业绩挂钩

收入是大部分员工都非常关心和在意的，因为这可能直接关系到他们的生活质量和水平，而大部分员工又希望提升生活水平和质量，所以，我们可以让

员工的收入与业绩挂钩，特别是销售、生产、加工岗位。这样就会很明显地看到员工很积极地为自己创收。

同时，我们还可以在完成的业绩上进行指标的规定，按照不同的业绩指标进行奖励，培养出一种积极的、健康的比拼状态。

8.4.2　点滴功劳也要立刻奖励

我们要鼓励内部员工为公司尽职，不能全靠他们自己的主动性，当然，最直接的方式就是奖励，不管是物质的奖励还是荣誉奖励，都能让其他员工心理不平衡，产生"追赶"的心态，从而寻找为公司或企业建立功劳的想法。

当然，我们通过奖励的方式来促使员工为公司立功劳的同时，要防止和识破一些别有用心的人，专门做给管理人员看，而实际上没有真正投入精力，这时若进行过分奖励，就会让其他真正做事、立功劳的人心灰意冷。同时，其他人也会效仿，从而形成了一种极差的氛围，这是需要注意的。

8.4.3　好经理带出好队伍

俗话说：火车跑得快，全凭车头带。所以好的领头人直接关系到整个"火车"的行驶，而我们作为公司或企业的经营者，一定要选好队伍的带头人，再通过他来带领队伍，为公司或企业创造价值。

一个好的经理，应该具有哪些素质，如图 8-7 所示。

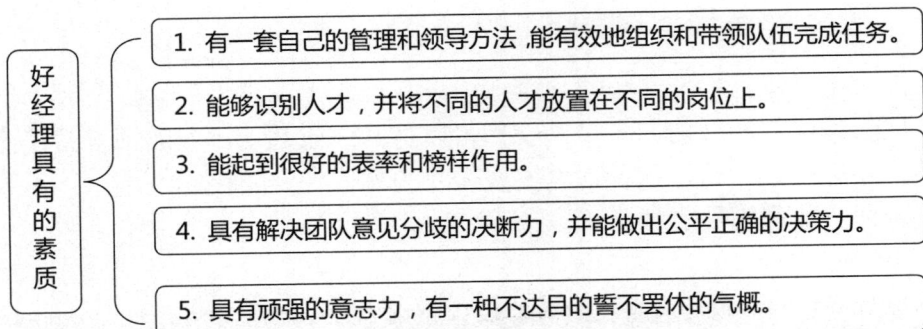

好经理具有的素质

1. 有一套自己的管理和领导方法，能有效地组织和带领队伍完成任务。

2. 能够识别人才，并将不同的人才放置在不同的岗位上。

3. 能起到很好的表率和榜样作用。

4. 具有解决团队意见分歧的决断力，并能做出公平正确的决策力。

5. 具有顽强的意志力，有一种不达目的誓不罢休的气概。

图 8-7　好经理具有的素质

8.4.4　让属下给自己打分

作为领导或管理者，为了了解自己的领导和管理方式是否满足属下的"口味"，以及管理中的一些问题，我们可以让属下为自己打分评定，然后根据最后的得分来调整自己的领导或管理方式和风格。

当然，我们让属下为自己打分时如出现与期望不相符，需要冷静对待。过高不用骄傲自满，过低不能埋怨属下不懂自己，而给别人穿小鞋。

8.4.5　制造工作中的危机感

我们在管理内部员工时，可时不时地制造一些危机感，让他们积极地"活"起来，不能让他们认为在这里工作，给他们发薪水，是因为我们"欠"他们的，因此没有必要去拼命。

那么，在实际操作中要制造危机感，可采用如图 8-8 所示的措施。

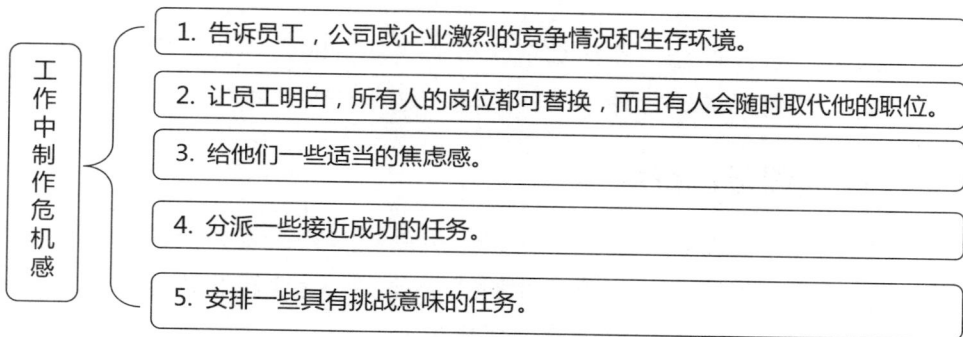

图 8-8　常见的制作危机感的措施

8.4.6　人才都是逼出来的

人才并不是绝对的，在公司或企业中，我们除了通过培训来培养人才外，对于一些特殊岗位和部门的人员，我们可以将其逼成人才，如通常就是一些固定任务、指标等，当然，这种逼着变成人才的方式一定要控制好度，不然就会将其压垮，造成得不偿失的后果。

8.5　奖勤罚懒，鼓励和扶持创新

任何公司或企业都接纳和喜欢那些勤劳的员工，对于那些懒惰的员工则希望他们变得勤快，同时还希望内部人员具有创新的精神，从而为公司或企业带来效益。

下面我们就介绍一些奖勤罚懒、鼓励和扶持创新的常用措施。

8.5.1 对有贡献者论功行赏

公司或企业在经营过程中，时不时地会攻克一些难关或"山头"，这时我们需要部分员工或所有员工齐心协力，努力拼搏。作为经营者或管理者，无论最后成功或失败，都要对整个过程中有贡献的人员进行论功行赏，依次奖励他们的行为和付出，同时，让其他员工知道为公司或企业尽力的员工是受公司重视的，使他们充满干劲。

而对于平时生产工作中那些有成就、为公司创作价值的员工或团队，也应该进行论功行赏。

8.5.2 奖励不当会使人变坏

奖励是一种重要的激励员工的手段，只要应用得当，奖励那些真正有贡献的员工，就会起到勉励、鞭策和让其他员工效仿的作用，但若使用不当，则会让一些别有用心的人钻空子，同时，让其他本来好的员工变坏。

我们在经营中或管理中奖励员工，可参考以下的几个原则，具体介绍如下。

- **针对性原则**：采用的激励可按照激励对象的期望值而设定。

- **适度性原则**：在激励员工时，按照相应的贡献或功劳进行奖励，既不能过高也不能过低。

- **公平原则**：在进行奖励时，一定要做到按功劳、贡献和成绩大小进行奖励，不能因喜欢某人而奖励或多奖励，也不能因为不喜欢某人而少奖励或不奖励。

- **有效性原则**：在既定目标上进行奖励，同时让其享受到奖励带来的满足感。

8.5.3 成就感激发人才创造力

作为管理者或经营者，激发员工的创造力是一件非常重要的事，因为员工在正常情况下，发挥的潜力大约在 20%～30%，而当其发挥创造力能动性时，就能发挥到 60%～70%。

而成就感就能让员工多发挥出 30%～40%的潜力，所以，作为一个优秀的管理者或经营者就要想方设法地触发员工们的成就感。

下面介绍几点非常实用的触发员工成就感，从而激发创作力的方法。

● **给予肯定**：在工作中，对于那些工作完成得非常出色的员工，我们要予以肯定，不能让他们觉得管理者没有注意自己，从而觉得努不努力都一样。

● **给予挑战性工作**：很多员工都喜欢表现自己，展示自己的能力，同时又想不断地超越自己，所以，基于员工这种心理，我们可以让其承担一些具有挑战性的工作，让他们意识到自己肩上的担子。

● **多褒少贬**：在工作中，作为管理者，对员工犯的错误不能过度地指责和贬低，这样不仅打击其自信心，同时，让他/她在其他同事面前感到不太光彩。相反，若是发现员工努力工作有突出的表现，我们可以对其进行多多褒奖。

● **不过分为难员工**：在工作中，员工犯错是再正常不过的，作为管理者，我们可以对其进行批评，防止其再次犯同样的错，但不能过分地为难，否则就会让当事人感觉到是故意针对他/她，和他/她过不去，从而影响到工作。

8.5.4 给员工创造脱颖而出的机会

很多员工都希望展示自己已有的能力，但苦于没有展示的机会，从而觉得自己怀才不遇。作为管理者或经营者，可为这些员工主动制造展示的机会，让其有脱颖而出的舞台和时机。

这样可带来 3 个好处：一是，若真是人才，脱颖而出会为自己带来员工的感谢，把自己当成伯乐和贵人，赢得感激和尊敬。二是为公司挑选出人才，获得举才的功劳。三是其他员工都会真心跟着自己，因为他们知道跟着自己有发展前途。

8.6 利益分享，给员工应有的待遇

经营公司或企业就像是做蛋糕，而员工就是做蛋糕的工人，管理者则是指挥他们去做的人，所以，当蛋糕做成后，我们需要将他们应得的部分分配给他们，这样他们就会帮我们制作完成其他更多、更大的蛋糕，从而获得更多收益。

8.6.1 重金之下必出能人

在公司或企业中，必须有一些能挑得起大梁的人，而这些我们可以称为有本事的能人。对于这样一些能人，需要用与其能力相匹配或多出的金钱来聘用。

当然，在特殊情况下需要一些特有的能力时，我们要想快速、有效地来达到目标或解决问题，同样可效仿古人修建黄金台用重金求能人的方法。

8.6.2 留住最佳业绩贡献者

业绩对于很多公司而言都是非常重要的，甚至是一些公司的半壁江山。而这些业绩的创作者中，一些员工贡献特别大，也就是那些业绩的最佳贡献者，他们是主要的得分者。

作为经营者或管理者，对于那些业绩最佳贡献者要留住，不能让其流失，否则对于公司或企业来说，肯定是一大损失。

那么，我们该怎样留住最佳业绩者呢？可以通过以下几个方面来做工作，如图 8-9 所示。

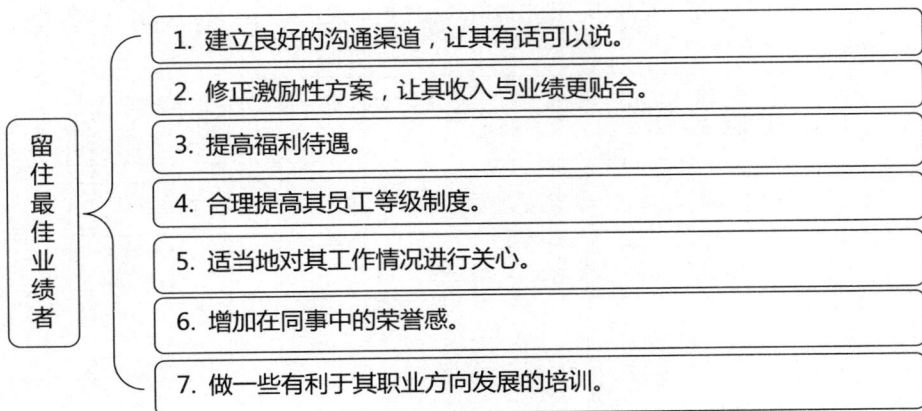

留住最佳业绩者	
	1. 建立良好的沟通渠道，让其有话可以说。
	2. 修正激励性方案，让其收入与业绩更贴合。
	3. 提高福利待遇。
	4. 合理提高其员工等级制度。
	5. 适当地对其工作情况进行关心。
	6. 增加在同事中的荣誉感。
	7. 做一些有利于其职业方向发展的培训。

图 8-9　常用的留住最佳业绩者的方法

8.6.3　金钱上做一点牺牲是必要的

在经营过程中，对于内部员工，我们有时候需要牺牲一点金钱来勉励那些努力工作的人，当然，这些金钱按制度和规定来说并不是当事人或部门应得，只不过是因为他们的付出得到肯定，并创造了相应的价值。

在金钱上做这样的一点牺牲，可得到以下几个好处，如图 8-10 所示。

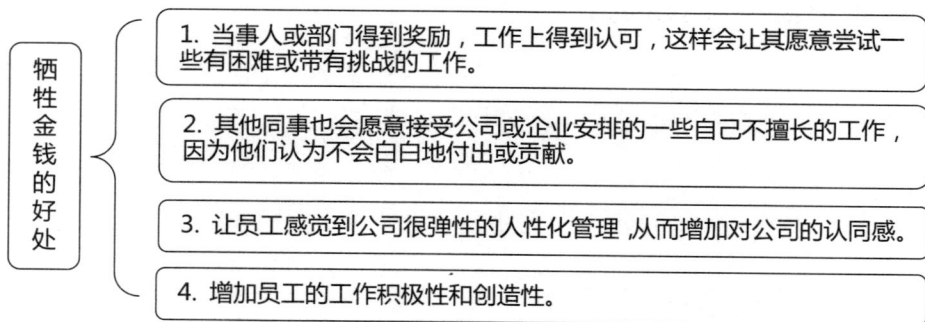

牺牲金钱的好处

1. 当事人或部门得到奖励，工作上得到认可，这样会让其愿意尝试一些有困难或带有挑战的工作。

2. 其他同事也会愿意接受公司或企业安排的一些自己不擅长的工作，因为他们认为不会白白地付出或贡献。

3. 让员工感觉到公司很弹性的人性化管理，从而增加对公司的认同感。

4. 增加员工的工作积极性和创造性。

图 8-10　牺牲必要金钱的好处

8.6.4　让能人先富起来

在公司管理中，也可按照让"一部分人先富裕起来"的策略，当然我们这里指的一部分人主要是指那些能人，让其他人看到光明和希望，感觉到有奔头，从而把自己变成能人。

对于公司或企业来说，能人先富有以下几个好处，如图 8-11 所示。

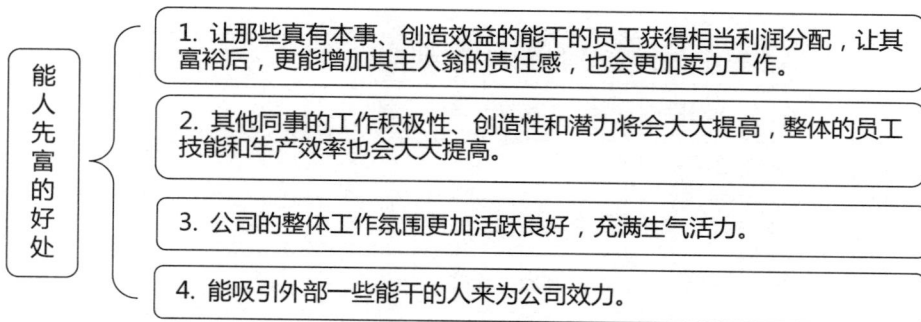

能人先富的好处

1. 让那些真有本事、创造效益的能干的员工获得相当利润分配，让其富裕后，更能增加其主人翁的责任感，也会更加卖力工作。

2. 其他同事的工作积极性、创造性和潜力将会大大提高，整体的员工技能和生产效率也会大大提高。

3. 公司的整体工作氛围更加活跃良好，充满生气活力。

4. 能吸引外部一些能干的人来为公司效力。

图 8-11　让能人先富带来的好处

第9章
做好财务管理，公司才能出利润

财务，我们可以将其简单理解为收入、支出。那么，要想在公司经营和管理上让收入大于支出，得到利润，就必须把公司财务搞通，弄明白哪些需要支出，哪些可以节约，哪些成本是必须投入的，哪些投资应该把握等，做到心中清楚、脑里明白。

新公司如何建账
管好、用好资金从哪几个方面入手
了解公司要交哪些税
国地税合并后一起申报缴纳
减少内耗带来的资源浪费
手头资金要用活
成本费用核算管理

9.1 不可不懂的财务知识

开公司和企业，目的就是获利、赚钱和创造价值，为了能够顺利地实现这些目的，我们就必须了解和掌握一些必要的财务知识，下面分别进行介绍。

9.1.1 新公司如何建账

新公司建账是必不可少的一环，它大体需要这样 4 个流程操作，如图 9-1 所示。

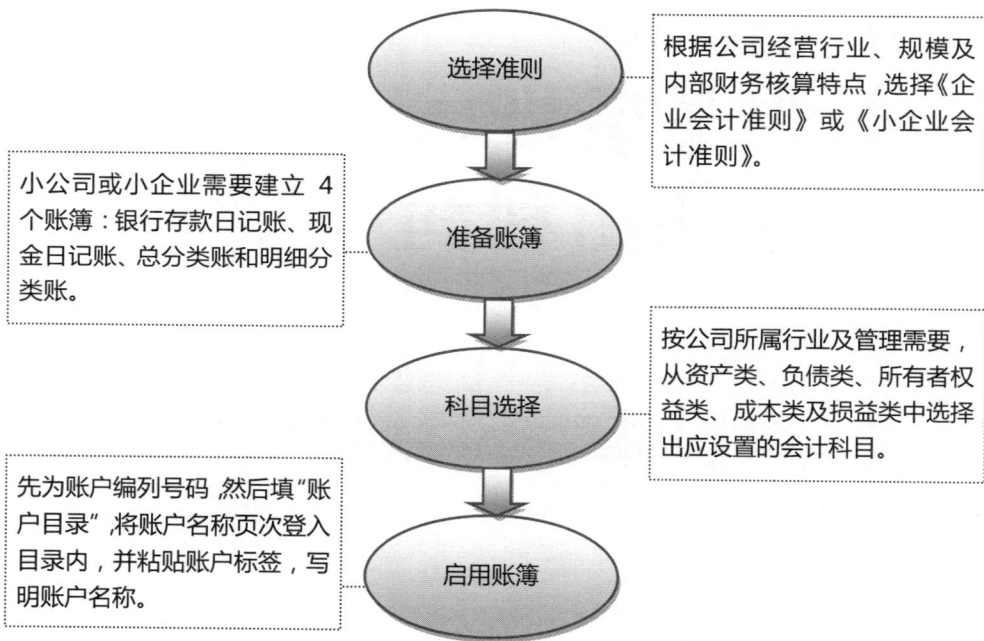

图 9-1 新公司建账流程示意图

根据公司经营行业、规模及内部财务核算特点，选择《企业会计准则》或《小企业会计准则》。

小公司或小企业需要建立 4 个账簿：银行存款日记账、现金日记账、总分类账和明细分类账。

按公司所属行业及管理需要，从资产类、负债类、所有者权益类、成本类及损益类中选择出应设置的会计科目。

先为账户编列号码，然后填"账户目录"，将账户名称页次登入目录内，并粘贴账户标签，写明账户名称。

准则选择参考

公司在建账时，参考的准则有两个文件：《企业会计准则》和《小企业会计准则》，其中《小企业会计准则》有这样 4 点要求：1.不承担社会公众责任；2.经营规模较小；3.既不是企业集团内的母公司也不是子公司；4.如果不能同时满足上述 3 个条件，公司/企业需要选择《企业会计准则》。

9.1.2 短期财务报告中应涉及哪些重要变量

短期财务报告具有快速及时的特点，主要是帮助相应人员做出管理上的决策，所以它具有以下几个重要变量，如图 9-2 所示。

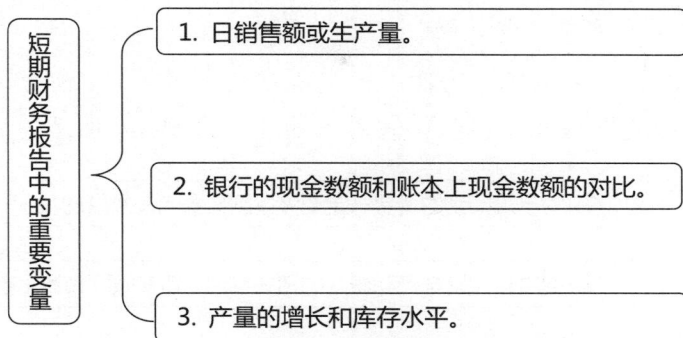

图 9-2　短期财务报告中的重要变量

9.1.3　成长性公司财务管理经常出现哪些隐性问题

新公司在发展成长过程中，建立的财务管理体系需要避免以下几个隐性的问题，如图 9-3 所示。

财务管理体系

财务管理体系若过大，则会造成资源浪费、效率降低，而且会打击到员工的积极性，若过小则会出现财务管理混乱、信息不明、数据不准等情况。

发展速度与资金筹措

企业的成长会带来融资的问题，无论是主动送上门的资本或吸引的资本，都必须考虑到公司或企业当前的发展状况，也就是多大脑袋戴多大帽子，不能过分强调资本项目的投入而忽略当前实际情况，导致项目投资失败。

市场应变与决策支持

公司或企业发展到一定的阶段后，自然会融入到各种激烈的竞争中，特别是与一些大企业的竞争，这时经营者或管理者一定要对自身财务的情况进行分析和建议，从而制定出一些经营决策，否则，就容易发生危机。

图 9-3　成长性公司潜在问题

9.1.4　管好、用好资金从哪几个方面入手

资金就像是公司或企业的血液，它直接关系公司或企业的生存和发展，所以，我们必须对其进行有效的管理和使用，也就是管好和用好资金。

在公司或企业的实际运作中，我们可以从这样几个方面入手进行管理和使

用，下面分别进行介绍。

（1）加强流动性资金管理

对资金的管理分为两个方面：一是固定资金管理，二是流动资金管理。对于流动性资金的管理和使用，可做以下处理，如图 9-4 所示。

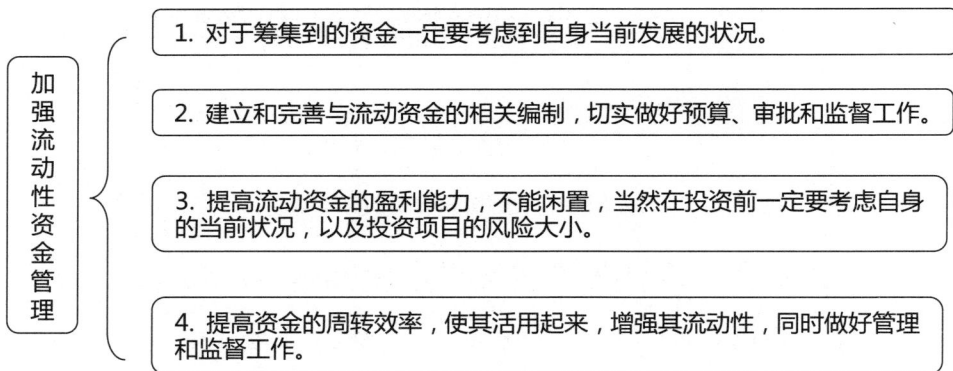

图 9-4 常用加强流动性资金管理的处理方法

（2）加强对资金的预算管理

对公司或企业的资金使用不能是随意的行为，必须事先进行预算，然后根据预算进行实际的使用等。实际工作中，我们可以按以下流程实施预算管理，如图 9-5 所示。

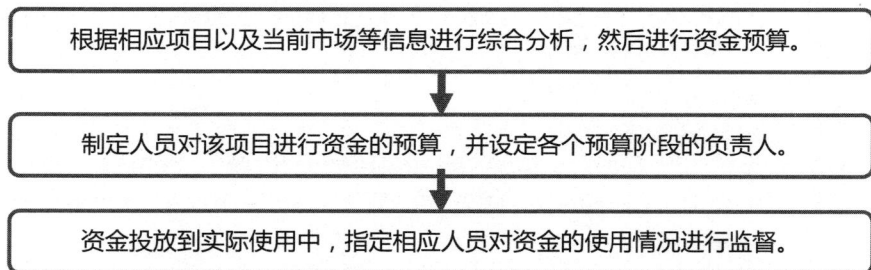

图 9-5 资金预算管理的一般流程

（3）加强对采购资金的管理

在公司或企业的运行中，无论是办公用品或生产资料，都必须进行采购，这一行为也是对资金的使用。我们要管好并使用好采购资金，可从如图 9-6 所示的方面入手。

强化集中采购管理

采购工作中，我们可以将所需物资集中申报、采购和发放，这样就可避免各部门各自采购而出现资金使用不合理、不规范等问题。

预算采购资金管理

采购资金是公司成本费用的很大一部分，它是可以进行预估和估算的，所以我们可以对采购资金制定预算制度，保证采购资金足够的同时，不出现浪费流失的情况。

图 9-6　加强对采购资金的管理

9.1.5　解决现金流问题的措施有哪些

公司或企业在实际的运营中，出现现金流的问题是在所难免的，但我们可以采取好相应的措施来解决。

常用的解决现金流问题的措施有以下几个方面，如图 9-7 所示。

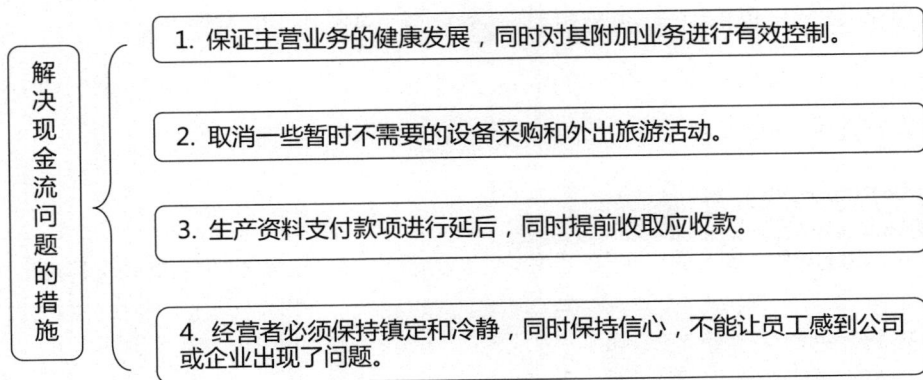

解决现金流问题的措施

1. 保证主营业务的健康发展，同时对其附加业务进行有效控制。

2. 取消一些暂时不需要的设备采购和外出旅游活动。

3. 生产资料支付款项进行延后，同时提前收取应收款。

4. 经营者必须保持镇定和冷静，同时保持信心，不能让员工感到公司或企业出现了问题。

图 9-7　解决现金流问题的措施

9.1.6　如何加强公司财务控制

作为公司或企业的经营者或管理者，要将财务控制权牢牢地掌握在手中，可采用以下一些加强措施，从而保证资金的正常健康运转，具体措施如图 9-8 所示。

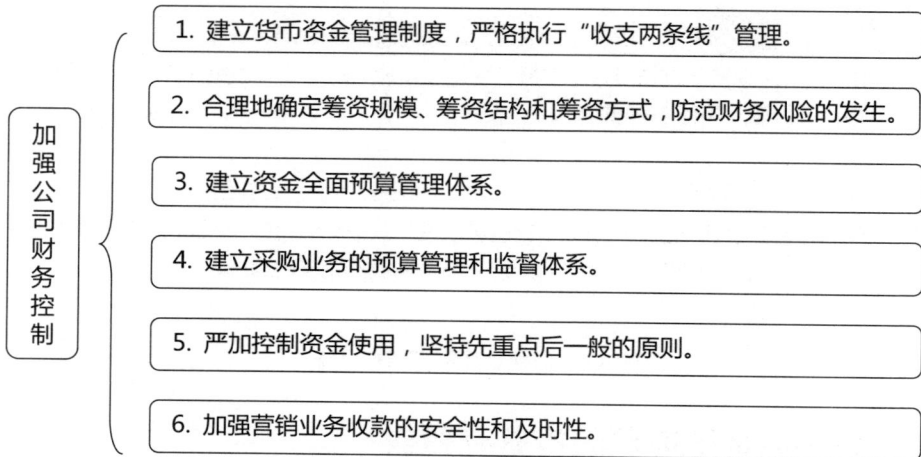

图 9-8　加强公司财务控制措施

9.1.7　如何找一个好的兼职会计

公司或企业通常都有固定会计人员，有时突然需要做一些账目时，会有人手短缺的情况，这时我们就可以找一个兼职会计，以备不时之需。

那么，应该怎样找一个好的兼职会计呢？我们可以从以下几个方面进行考虑，如图 9-9 所示。

科目设置是否清晰

一个合格的兼职会计人员，首要的是将科目设定清晰，然后根据这些科目继续往下做账。

记账凭证外表是否精细

一个细心和用心的会计无论是处理记账的过程还是对凭证、账簿的管理都要很认真，所以一个合格的兼职会计，能让记账凭证外表看起来很精细。

数据是否详细分类

一个合格的会计在做账之前对数据都有一个详细的分类，然后根据这些分类来处理数据，保证数据不丢失。

图 9-9　合格的兼职会计

9.2 如何与税务部门打交道

在经营过程中，税费是不可逃避的话题，那么，作为新手该怎样和税务部门打交道呢？下面就分别进行讲解。

9.2.1 了解公司要交哪些税

作为公司或企业的经营者，应该知道自己应该缴纳哪些税，如图 9-10 所示，这样才能保证自己不出现漏税或偷税的情况。

流转税

主要包括增值税、城市维护建设税及教育费附加等。流转税是按企业的营业收入的百分比计征。销售货物计征增值税，税率包括两种：一种是一般纳税人，按增值额的 16%、10%、6%和0%计征；另一种是小规模纳税人，按销售收入的 3%计征。根据实际缴纳的增值税和消费税总额的 7%缴纳城市维护建设税，3%缴纳教育费附加。

所得税

包括企业所得税和个人所得税。企业所得税一般按应纳税所得额的 25%计征(根据企业具体情况，还可能有 15%或 20%的税率)。公司的利润分配给个人股东时，个人要按 20%的比例缴纳个人所得税。

其他税种

包括消费税、资源税、房产税、城镇土地使用税、印花税、车船税、土地增值税、车辆购置税、契税和耕地占用税等，一般企业不涉及，即使涉及，因其计征金额很小，对企业影响也很小。

图 9-10 公司要缴纳税项

9.2.2 无偿转让不动产也要缴纳增值税吗

相关政策规定，公司或企业无偿转让不动产视同销售行为，因此应缴纳增值税和附加税（用于公益事业或者以社会公众为对象的除外），如图 9-11 所示为无偿转让不动产缴纳税金的情况。

一般纳税人销售其 2016 年 4 月 30 日前取得（不含自建）的不动产，可以选择适用简易计税方法，以取得的全部价款和价外费用减去该项不动产购置原价或取得不动产时的作价后的余额为销售额，按照 5% 的征收率计算应纳税额。

在计税价格上，视同销售而无销售额的，主管税务机关有权按照下列顺序确定销售额：

1、按照纳税人最近时期销售同类服务、无形资产或者不动产的平均价格确定。

2、按照其他纳税人最近时期销售同类服务、无形资产或者不动产的平均价格确定。

3、按照组成计税价格确定。其计算公式为：组成计税价格=成本×（1+成本利润率），成本利润率由国家税务总局确定。

企业无偿转让不动产给子公司，属于向其他单位无偿转让不动产，应视同销售不动产，按规定缴纳增值税，税率根据不动产的类型进行确定。

图 9-11　无偿转让不动产缴纳税金的情况

9.2.3　公司的公益性捐赠需要纳税吗

根据《企业所得税》规定，公司或企业发生的公益性捐赠支出若在年度利润总额的 12% 以内，则不需要缴税，若超出则将 12% 以内的公益性捐赠金额扣除，然后剩余金额按照相关的企业所得税进行计算。

【公益性捐赠巧妙策划】

2018 年，某公司拥有 100 万元资产，拥有职工人数 15 人，预算全年应纳税所得额为 20 万元。为了尽可能享受小型微利企业的税收优惠，该企业通过民政局向四川地震灾区捐赠 1 万元。

筹划前企业需要缴纳的企业所得税为：20 万元×25%＝5 万元。筹划后，企业需要缴纳的企业所得税为：19 万元×20%＝3.8 万元。

通过筹划，企业少缴纳所得税共计 1.2 万元，获得的净收益为 0.2（5-3.8-1）万元（注意：此时考虑到捐赠的 1 万元）。显然，企业虽然多支出了 1 万元的捐赠，但税后收益却增加了 0.2 万元，这可以称作公益性捐赠巧妙策划的典型案例。

企业公益性捐赠需注意

企业做出的公益性捐赠一定要通过国家认可的公益性机构进行才视作有效；否则，这部分捐赠金额还是应计算到企业所得税中。

9.2.4 要成为增值税的一般纳税人应当提供哪些资料

增值税纳税人划分为一般纳税人和小规模纳税人，而要成为增值税的一般纳税人，我们需提供以下一些资料，如图 9-12 所示。

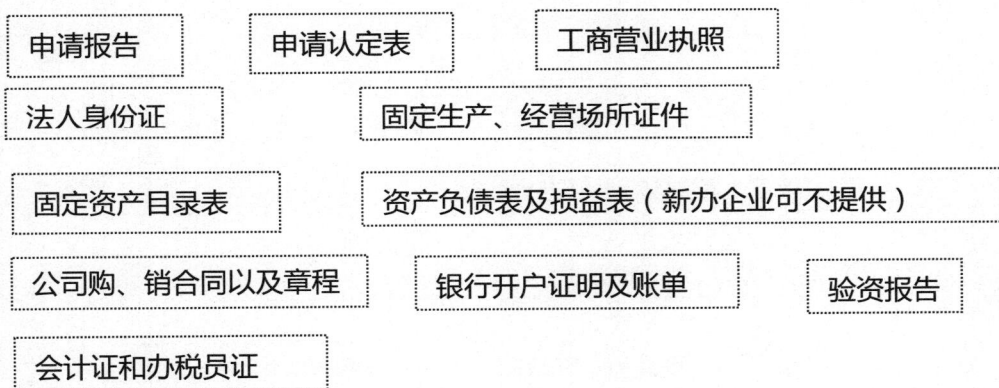

| 申请报告 |
| 申请认定表 |
| 工商营业执照 |
| 法人身份证 |
| 固定生产、经营场所证件 |
| 固定资产目录表 |
| 资产负债表及损益表（新办企业可不提供） |
| 公司购、销合同以及章程 |
| 银行开户证明及账单 |
| 验资报告 |
| 会计证和办税员证 |

图 9-12　申请一般纳税人需要的资料

小规模纳税人

小规模纳税人是指年销售额在 500 万元的规定标准以下，并且会计核算不健全，不能按规定报送会计资料，实行简易办法征收增值税的纳税人。

9.2.5 怎样进行税务登记

税务登记又称为纳税登记，是指税务机关根据税法规定，对纳税人的生产、经营活动进行登记管理的一项法定制度，也是纳税人依法履行纳税义务的法定手续。

那么，我们该怎样进行税务登记？如图 9-13 所示。

```
┌─────────────────────────────────────────────────────────┐
│  企业经营者主动向所在地税务机关提出申请登记报告。         │
└─────────────────────────────────────────────────────────┘
                          ↓
┌─────────────────────────────────────────────────────────┐
│  出示工商行政治理部门核发的工商营业执照和有关证件。       │
└─────────────────────────────────────────────────────────┘
                          ↓
┌─────────────────────────────────────────────────────────┐
│  领取统一印刷的税务登记表，如实填写有关内容（税务登记表一式三份，一份 │
│  由公司等法人留存，两份报所在地税务机关）。               │
└─────────────────────────────────────────────────────────┘
                          ↓
┌─────────────────────────────────────────────────────────┐
│  税务机关对申请登记报告进行审核，审核后予以登记。         │
└─────────────────────────────────────────────────────────┘
```

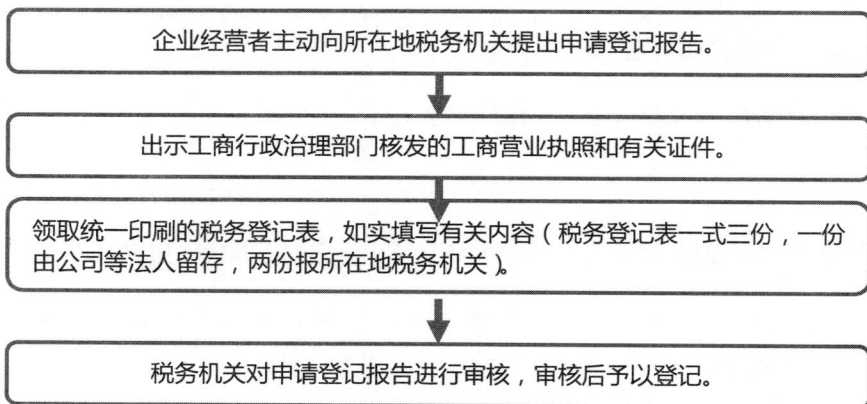

图 9-13　税务登记流程

我们在进行税务登记时，需提供以下一些法律文件，如图 9-14 所示。

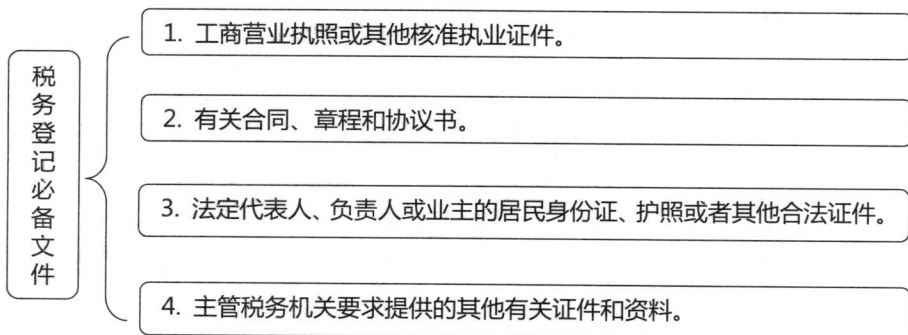

税务登记必备文件

1. 工商营业执照或其他核准执业证件。

2. 有关合同、章程和协议书。

3. 法定代表人、负责人或业主的居民身份证、护照或者其他合法证件。

4. 主管税务机关要求提供的其他有关证件和资料。

图 9-14　税务登记必备文件

变更税务登记和注销税务登记

若纳税人改变名称、法定代表人或者业主姓名、经济类型、经济性质、住所或者经营地点(指不涉及改变主管国家税务机关)、生产经营范围、经营方式、开户银行及账号等内容的，需持营业执照、变更登记的有关证明文件以及其他有关文件到原主管国家税务机关提出变更登记书面申请报告。

纳税人发生解散、破产、撤销以及其他情形，依法终止纳税义务的，在向工商行政管理机关或其他机关办理注销登记前，需要持有关证件向原税务登记机关申报办理注销税务登记的活动。有关证件包括企业营业执照、注销税务的书面申请、发票准购证、增值税一般纳税人认定表及资格证、注销登记的有关决议及复印件、当期申报表资料和完税凭证以及主管税务机关需要的其他证件和资料。

9.2.6 国地税合并后一起申报缴纳

我们在登记或缴税时，首先知道哪些属于国税，哪些属于地税。国地税合并后，纳税人可在同一个地方办理国税和地税的申报缴纳。

（1）国税

国税是指由国家税务局负责征收的税种，它主要包括以下一些税种，如图 9-15 所示。

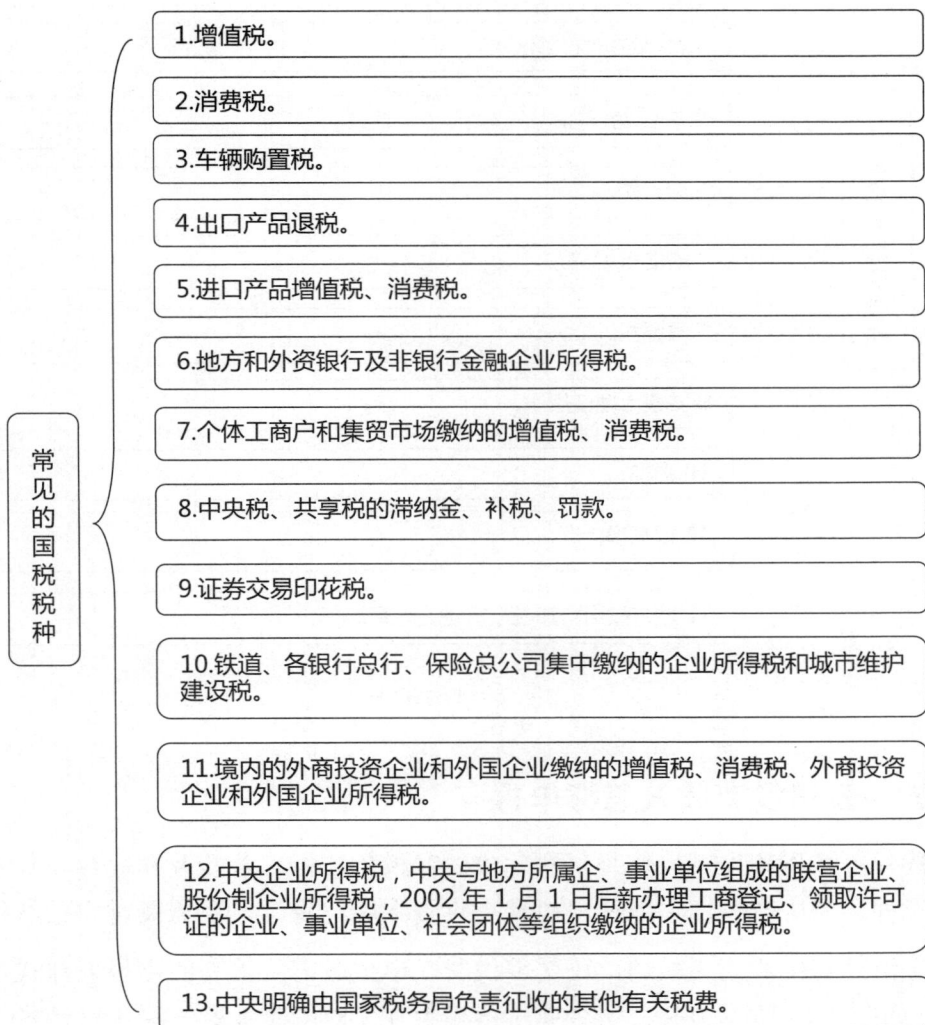

```
常见的国税税种
├─ 1.增值税。
├─ 2.消费税。
├─ 3.车辆购置税。
├─ 4.出口产品退税。
├─ 5.进口产品增值税、消费税。
├─ 6.地方和外资银行及非银行金融企业所得税。
├─ 7.个体工商户和集贸市场缴纳的增值税、消费税。
├─ 8.中央税、共享税的滞纳金、补税、罚款。
├─ 9.证券交易印花税。
├─ 10.铁道、各银行总行、保险总公司集中缴纳的企业所得税和城市维护建设税。
├─ 11.境内的外商投资企业和外国企业缴纳的增值税、消费税、外商投资企业和外国企业所得税。
├─ 12.中央企业所得税，中央与地方所属企、事业单位组成的联营企业、股份制企业所得税，2002 年 1 月 1 日后新办理工商登记、领取许可证的企业、事业单位、社会团体等组织缴纳的企业所得税。
└─ 13.中央明确由国家税务局负责征收的其他有关税费。
```

图 9-15 国税税种

（2）地税

地税是指由地方税务局负责征收和管理的税种，它主要包括以下一些税种，如图 9-16 所示。

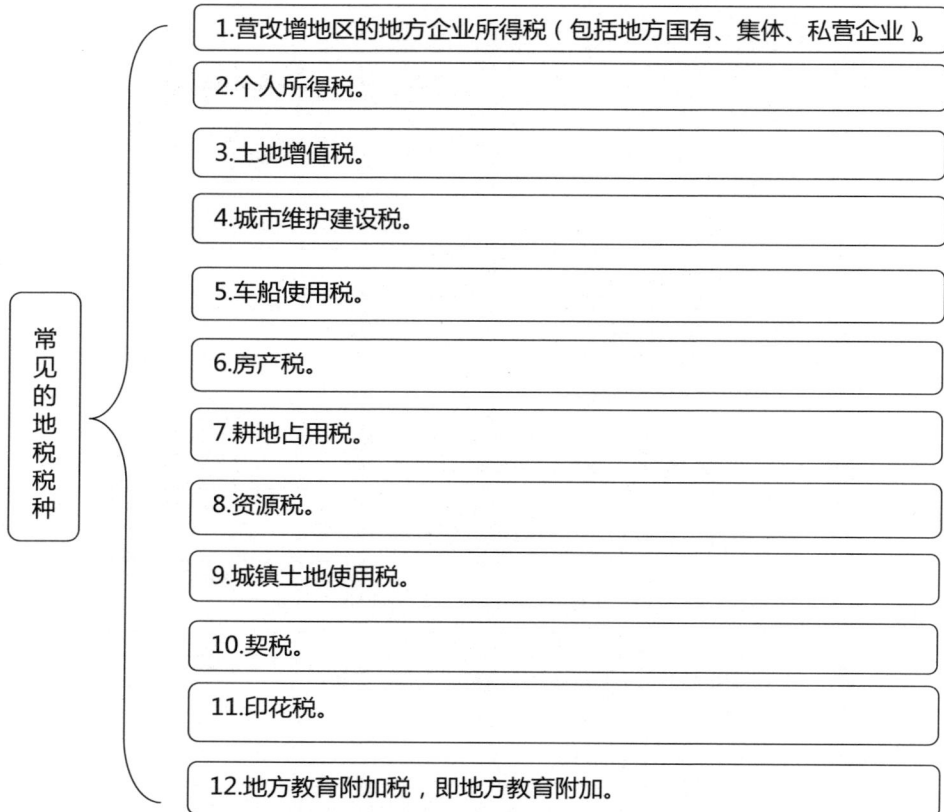

图中内容：

常见的地税税种：

1. 营改增地区的地方企业所得税（包括地方国有、集体、私营企业）。
2. 个人所得税。
3. 土地增值税。
4. 城市维护建设税。
5. 车船使用税。
6. 房产税。
7. 耕地占用税。
8. 资源税。
9. 城镇土地使用税。
10. 契税。
11. 印花税。
12. 地方教育附加税，即地方教育附加。

图 9-16　地税税种

9.2.7　公司没有收入怎样申报

按月报送财务报表，每月月税期内做零税款申报，若涉及和取得与收入无关的税种，如房产税、土地使用税及实收资本印花税等，也需及时申报纳税。

无论是有税费需要缴纳，还是零税费，申报时需要填写的申报表样式是一致的，如图 9-17 所示为某公司企业所得税为 0 元时的企业所得税年度纳税申报表部分内容。

	25	应纳税所得额（23－24）	0
	26	税率（25%）	
	27	应纳所得税额（25×26）	0
	28	减：减免所得税额（填附表五）	
	29	减：抵免所得税额（填附表五）	
	30	应纳税额（27－28－29）	
应纳税额计算	31	加：境外所得应纳所得税额（填附表六）	
	32	减：境外所得抵免所得税额（填附表六）	
	33	实际应纳所得税额（30＋31－32）	
	34	减：本年累计实际已预缴的所得税额	
	35	其中：汇总纳税的总机构分摊预缴的税额	
	36	汇总纳税的总机构财政调库预缴的税额	
	37	汇总纳税的总机构所属分支机构分摊的	
	38	合并纳税（母子体制）成员企业就地预	
	39	合并纳税企业就地预缴的所得税额	
	40	本年应补（退）的所得税额（33－34）	
附列资料	41	以前年度多缴的所得税额在本年抵减额	
	42	以前年度应缴未缴在本年入库所得税额	

纳税人公章： 经办人： 申报日期：　年　月　日	代理申报中介机构公章： 经办人及执业证件号码： 代理申报日期：年 月 日	主管税务机关受理专用章： 受理人： 受理日期：年 月 日

图 9-17　零税款申报表样式

9.2.8　公司经营有困难时能否申请延期缴纳税款

公司或企业在经营过程中，可能会遇到这样或那样的困难，若是遇到的经营困难符合以下 3 个方面的条件，可申请延期缴纳税款（最长不得超过 3 个月），如图 9-18 所示。

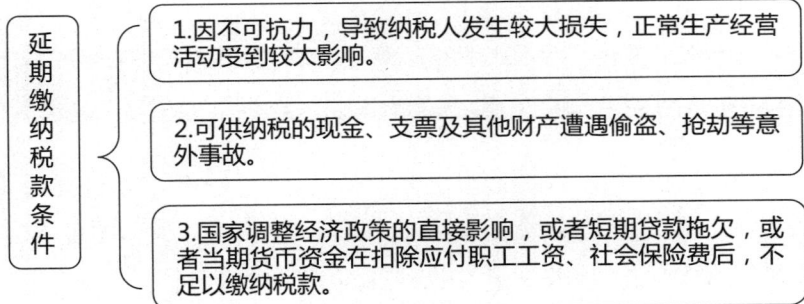

延期缴纳税款条件

1.因不可抗力，导致纳税人发生较大损失，正常生产经营活动受到较大影响。

2.可供纳税的现金、支票及其他财产遭遇偷盗、抢劫等意外事故。

3.国家调整经济政策的直接影响，或者短期贷款拖欠，或者当期货币资金在扣除应付职工工资、社会保险费后，不足以缴纳税款。

图 9-18　申请延期缴纳税款条件

9.2.9　应对税务检查需要掌握的实用技巧

税务检查又称为纳税检查，是指税务机关根据税收法律、行政法规的规定，对纳税人、扣缴义务人履行纳税义务、扣缴义务及其他有关税务事项进行审查、核实和监督活动。

因此，税务检查主要是对缴税情况的核查、核实和监督。作为公司或企业的经营者，在面对税务检查时不必慌张，可使用以下一些技巧来应对，如图 9-19

所示。

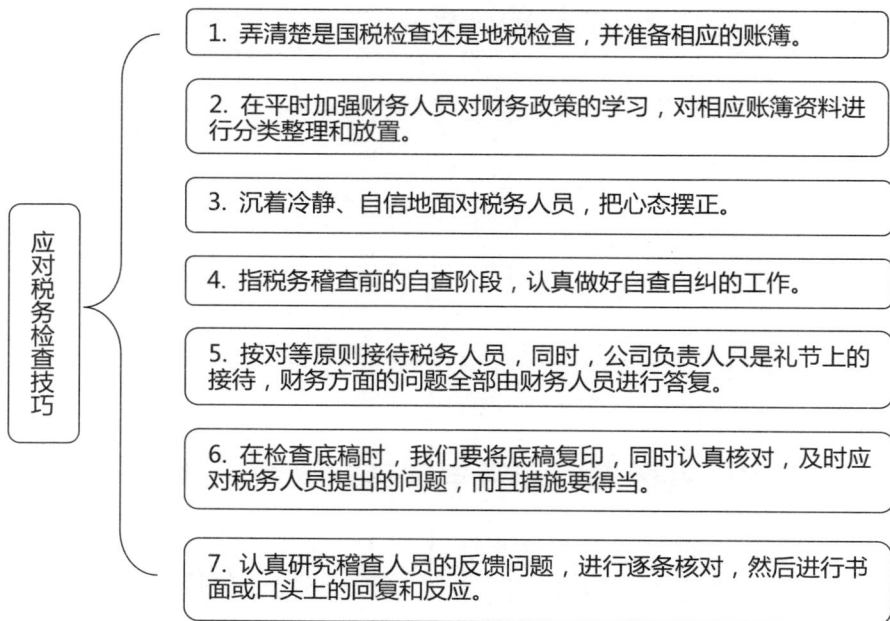

图 9-19　应对税务检查的技巧

9.3　细节是小公司"损益表"的调节器

公司或企业要盈利，不仅要靠各种收入，还要管好投入，这样最大的收入减去最少的投入，就会获得最大的效益，所以，我们在经营和管理过程中，不仅要注重大的资金投入，还要保证小的细节资金投入。

下面分别介绍公司或企业如何从细节上控制公司的"损益表"情况。

9.3.1　一手抓增收，一手抓节支

作为公司的经营者或管理者，主要业务有两个方向：对外和对内。对外主要是赚取利润，获得收入；对内则组织和管理员工进行生产加工。这也就意味着对外是收入，对内就需支出。

所以，我们必须在增收的同时，管控内部一些小而不需要、多余或不合理的支出，这样公司的"钱包"才会更快地"鼓"起来。

9.3.2　不疏小利，积少成多

公司在对外的业务中，不仅对于一些"肥肉"要抓住机会，尽最大努力将其塞进自己嘴里，对于一些"小菜"，我们也要"夹"到自己碗里来，不能看不起这些"小菜"，当这些"小菜"的积累多了，也能抵得上一块"肥肉"，这就印证了人们常说的：积沙成塔，集腋成裘；江河不择细流，点滴积累，汇成"飞流直下三千尺"的奔腾浩瀚。

9.3.3　节约首先要杜绝浪费

节约是将需要的进行压缩，将不需要或附加的去掉。当然对于浪费就要坚决杜绝，这样，不仅可以减少不必要的支出，同时营造一个节约的公司或企业氛围。

9.3.4　千方百计提高工作效率

我们要让自己加工、生产的产品，在激烈的竞争中获利，其中最重要的一条就是保证加工、生产正常，保证有产品能"拿"出去，在这个基础上，再想办法提高公司内部的工作效率，让"拿"出去的产品更多、更好。

在实际经营中，我们可以从以下几方面进行工作效率的提高，下面进行具体介绍。

- 提高公司整体的管理水平，使其更好地组织员工进行生产加工。

- 引进新科技、新设备，实施新工艺。

- 对员工进行培训，提高工作技能。

- 简化工作流程，去掉一些不必要的流程和操作等。

- 培养标兵榜样，并将这些标兵的工作方法和技巧进行推广。

- 建立激励机制，奖励那些工作积极、效率高的员工。

9.3.5　采购是公司节约的源头

公司的办公用品和生产资料都是必不可少的物质需求，所以不得不进行相应的采购，而采购又是非常大的一笔投入成本，所以，要节省公司开支成本，就必须控制采购的投入和规范采购人员的行为。

下面介绍一些在采购中节约成本的方法，如图 9-20 所示。

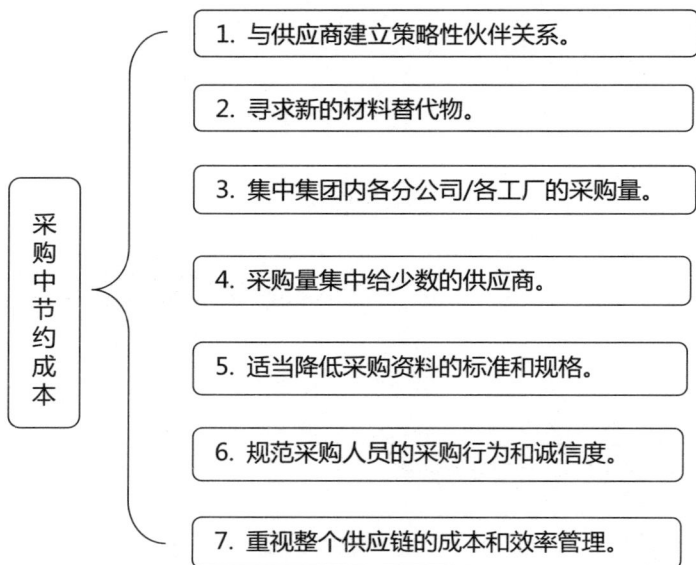

采购中节约成本
1. 与供应商建立策略性伙伴关系。
2. 寻求新的材料替代物。
3. 集中集团内各分公司/各工厂的采购量。
4. 采购量集中给少数的供应商。
5. 适当降低采购资料的标准和规格。
6. 规范采购人员的采购行为和诚信度。
7. 重视整个供应链的成本和效率管理。

图 9-20　采购中成本控制策略

9.3.6　减少内耗带来的资源浪费

内耗虽然是一种普遍存在的现象，我们不能将其消除，但可以将其减少，从而减少资源的浪费，具体可以从如图 9-21 所示的几个方面入手。

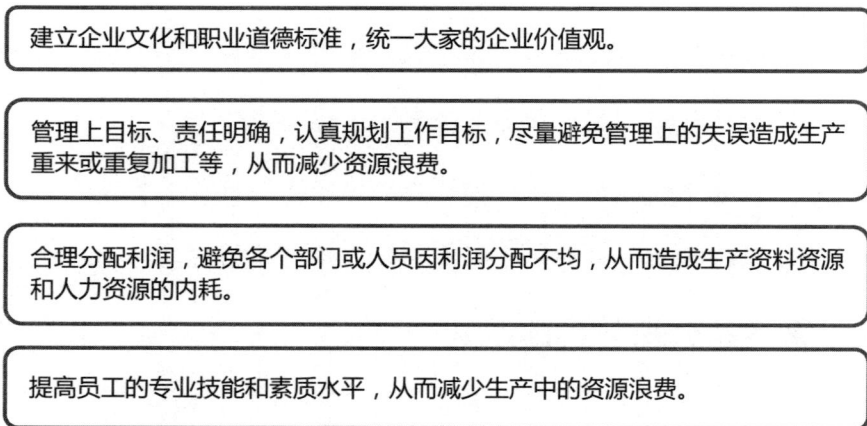

建立企业文化和职业道德标准，统一大家的企业价值观。

管理上目标、责任明确，认真规划工作目标，尽量避免管理上的失误造成生产重来或重复加工等，从而减少资源浪费。

合理分配利润，避免各个部门或人员因利润分配不均，从而造成生产资料资源和人力资源的内耗。

提高员工的专业技能和素质水平，从而减少生产中的资源浪费。

图 9-21　减少内耗策略

【三个盗墓贼】

从前有 3 个盗墓贼，在一个悬崖边成功盗取了一家富人的坟墓，挖到了许多财宝，并让其中的一个盗贼去买饭菜来充饥，剩下的两人商量，等买饭菜的同伙来后，将其推到悬崖下面摔死，这样，挖到的财宝，就可以少分一份。

两人商量好后，果然将买饭菜的同伙推到悬崖下摔死了，并瓜分了挖到的财宝，不过，当他们两人扛起财宝，分头离开时，却发现肚子疼得厉害，然后口吐鲜血而死。

其实，吃完饭菜疼痛而死的两位，并不是遭到报应，而是被买饭菜的同伙毒死，因为买饭菜的盗墓者心里早已计划在饭菜中放毒，将其他两位毒死后，就能私吞所有的财宝。

从上面的例子中，我们可以看出内耗的危害，如果这 3 个盗墓者能够很好地协商财宝的分配，就不会出现全部毙命的结局。

9.3.7　发挥办公用品的最大价值

办公用品是办公中必不可少的东西，我们无法进行削减，只能让所有的办公用品发挥最大的价值。

按照办公用品的价值和损耗情况，可将其分为两类，如图 9-22 所示。

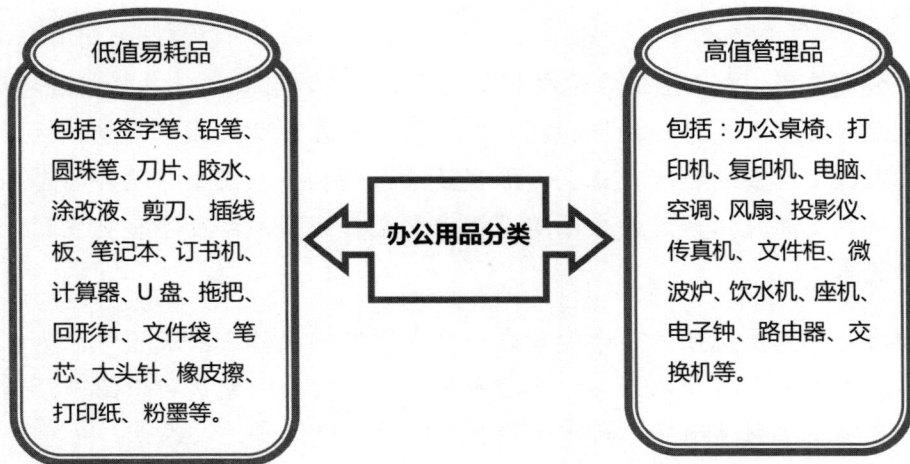

低值易耗品

包括：签字笔、铅笔、圆珠笔、刀片、胶水、涂改液、剪刀、插线板、笔记本、订书机、计算器、U 盘、拖把、回形针、文件袋、笔芯、大头针、橡皮擦、打印纸、粉墨等。

办公用品分类

高值管理品

包括：办公桌椅、打印机、复印机、电脑、空调、风扇、投影仪、传真机、文件柜、微波炉、饮水机、座机、电子钟、路由器、交换机等。

图 9-22　办公用品分类

在办公中，我们要让办公用品发挥最大价值，可采用以下几种管理方法。

● 节约和珍惜办公用品的使用，杜绝浪费。

● 一些可反复使用的办公用品，要求多次重复使用，如回形针、大头针和打印纸等。

● 规定办公用品必须用于办公中，不能用于私人事务。

● 规范使用办公用品，特别是高值管理办公用品，不能胡乱操作和使用，一旦出现人为损害，要求进行相应的赔偿。

● 办公用品可相互协调借用，尽量不进行重复采购，最大限度地发挥办公用品的使用价值和效率。

● 对一些高值管理办公用品，若出现损害，应及时修理，平时安排相应人员进行维护保养。

9.3.8　在合法避税上找回一些利润

在公司或企业的经营过程中，处处需要精打细算，从而节省成本。其实我们在缴税上也可进行合理、合法的避税，作为国家给自己的福利。

那么，公司或企业在经营中应该怎样进行合法的避税呢？我们可以采用如下的一些常用技巧。

● **公司选址**：中小企业在选择投资地点时，可以有目的地选择经济特区、沿海经济开发区、经济特区和经济技术开发区所在城市的老市区，国家认定的高新技术产业区、保税区设立的生产、经营、服务型企业和从事高新技术开发的企业从事投资和生产经营，都可享有更多的税收优惠。

● **行业和人员选择**：可选择开办一些免缴增值税的企业或项目，如农业生产者销售自产农产品；经营避孕药品和用具；销售与旧图书；销售直接用于科学研究、科学试验和教学的进口仪器、设备等。

● **管理费用**：主要是通过增加管理费用，减少利润，它包括这样 3 个方面的措施，如图 9-23 所示。

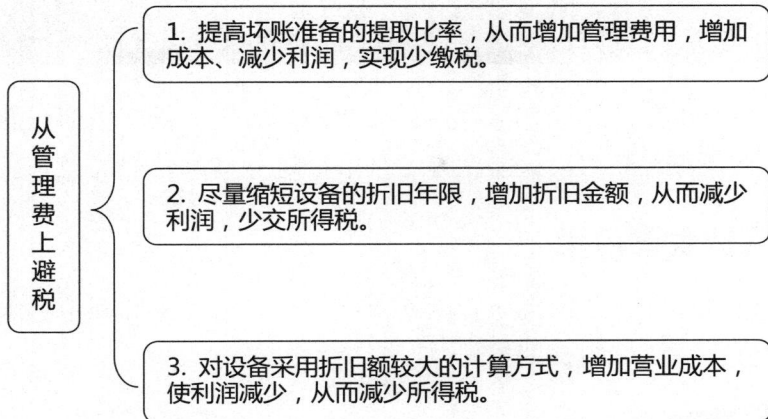

图 9-23　通过管理费用避税的技巧

- **合理提高职工福利**：在不超过计税工资的范畴内适当提高员工工资，也可为员工办理医疗保险，建立职工养老基金、失业保险基金和职工教育基金等统筹基金，从而增加公司经营成本，做到避税。

- **销售收入确认**：公司或企业根据自己的实际情况，尽可能地延迟收入确认的时间。

- **用而不"费"**：对经营中所耗水、电、燃料费等进行分摊，并确定交通费用及各类杂支是否列入产品成本等。

- **双薪代贴补贴**：根据个人所得税政策的规定，过节费或补贴费需要并入当月工资缴纳个人所得税。同时税务政策也规定发放年终双薪可以单独作为一个月的工资薪金计算个人所得税，所以我们可将过节费或补贴费变成年底双薪，这样实现合法避税。

- **股权转让**：如要对公司或企业的股权进行转让，可先分配，再进行转让，这样就可按照先分配不用补税、不分配就要缴税的规定，来进行合法避税。

- **公益慈善避税**：公司或企业可通过国家认可的慈善、公益机构，对相应的人员或地区进行爱心捐款。这样在计算税费时，会将这笔捐款减去，从而在一定程度上做到避税。

9.4 让公司出的每一分钱都产生价值

我们要让公司盈利，就要想尽办法让公司出的每一分钱产生相应的价值，而这些方法都不是特别高深，只需在各个细节处进行周到全面的考虑。

9.4.1 手头资金要用活

我们在经营过程中，若出现一些闲置资金，可以适当将其利用起来，使其创作价值和发挥作用，如图 9-24 所示。

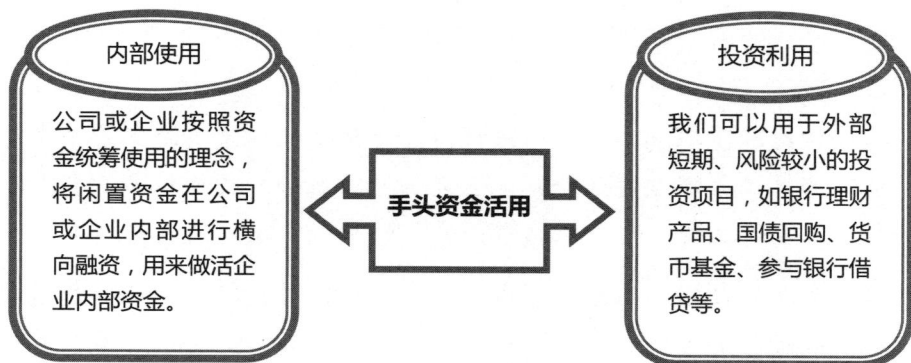

内部使用

公司或企业按照资金统筹使用的理念，将闲置资金在公司或企业内部进行横向融资，用来做活企业内部资金。

手头资金活用

投资利用

我们可以用于外部短期、风险较小的投资项目，如银行理财产品、国债回购、货币基金、参与银行借贷等。

图 9-24 公司或企业用活手头资金

9.4.2 保证公司不花"冤枉钱"

我们在创建和经营公司过程中，都会用掉很多的资金，为了尽量避免花冤枉钱，可适当采用以下几种方法。

- **用好网络招聘**：通过网站进行招聘信息的发布时，选择经济适用的套餐，同时与网站的相应人员进行议价，这样可避免花冤枉钱。

- **公关宣传要适当**：作为新小公司或企业，由于知名度不高，影响力不大，在公关宣传上，不要投入太多的资金进行运转，适当宣传即可。

- **节省场所费**：开公司最基本的要求就是要有办公场所，然后才能取得相应的经营文件，当然，为了不花冤枉钱或少花钱，我们可以先采取借助企业孵化器或与其他人共用办公空间等措施。

企业孵化器

孵化器，英文为 incubator，本意指人工孵化禽蛋的专门设备，后来引入经济领域，指一个集中的空间，能够在企业创办初期举步维艰时，提供资金、管理等多种便利，旨在对高新技术成果、科技型企业和创业企业进行孵化，以推动合作和交流，使企业"做大"。

● **合理使用官网**：我们创办或经营公司之初，不要把资金过早、过多地耗费在官网中，否则容易被别人坐地起价，从而花冤枉钱。

● **管控设备和用品开支**：我们可以租赁一些生产设备，对于一般的办公用品可以购买二手的。

● **业务外包**：对于一些自己不熟悉，而且特别费时费力的业务，可以进行外包，适当节省时间和精力。

9.4.3　把握投资的"商情"

我们要进行项目的投资，就应该抓住投资的"商情"，从而获取利益。但这种投资并不是一时头热而做出的决定，因为它直接关系到公司或企业的发展，所以必须按照如图 9-25 所示的方法进行准备。

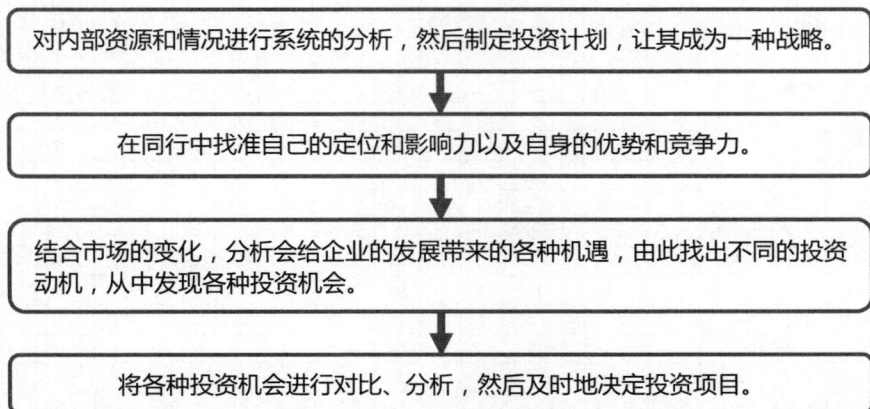

对内部资源和情况进行系统的分析，然后制定投资计划，让其成为一种战略。

在同行中找准自己的定位和影响力以及自身的优势和竞争力。

结合市场的变化，分析会给企业的发展带来的各种机遇，由此找出不同的投资动机，从中发现各种投资机会。

将各种投资机会进行对比、分析，然后及时地决定投资项目。

图 9-25　把握投资"商情"流程

9.4.4　投资前要调查摸底

公司或企业的项目投资活动不是闹着玩的，我们必须对投资项目以及自身条件进行摸底，然后再决定是否投资。

（1）目标市场分析

我们在投资前，一定要先对市场容量、产品价格和市场竞争力等现状做好市场调查，同时，注意竞争对手的情况，以及历年的价位走势等。

（2）投资环境分析

必须对投资环境进行分析，如政治社会环境、经济环境、基础设施和自然资源等，这样才能进行立项。

（3）项目分析评价

通过一系列的调查与研究分析，再结合公司或企业的自身情况选择投资项目或项目组合的方式，最后确定投资时机、投资方式和投资规模。

9.4.5　读懂报表，活用报表

报表是由一系列业务指标构成的，由 3 部分组成：业务规则、主要指标、报表内容。它能准确反映一段时间的业务情况以及公司或企业的经营状况。如图 9-26 所示为一张普通的报表样式。

主任	营业处	本月累计	本月件数	月达成率	人力达成					体能指标					
					月初人力	月增员	月脱落	月末人力	月增员率	在职带号	活动人数	活动率	人均件数	人均保费	件均保费
江景	精诚	19 218	17	46.9%	13	3	1	15	23.1%	12	7	58.3%	1.42	1 602	1 130
况斌	希望	19 521	23	24.4%	32	0	8	24	0.0%	29	8	27.6%	0.79	673	849
陆勤松	同心	25 323	30	58.9%	16	1	1	16	6.3%	14	8	57.1%	2.14	1 809	844
杜霞	阳光	19 568	14	57.6%	10	2	0	12	20.0%	8	6	75.0%	1.75	2 446	1 398
王红平	爱心	9 904	14	23.6%	11	1	0	12	9.1%	10	5	50.0%	1.40	990	707
韩松琨	共亨	10 016	13	32.3%	9	1	1	9	11.1%	9	4	44.4%	1.44	1 113	770
李俐频	精益	21 665	20	34.4%	21	0	3	18	0.0%	18	9	50.0%	1.11	1 204	1 083
一区		125 215	131	37.5%	112	8	14	106	7.1%	100	47	47.0%	1.31	1 252	956
李克林	旗舰	3 537	5	11.4%	12	2	1	13	16.7%	12	4	33.3%	0.42	295	707
肖向东	腾龙	9 920	12	33.1%	8	1	2	7	12.5%	5	5	100.0%	2.40	1 984	827
李武华	银翔	1 504	5	5.0%	7	1	0	8	14.3%	7	3	42.9%	0.71	215	301
舒朝淑	海天	6 872	6	19.1%	12	1	2	11	8.3%	10	3	30.0%	0.60	687	1 145
二区		21 833	47	17.2%	39	1	5	39	12.8%	34	15	44.1%	1.38	642	465

图 9-26　报表样式

我们要读懂一张报表，可先确定主题是什么，掌握报表包含的信息，然后得出结论和建议方案，它的思维过程如图 9-27 所示。

```
┌────────────┐      ┌──────────────┐      ┌──────────┐      ┌──────────┐
│ 数据客观事实 │ ───> │ 对数据进行分析 │ ───> │ 得出结论  │ ───> │ 得出方案  │
└────────────┘      └──────────────┘      └──────────┘      └──────────┘
```

图 9-27　读懂报表思维流程

我们要应用报表来解决问题，就应遵循下列流程，如图 9-28 所示。

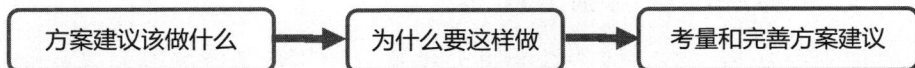

```
┌────────────────┐      ┌──────────────┐      ┌────────────────┐
│ 方案建议该做什么 │ ───> │ 为什么要这样做 │ ───> │ 考量和完善方案建议 │
└────────────────┘      └──────────────┘      └────────────────┘
```

图 9-28　根据报表解决问题流程

9.4.6　设一个精明的财务机构

财务机构不是一个新产生的机构，而是从财务会计机构中分离出来的，是相对独立的一个机构，主要目标是优化财务状况、控制风险程度以及促使企业价值最大化。

一个精明的财务机构，主要包括以下几个构成部分，如图 9-29 所示。

预算组
负责编制企业财务预算，包括现金预算、收入预算、成本费用预算、资本预算等，并负责各项预算执行情况的检查。

现金管理组
负责现金、银行存款的保管、出纳与结算，对现金预算执行情况做出报告。

信用管理组
负责信用政策的制定和执行，对应收账款进行账龄分析，并对过期账款进行催收等。

筹资管理组
根据资本预算，负责核定资金需要量，筹集资金，对资本结构和资金成本进行控制。

投资管理组
负责对企业各种投资进行预测，提出决策建议，对投资项目的现金流量进行估计并对其进行控制，对投资方案进行经济评价。

图 9-29　精明财务机构的构成

利润管理组

它主要有两个职责：一是制定公司或企业利润规划，对规划的执行和完成情况进行监督和评价；二是拟定公司或企业的利润分配方式以及分配方案，并组织实施。

图 9-29　精明财务机构的构成（续）

9.4.7　让财务部门参与重大决策

人们通常会认为，公司或企业的重大决策只需一些关键的管理者就能拍案决定，其实不然，一些重大决策需要多部门人员进行共同探讨和落实，从而保证决策的正确性和可实施性。

在参与决策的部门中，财务部门有必要参与，因为它能带来以下一些积极作用，如图 9-30 所示。

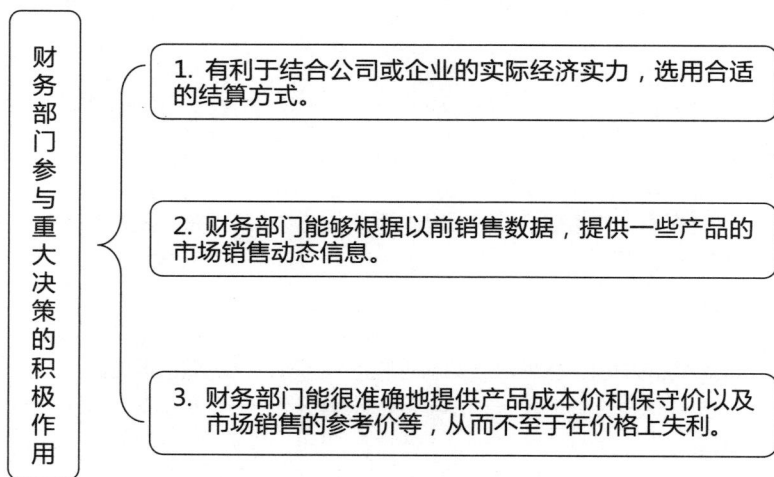

财务部门参与重大决策的积极作用

1. 有利于结合公司或企业的实际经济实力，选用合适的结算方式。

2. 财务部门能够根据以前销售数据，提供一些产品的市场销售动态信息。

3. 财务部门能很准确地提供产品成本价和保守价以及市场销售的参考价等，从而不至于在价格上失利。

图 9-30　财务部门参与重大决策的积极作用

9.4.8　利用商业信用借贷

我们在经营中，可利用商业信用进行借贷融资，作为公司或企业的发展资金，也可以用来解决目前面临的资金周转困难，而且还不需要第三方担保。

在国内，我们可以向花旗银行、渣打银行、平安银行及宁波银行等专门有信用贷款产品的银行进行信用借贷。

而我们在进行信用借贷前，需准备以下一些材料，如图 9-31 所示。

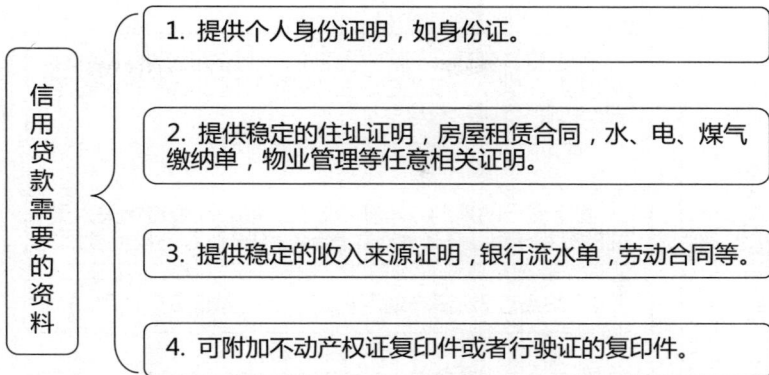

图 9-31　信用贷款需提供的相关资料

9.5　新公司需要的财务管理制度

作为新开创的公司，资金是生命的全部，每一笔资金的动用都必须进行财务管理，而要保证财务工作的顺利，就必须要有相应的财务管理制度。

9.5.1　对流动资产的管理

流动资产具备这样 3 个特点：一是流动资产流动性大；二是占用资金数量具有波动性；三是流动资产的价值一次消耗、转移或实现。

我们在管理过程中，要做到以下几点。

● 做好现金管理，搞好转账结算，以维护企业自身利益，加速资金周转的能力。

● 核定应收账款的成本，并编制出账龄分析科目，估算预计坏账的最小和最大损失，同时计算出坏账准备金。

● 编制好存货计划，作为合理安排储备资金的依据，同时加强存货产品控制，实现以最小的存货投资获得最大的利润。

9.5.2　固定资产的管理

固定资产是公司或企业的资产重要组成部分，我们需要对其构成以及使用情况有清楚的掌握。在管理中需要制定以下一些制度条款，如图 9-32 所示。

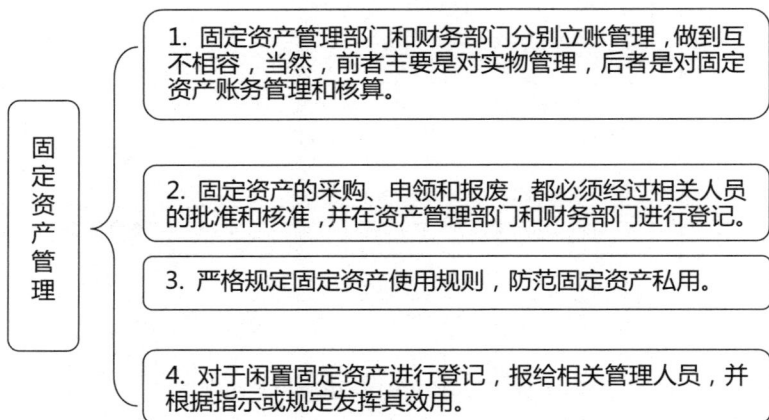

图 9-32　固定资产相关管理

固定资产管理

1. 固定资产管理部门和财务部门分别立账管理，做到互不相容，当然，前者主要是对实物管理，后者是对固定资产账务管理和核算。

2. 固定资产的采购、申领和报废，都必须经过相关人员的批准和核准，并在资产管理部门和财务部门进行登记。

3. 严格规定固定资产使用规则，防范固定资产私用。

4. 对于闲置固定资产进行登记，报给相关管理人员，并根据指示或规定发挥其效用。

图 9-32　固定资产相关管理

9.5.3　成本费用核算管理

经营公司或企业最重要的一条就是成本控制，而要实现成本控制，就必须对各项成本费用进行核算，当然这样的核算不是临时、随意的，它必须按照科学的方法来完成。

因此，我们就可以制定一些管理方法和制度，如图 9-33 所示。

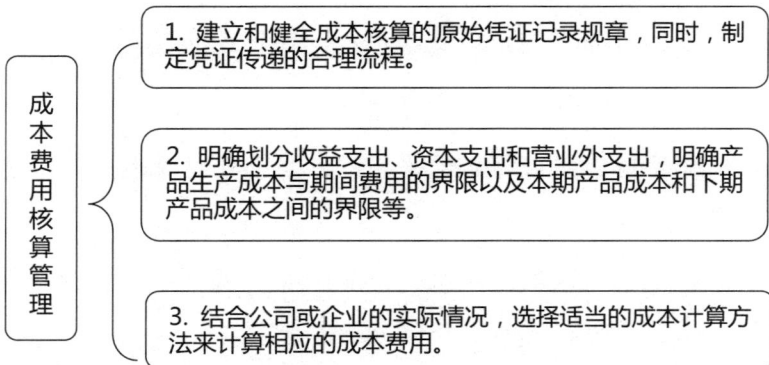

成本费用核算管理

1. 建立和健全成本核算的原始凭证记录规章，同时，制定凭证传递的合理流程。

2. 明确划分收益支出、资本支出和营业外支出，明确产品生产成本与期间费用的界限以及本期产品成本和下期产品成本之间的界限等。

3. 结合公司或企业的实际情况，选择适当的成本计算方法来计算相应的成本费用。

图 9-33　成本核算管理方法和制度

9.5.4　财务报表

对于公司或企业来说，财务报表就是一张晴雨表，直接反映出公司或企业的经营和管理状况，所以，我们必须对财务报表提出要求和制度规定，具体内容如下。

- **数字真实**：财务报告中最基本的要求就是各项数据必须真实可靠，如实地反映公司或企业的财务现状、经营情况以及现金流量等。

- **内容完整**：它是指财务报表应全面地反映出公司或企业的财务状况和经营成果。

- **计算准确**：财务报表中的各项数字计算准确，不仅是对内，对外也必须这样。

- **报送及时**：公司或企业在做出重大决策时，通常要以财务报表中的数据为依据和参考，所以这就要求财务报表必须报送及时，让相应的管理和决策人员得到及时准确的信息。

- **手续完备**：正规和专业的财务报表，无论是对内使用还是向外提供时，均应加具封面、装订成册并加盖公章。而且在封面上注明企业名称、企业统一社会信用代码、组织形式、地址、报表所属年度或者月份、报出日期等，并由企业负责人和主管会计工作的负责人、会计机构负责人（会计主管人员）签名并盖章。设置总会计师的企业，还应当由总会计师签名并盖章。

9.5.5　对财务档案的管理

财务档案是公司或企业的核心档案，不仅因为它归集了所有的财务核算数据，而且还直接关系公司经济利益以及相关负责人的法律责任。

所以，我们必须对财务档案制定出科学严谨的管理制度，来约束和要求相应人员的行为。

下面摘抄的是一段财务档案管理制度。

第一条

财务档案是公司一切商事经营活动在财务核算管理的最终归集。是一个公司档案管理的核心。财务档案保存是否完整直接关系到公司长远的经济利益能否得以保全。财务档案的完整也是公司主要相关负责人最重要的经济法律责任之一。

第二条

为了加强公司财务档案管理和财务监督，确保公司的合法利益，根据《中华人民共和国财务档案管理办法》，结合公司的具体情况，特制定本办法。

第三条

在公司内使用、取得和保管档案的部门和个人，必须遵守本制度。

第二章　会计档案

第四条

会计档案是指会计凭证、会计账簿和会计报表以及其他会计核算的资料，它是记录和反映经济业务的重要历史资料和证据。

第五条　会计档案和范围

会计档案的范围指会计凭证、会计账簿、会计报表以及其他会计核算资料等四个部分。

（一）会计凭证

会计凭证是记录经济业务，明确经济责任的书面证明。它包括自制原始凭证、外来原始凭证、原始凭证汇总表、记账凭证、记账凭证汇总表、银行存款（借款）对账单及银行存款余额调节表等。

（二）会计账簿

会计账簿是由一定格式、相互联结的账页组成，以会计凭证为依据，全面、连续、系统地记录各项经济业务的簿籍。它包括按会计科目设置的总分类账、各类明细分类账、现金日记账、银行存款日记账以及辅助备查簿等。

（三）会计报表

会计报表是反映企业财务状况和经营成果的总结性书面文件，有主要财务反映指标快报，月、季度会计报表、中期会计报表、年度会计报表。涉及资产负债表、损益表、现金流量表、会计报表附表、附注及财务情况说明书等。

第10章

公司管理，执行力也很重要

公司管理可简单将其理解为让员工按照指定的方式和流程来做事，从而完成预定的战略和目标。当然，听起来是非常简单，但在实际上是非常复杂的，其中涉及非常熟悉的名称——执行力，因为我们不仅要让员工执行，而且还希望和要求高效的执行。在本章中，我们将讲解这方面的管理方法，帮助新手更好地管理公司，调动员工的执行力，从而获取理想的效益。

想法再好不如执行到位
完美执行力的五大标准
尊重员工是调动员工积极性的有效方法
多给新员工积极正面的导向
对员工多点激励，员工就多点动力
给管理人员多一点放权，让其发挥最大潜力
在小事上多给员工一些指导和帮助

10.1 管理执行不到位，公司发展没希望

公司或企业在经营中需要各种战略和发展目标作为发展方向，同时，也需要将这些战略和发展目标付诸实践，从而使其落地生根，直到最后实现，否则一切都是空谈。

10.1.1 企业发展慢，根源在执行

有人曾这样说过，企业的成功取决于 5% 的战略和 95% 的执行（即企业成功=5% 的战略+95% 的执行），而这 95% 的执行得以将 5% 的战略实现。

那么，作为公司或企业的经营者，要想让企业发展更健康和快速，必须重视执行力，让整体战略落到实处，真正见到实效。

所以，作为公司或企业的经营者或管理者，一定要注意执行力的建设，并培养这样的土壤，如图 10-1 所示。

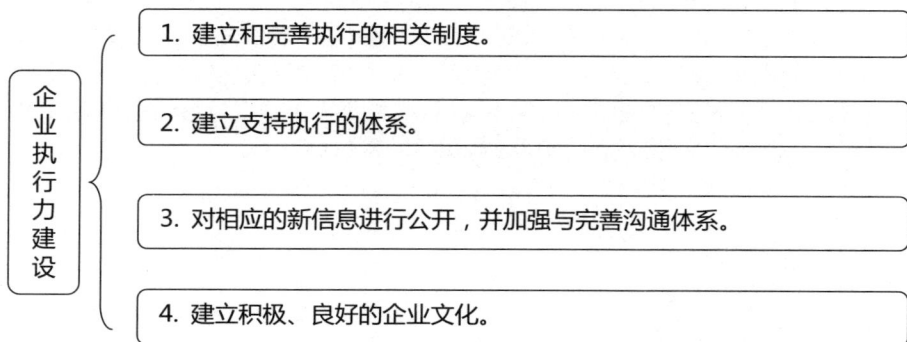

图 10-1　企业执行力建设

10.1.2 想法再好不如执行到位

无论是个人还是企业，光说不练都是不行的，只会是纸上谈兵。要想好的想法成为可能、成为现实，就必须"练"，对于公司或企业来说就是执行。

那么，怎样做到执行到位呢？我们可以进行以下一些操作，如图 10-2 所示。

制定一个清晰的目标，让内部人员清楚知道，这样大家才能找到方向和目标，然后就会心向一处想、劲向一处使，共同努力，将清晰目标作为前提。

目标确定后，就可以将相应的事务和项目进行责任分解授权，让其他人共同完成既定目标和任务。

公司制定的目标是宏观的，到具体实施的微观时，可根据具体的实际情况进行灵活变通，来使目标更加完善和可操作，不能是一成不变。

公司制定的任何目标或战略措施都需要员工来执行实现，所以，制定的目标和战略一定要得到员工的认可和赞同，这样他们才会心甘情愿地去做。

在目标执行过程中，我们可通过鼓舞士气的方式，让他们的热情更高，干劲更足，当然，也就能执行到位。

（图中椭圆：目标 → 授权 → 灵活性 → 认可 → 士气）

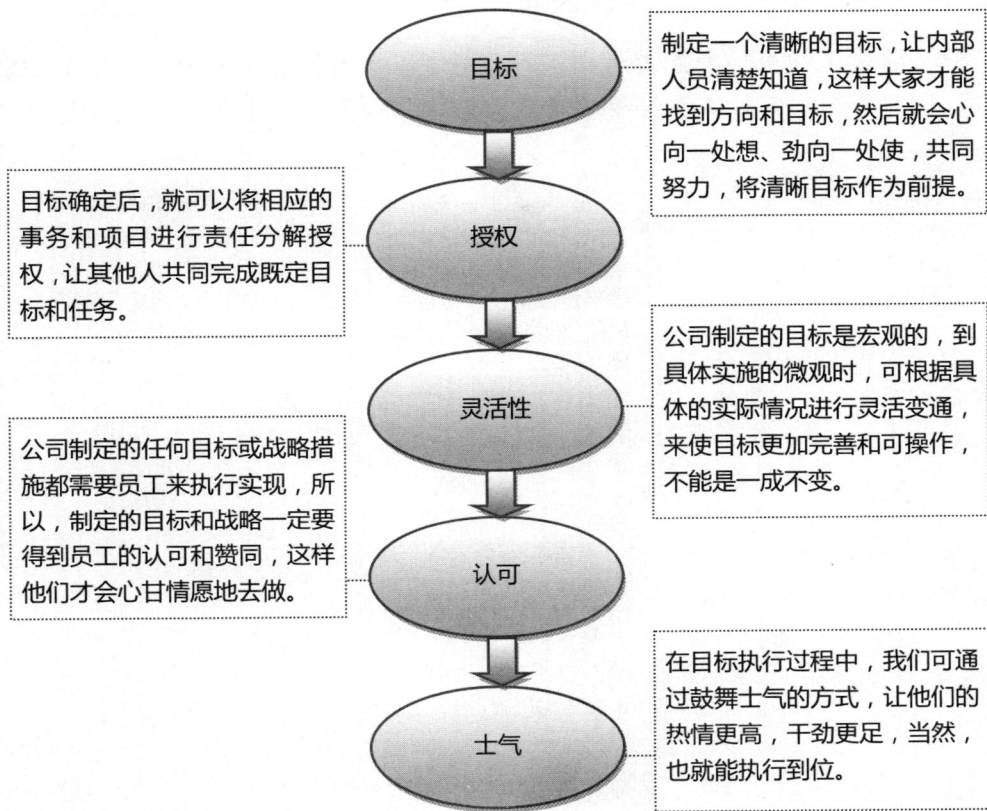

图 10-2　执行到位操作与措施

10.1.3　执行到位就要做到"三位一体"

公司或企业的执行力不是零散的，也不由某一部门决定，而是一个整体的体现。而我们要让企业的执行到位，就必须抓住以下 3 个核心重点，并让它们成为一个有机的整体。

● **正确的战略**：任何事情的执行都需要一个正确的战略，指明正确的方向。

● **战略流程**：将战略目标进行具体分解、安排和计划。

● **执行人员**：对人员进行综合的评估、鉴别和培养，使其符合公司战略的需要。

10.1.4　完美执行力的五大标准

要考核员工的执行力是否达到完美，可用以下五大标准来衡量，如图 10-3 所示。同时也可按照这五大标准来要求执行力。

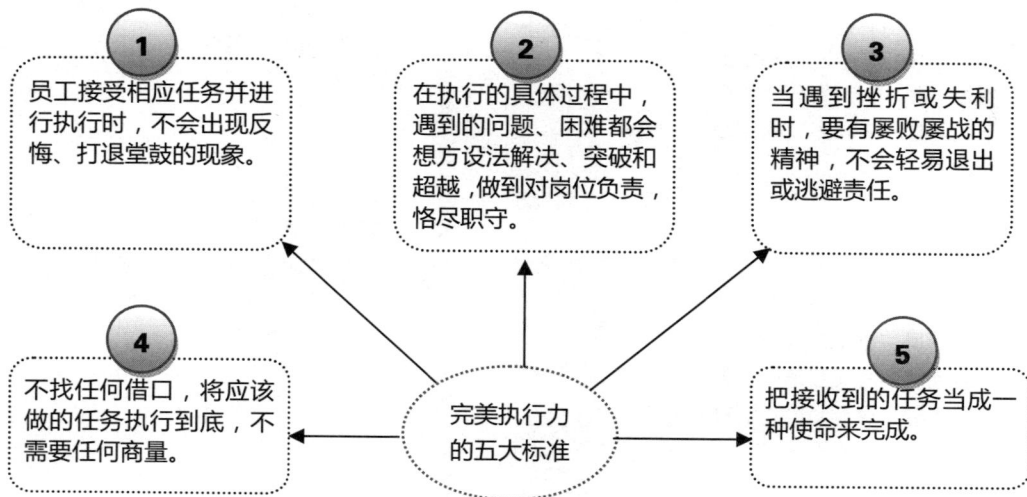

1
员工接受相应任务并进行执行时，不会出现反悔、打退堂鼓的现象。

2
在执行的具体过程中，遇到的问题、困难都会想方设法解决、突破和超越，做到对岗位负责，恪尽职守。

3
当遇到挫折或失利时，要有屡败屡战的精神，不会轻易退出或逃避责任。

4
不找任何借口，将应该做的任务执行到底，不需要任何商量。

完美执行力的五大标准

5
把接收到的任务当成一种使命来完成。

图 10-3　完美执行力五大标准

10.1.5　高层用人观，影响员工执行力

在任何组织或团体中，人都是核心和根本，各种战略思想、方针政策、制度办法必须由人来执行。所以，在用人上，经营者和管理者一定要有正确的观念，这样才不会影响到执行力，具体表现主要有以下几个方面。

● **贤能的管理者**：在公司或企业中，管理者，特别是中层管理者既是领导者，又是执行者，同时连接高层和员工，所以在任用和管理上，一定要任用那些贤能的人才，在高层和员工之间架起一座桥梁，并起到带领和表率的作用。

● **普通员工**：他们是执行力的绝对主体，所以高层要抓好普通员工的队伍建设，培养出符合公司战略发展的员工，同时激发他们的执行力。

10.1.6　既要愿意执行，更要执行到位

经营者或管理者将目标分解到相应的部门和人员时，都希望他们不仅愿意

接受任务并执行，而且更希望他们能够执行到位，这样才能保证战略目标按时按质地实现和完成。

要让员工既愿意接受目标和任务，又要执行到位，我们可以采用以下一些措施，如图 10-4 所示。

强化责任

强化员工责任心，树立责任意识，这样员工在具体的执行中就会用心、细心和尽心，就会积极主动地想方法、出主意，也就不会有任何借口。

奖优罚劣

在执行的过程中，我们在监督的同时要大张旗鼓地奖励那些做得对、做得好、做得出色的员工，让其他人争先效仿，对于那些懈怠、出错或消极的员工进行惩罚。

完善制度和流程

我们可以规范和完善制度，来规范各项任务和目标的操作方式、方法和流程，让大家有章可循，一步一步地执行到位。

沟通到位

在具体执行前，首先应将相应的战略目标和任务详细地与员工进行沟通，让他们心里明白，在执行过程中，对于那些仍然没有明白或没有彻底明白的人员，我们可以再对其进行说明、讲解。这样员工会觉得自己受到重视，从而更加愿意将任务执行到位。

图 10-4　愿意执行且执行到位的方法

10.2　如何提升员工执行力

公司或企业要让员工愿意接受各项任务并执行到位，这是对员工工作最基本的要求，我们要想实现更多的战略目标，获得更多的效益，就必须提升员工的执行力。

10.2.1　清空团队"污水"，调动员工积极性

团队执行力的大小和强弱是团队中所有人的执行能力相加的结果。若团队中所有成员的执行力是正数，则会让执行力显得更强，若其中有执行力是负数，

则会消减执行力。

因此，我们必须清理这些负数的执行力，让其消失或变成正数，不让其再拖整个团队的后腿，或影响其他员工的执行力。这时，我们可以采取以下一些措施，如图 10-5 所示。

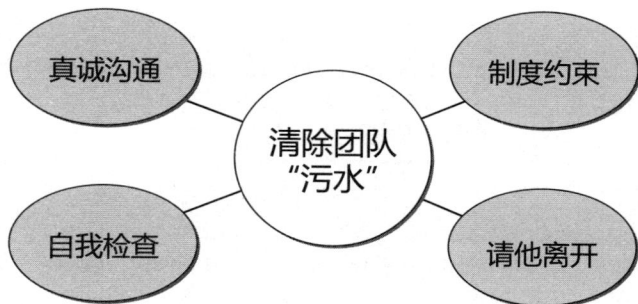

图 10-5　清理团队"污水"常见的方法措施

10.2.2　营造归属感，让员工找回自我价值感

调动员工的工作积极性和执行力最有效的方法就是让其有一种归属感，从内心感到自己是公司或企业的人，从而让其找回自我价值感。

作为管理者或经营者，怎样来营造这种归属感呢？可以参照如下几条措施来执行，如图 10-6 所示。

一	让员工参与一些工作事务的讨论，提高其积极性和存在感，从一种程度上满足其虚荣心，从而起到激励的效果，形成归属感。
二	在一些工作安排上，我们可以让其了解事情安排的背景和原因，有时还可以倾听他们的建议等。
三	培养员工的全局观念，让其了解到自己在当前和未来对公司的作用和位置，从而让其感觉到自己是企业的一部分。

图 10-6　营造员工的归属感

10.2.3　给员工的承诺一定要兑现

信用不仅是个人立身处世的原则，也是管理中重要的原则，它会直接影响员工的工作积极性和对企业的认同感。所以，我们在经营中，不要轻易给员工承诺，一旦承诺，就一定要兑现，不能食言，否则会让员工觉得失望，从而没有继续"跟着干"的心理。

那么，一旦出现承诺不能实现，作为管理人员一定要向员工解释清楚其造成的原因，同时，给予一些同等或超额的补偿。若是制度造成的，则应该建议修改相应的制度。但是管理人员一定不要通过私人的方式来解决，这是一大忌。

10.2.4 高层朝令夕改，人心涣散

我们在制定战略或目标时，一定要谨慎考虑，并在运营过程中认真执行，在执行的过程中可以进行改进和完善，但不能进行随意的更改，出尔反尔，这样会给执行人员造成迷惑，不知道该何去何从，使人心涣散，从而影响执行力和士气。

10.2.5 尊重员工是调动员工积极性的有效方法

作为公司的经营者或管理者，心里应该有这样的观念：员工是我们财富的创造者，我们是靠他们走上成功大道的。我们一定要对员工心存感激、敬畏和尊重。

在工作中，我们不仅要尊重他们的信仰、兴趣、爱好、劳动成果以及对事物无关紧要的看法，而且还要在具体的管理工作中体现出来，如图 10-7 所示。

一	尽量少用指示、命令、吆喝的口吻，不要把员工当作仆人。
二	基本商务礼貌用语可以多多使用，同时，语气要真诚、恳切，少用发号施令的口气和口吻以及态度。
三	集中精力、专心致志地聆听员工或属下的建议，如果可以，将它们记录下来，若有拒绝的，需用委婉的方式把理由说清楚。
四	对待所有的员工和属下要公平，不能偏心，不能被个人感情和其他事物左右。

图 10-7　尊重员工或属下的方法

10.2.6　多给新员工积极正面的导向

新员工作为公司或企业的新鲜血液，对公司或企业并不了解，相当于一张白纸，这时，我们可以通过积极、正面的引导，来将其"塑造"成公司或企业需要的合格员工，同时让其感受到公司或企业对其的关注和重视。

作为管理者，我们可以在工作中采用下面一些措施来给新员工积极正面的导向，如图 10-8 所示。

- 在培训和入职期间，相应人员应向新员工传递公司选人、用人、培养人的积极、正面的观念和有效方法。

- 相应人员必须时刻了解新员工的需求，给予积极帮助和关怀。

- 刚加入的新员工对岗位标准和必要资源不熟悉，可先给予一些简单的任务，帮助其建立工作标准和安全感，再逐步加大难度。

- 新员工入职初期，尽可能多给予肯定和激励，若发现问题，及时提醒并协助其解决。

10.2.7　实现人性化的岗位安排

在管理过程中，对于一些入职时间较长的员工，我们对其有基本的了解，如工作能力、工作态度和综合素质等，就可以根据其业务能力进行岗位的调整和变动，当然这种岗位的变动可以是升迁、平行调动以及部门之间的调动。

其主要目的就是挖掘员工擅长的方面，使人力配置最优，从而出现双赢。对于员工而言，也会发挥其长，同时感受到公司对其的信任和关照，从而更能积极、主动地去执行安排的事项。

【人性化调岗】

小林是一位图书编辑，主要是对文学类方面书籍进行整理编辑，但他工作起来感觉到压力挺大，有时会感到力不从心，时不时因为疏忽造成不必要的错误，但他对计算机硬件方面非常有见解。鉴于这样的情况，公司出于人性化管理的考量，就让其尝试编辑计算机硬件方面的书籍。

通过一段时间的试岗，公司发现小林在目前的岗位比以前工作更顺利，同时效果更好，所以，公司在经过小林本人同意的情况下，将其正式调到计算机硬件编辑岗位上。

小林经调动后工作感觉非常好，而且在很多方面对工作提出了自己的独到见解，并为公司创造了意外效益。

从本例中，可以看出公司的人性化岗位调整管理是正确的，调动了小林的积极性，大大地提高了其执行力。

10.3 深入分析员工个人因素，挖掘员工执行力

在管理员工时，我们可以根据员工的个人因素来挖掘和激发他们的执行力，从而使员工的整体执行力得到提高。

10.3.1 针对虎头蛇尾类型的员工

在团队中，或多或少有一些做事不能有始有终的员工，针对这些虎头蛇尾型的员工，我们可以采用下面一些措施，让其做到有始有终，如图 10-8 所示。

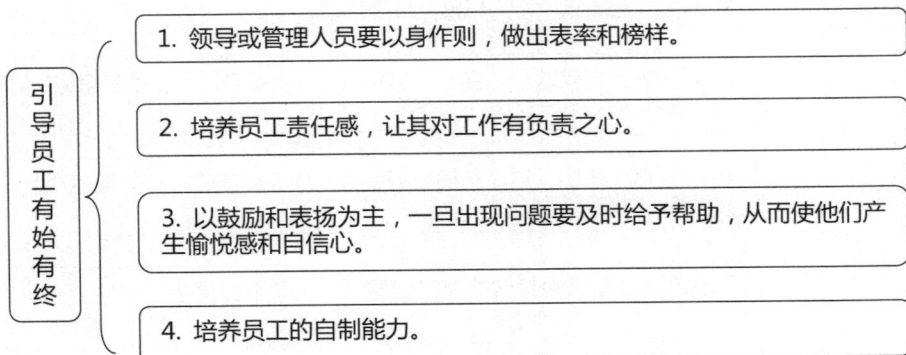

图 10-8 针对虎头蛇尾类型员工的引导方法

10.3.2 针对害怕出错类型的员工

对于那些在工作中缩手缩脚、怕出错的员工，我们要激发其勇气，使其敢放手去做，这样，我们才能将一些"绵羊"变成"狼"，来为公司创造财富和新的效益。

工作中，一般员工害怕犯错可能是因为下面几个原因，如图 10-9 所示。

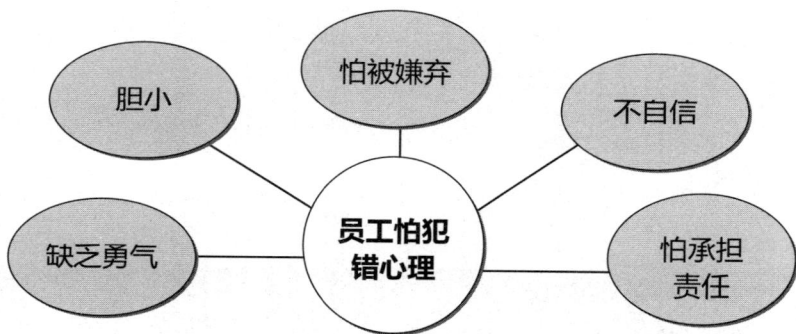

图 10-9　怕犯错员工心理因素

对于员工这种怕犯错的心理，我们可以用下面这样一些措施来引导员工积极工作，如图 10-10 所示。

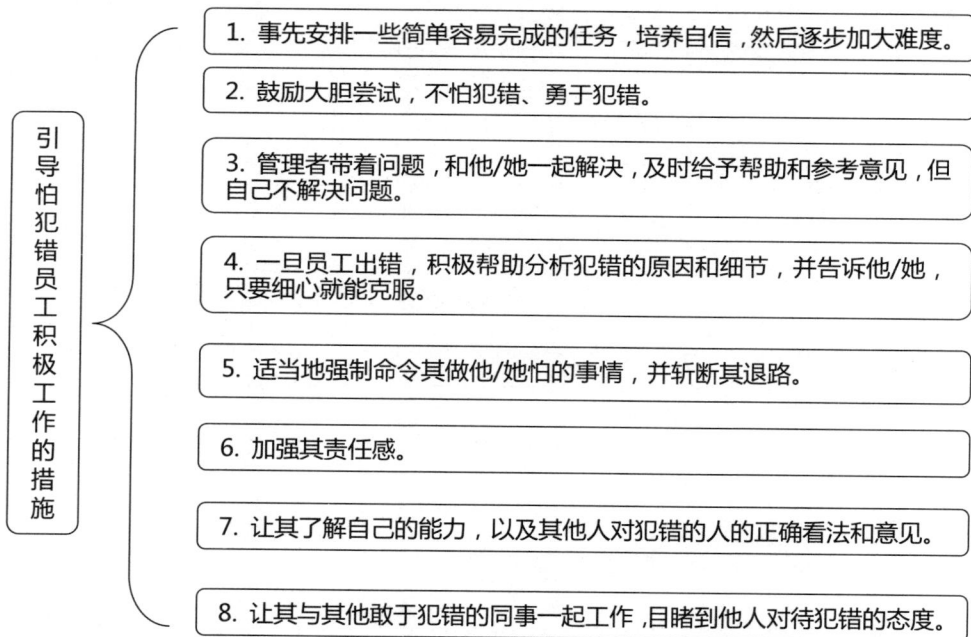

图 10-10　引导怕犯错员工积极工作的措施

10.3.3　针对丧失感觉类型的员工

我们在工作中，时不时会发现一些员工对工作似乎没有感觉，产生消极的工作态度，从而降低工作效率。对于员工产生这样的情绪，我们要积极引导，使其恢复正常的工作状态，因为这种情绪会直接影响执行力。

对于工作丧失感觉的员工，造成他们懈怠工作的因素有如图 10-11 所示的几种。

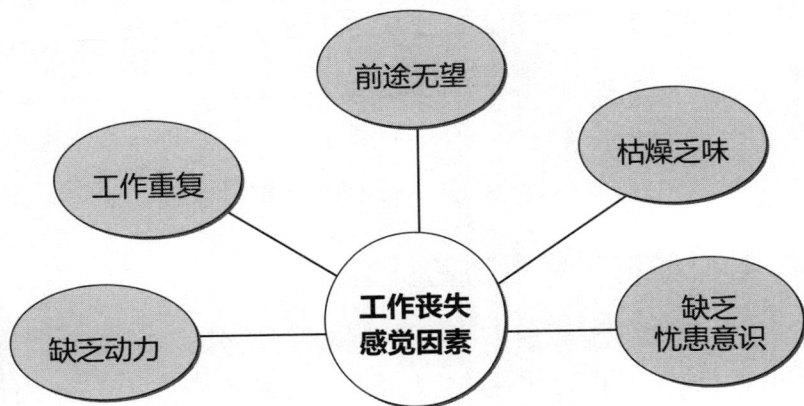

图 10-11　对工作丧失感觉的常见因素

针对工作丧失感觉的员工，我们可以采用下面一些措施来引导其回到工作状态，如图 10-12 所示。

一	明确其岗位职责，用制度进行鞭策和约束。
二	为其安排一些新的临时任务，最好是带有挑战性的。
三	拓展工作业务宽度或调换工作岗位。
四	使用鲶鱼效应调动其积极性。
五	为其规划职业发展方向，给其希望和动力。
六	可临时安排其出差、旅游、休假，调节心情，同时，让其感到公司对其的关心和重视。
七	对其工作进行肯定，并让其多带新入职的同事等。

图 10-12　对工作丧失感觉员工的引导措施

八	客观分析行业情况，让其知道工作岗位的竞争激烈情况，以及生活和换工作的成本等。
九	告诉其工作的目的是学技能，提高自己对外界的认知、对事物的判断、对人生的认识以及让自己拥有学习的能力，而不是单纯地工作挣钱。
十	对于新入职或培训期员工丧失工作感觉的，可将其辞退。

图 10-12　对工作丧失感觉员工措施（续）

10.3.4　针对敷衍了事类型的员工

在管理中，若发现有敷衍了事的员工和情况出现，一定要及时进行引导，不能让其蔓延和扩散，因为这样的工作态度只能吹起"肥皂泡"，不能经过实际的工作考验，这对公司或企业来说是一种潜在的危险，就像地雷一样。

敷衍了事的员工一般具有下面的特点，如图 10-13 所示。

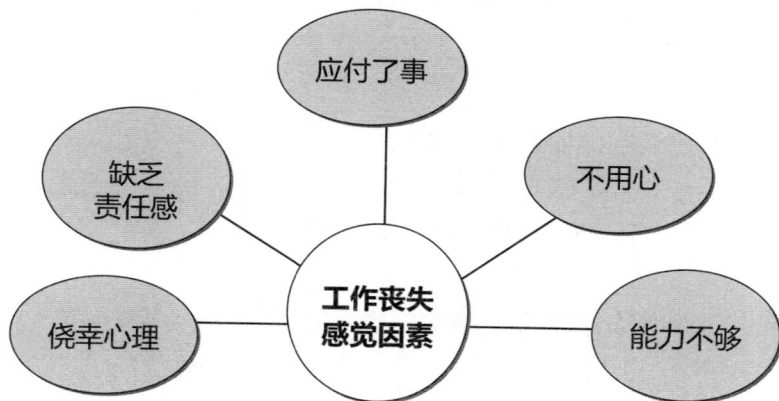

图 10-13　敷衍了事员工具有的特点

针对敷衍了事的员工，我们可以采用下面一些措施，如图 10-14 所示。

| 一 | 让员工明白岗位职责和要求，让其知道做好本职工作是最基本的要求，同时也是必须的，没有商量。 |

图 10-14　引导和解决敷衍了事员工的方法和措施

二	培养爱岗敬业的精神和责任感。
三	奖惩结合，对认真完成的项目进行奖励，对敷衍完成工作的进行惩罚。
四	在安排工作时，将各项任务落实，明确各自的职责以及各项任务的标准要求。
五	对敷衍了事完成任务的，责令其进行整改。
六	与当事人进行真诚沟通，了解其内心想法，然后做出相应的措施。
七	通过一些培训来解决技能上的短板和不足。
八	紧抓工作态度和质量的要求，随时做好督查工作。
九	让员工主动承担起责任，让其心里形成"这是我该负的责任"的意识形态。

图 10-14　引导和解决敷衍了事员工的方法和措施（续）

10.3.5　针对没有团队意识类型的员工

一滴水只有放进大海里才永远不会干涸，一个人只有当他把自己和集体事业融合在一起的时候才能最有力量。

——雷锋

公司或企业就像一架马车，而员工就像带动马车前进的马儿，所以，我们需要的和注重的是所有马儿的整合力量，也只有这股整合的力量才能让马车走得更远和更快。

在公司或企业的管理中，我们要将员工个人的能力进行整合，让其形成一根"绳"，而不是单独的丝。这就要求员工要有团队精神，引导他们加入到团队中去，不能做"独狼"。

我们要让员工加入到团队中，首先应了解这样一些"独狼"的心理因素，如图 10-15 所示，再采取相应的措施。

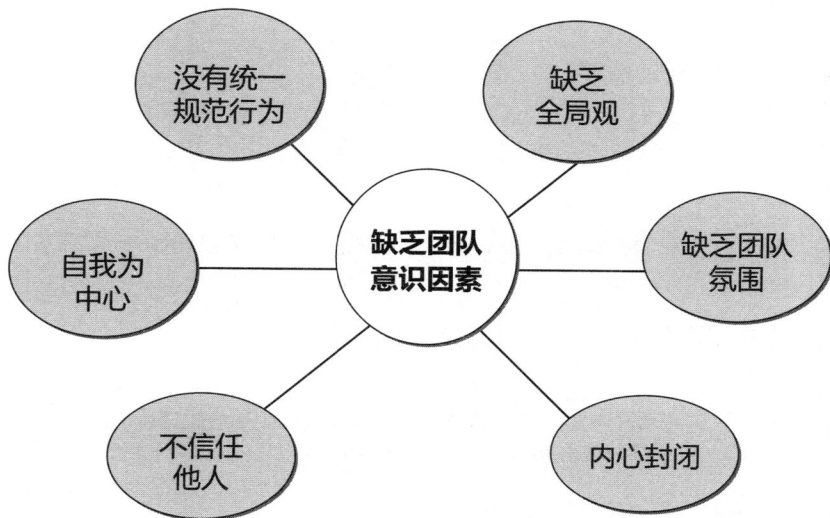

图 10-15　缺乏团队意识因素

缺乏团队精神的团队有以下几种表现。

● 领导和管理能力弱，表率和榜样作用差，没有起到示范作用。

● 对指定的团队目标心存怀疑，担心其不能实现，甚至打退堂鼓。

● 在工作上不开动脑筋，缺乏创新和开拓精神。

● 分工不明确，各自做各自的。

● 揽功诿过，不敢负责，缺乏主人翁精神和意识。

● 存在小团体、小势力。

● 团队内部的消息时常泄露出去。

针对没有团队意识的员工，我们可以采用以下措施，如图 10-16 所示。

| 一 | 创造一个共同的目标、共同的价值观，让员工的向心力、凝聚力来自于团队成员自觉的内心动力。 |
| 二 | 尊重个人的兴趣和成就，让每个人发挥所长。 |

图 10-16　创造团队精神

| 三 | 营造团队氛围，激发员工的精力（Energy）、兴奋劲儿（Excitement）、热情（Enthusiasm）、努力（Effort）、活力（Effervescence）的东西。 |

| 四 | 营造相互信任的组织氛围。 |

| 五 | 建立有效的沟通机制。 |

| 六 | 形成团队自身的行为习惯及行事规范。 |

| 七 | 在组织内慎用惩罚，多用鼓励和奖章。 |

图 10-16　创造团队精神（续）

10.4　提升执行力的几条锦囊妙计

在管理中，除了从系统方面来提升员工的执行力外，我们还可以使用一些锦囊妙计来最大限度提升员工的执行力。

10.4.1　对员工多点激励，员工就多点动力

实行计时工资的员工仅发挥其能力的 20%~30%，而在受到充分激励时，可发挥至 80%~90%。

——哈佛大学教授詹姆士

如果我们把员工比作一辆车，那么除了要给这辆车加足油外，我们还需为其发动机添加润滑油，让这辆车跑得更快。

在管理中，领导者或管理者对员工的激励就是润滑油，所以，为调动员工的积极性和执行力，让其以最好的状态工作，就应该经常对员工进行激励。

常用激励方法主要有下面一些，如图 10-17 所示。

一	奖励他们的成就，并为他们的失败负责。让他们知道你永远站在他们身后，是他们的支柱。
二	为他们的工作提供有效的工具，遇到困难积极提供支持。
三	进行为员工庆祝生日，生病进行探视，对困难家庭进行扶助等情感激励。
四	让他们承担部分合适的责任。
五	在年底的时候，为员工家长发放慰问金和感谢信。
六	倾听员工心声，消除员工心中的怨气，拉近管理者与员工的距离。
七	组织丰富多彩的文体活动以及各种兴趣小组活动，让员工释放压力，增加员工之间感情和对企业的归属感，让员工为公司或企业更加卖力。
八	采用分红的方式，将公司或企业的年利润按规定的一个比率分配给每一个员工，从而让员工知道公司有，我就有；公司多，我就得到更多，从而更加卖力工作，提高执行力。
九	尊重并信任员工，将他们放置在主人翁的位置，让其参与相对应的公司或企业管理和决策，并听取他们的意见。
十	领导和管理人员做好榜样和发挥表率作用，成为他们的榜样和标杆。

图 10-17　常用的员工激励方法

10.4.2　给管理人员多一点放权，让其发挥最大潜力

　　世界上唯一能够影响对方的方法，就是给他所要的东西，而且告诉他，如何才能得到它。

——戴尔&卡耐基

　　我们要让管理员发挥最大的潜力，除了信任和鼓励外，就是放权。让他们

拥有一定的权限来处理事务，这样他们才能很好地处理相应的工作，施展拳脚并展示能力，同时，心里感激公司或企业对其的信任和对能力的肯定。

那么，作为经营者，我们可将哪些权利分放给管理人员，同时，有助于发挥他们的最大潜力呢？如图 10-18 所示。

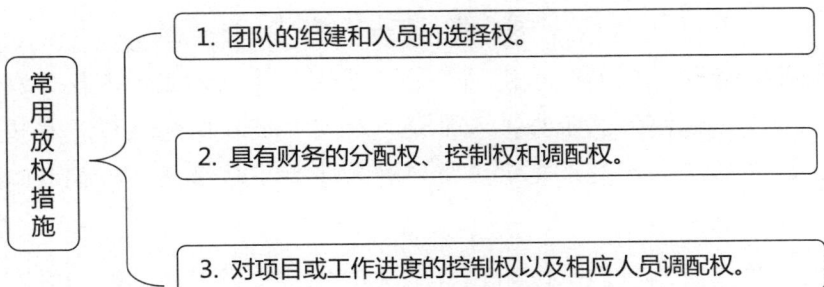

常用放权措施
1. 团队的组建和人员的选择权。

2. 具有财务的分配权、控制权和调配权。

3. 对项目或工作进度的控制权以及相应人员调配权。

图 10-18　常见的放权措施

10.4.3　在小事上多给员工一些指导和帮助

管理员工不是一味地讲原则、纪律和制度，有时我们也应该从人性上做文章，下工夫，也就是用人情味来感化员工。

当然，在工作中，最合适的方法就是在一些小事上给员工一些指导和帮助，让其内心感受到温暖和有依靠。

一般情况下，作为管理者，我们可以在下列一些情况下对员工进行指导和帮助，具体介绍如下。

● 正在从事一项新任务时，恰好自己有更高效的方法时。

● 面临新的选择时，如职业规划、选择、发展时。

● 没有弄清楚工作重点和把握不到方向时。

● 培训刚结束时。

● 没有按照要求和时间规定完成任务时。

● 遇到具体操作上的问题时。

10.4.4 适时给下属"戴高帽"和表扬

从前有一个笑话，大体内容是这样：

一个公关人员到机场去接总部下来的视察人员，并招待他们，临走前，公司内部领导问这位公关人员，你打算怎样来应对这些总部来的视察人员呢？这位公关人员说，我准备了十几项高帽，保证让他们高兴。

内部领导接着说，他们会乐意吗？你还是换成其他方法吧，换作我，我就不希望别人给我戴高帽。这位公关人员说，确实，现在像您这样不希望被人戴高帽，实事求是的正直人越来越少了。内部领导听了后很高兴，就放心地让他去做事了。

在这则小笑话后，我们可以明显看出这位公关人员很巧妙地给内部领导戴了高帽，而让其放心他的工作。

我们作为公司或企业的领导者或管理者，也可适当地为员工戴上高帽，给予表扬，让他们的虚荣心得到满足，从而提高他们的执行力和工作积极性。

那么，在工作中，我们该怎样来为员工戴高帽和进行表扬，让其乐意接受呢？我们可以遵循下面一些原则。

（1）用事实说话

我们在为员工戴高帽和表扬时，一定要用事实说话，不能泛泛而谈，如果好在什么地方、哪些是做得好的，这些下属都不明白，这样只能给下属一种漫无边际或随口一说的感觉。

这样的感觉不仅达不到激励员工的目的，而且还会让人觉得领导的表扬有点虚。

那么，我们在实际操作中，一定要结合事实来让高帽戴在头上，如在上次××的项目中，××同事提出了××的建议，让工作/项目得到很大的进展，为公司创造了价值，真不愧是公司的一员猛将。相比之下，比"××同事的工作做得好，值得大家学习"的高帽，更贴切一些吧。

（2）表扬要发自内心、真诚实意

真诚是我们做事的一个基本出发点，这样才能让人感觉到真实可靠。同样，在为员工戴高帽时，作为管理者，也要出自内心地表扬别人，这样才能更好地唤起员工内心的亲切感和信任感，才会在以后的工作中更加积极地去执行各项工作。

当然，我们要为员工戴高帽和进行表扬前，一定要知道他们的优点在哪里，这样才不至于表扬不知所云。所以，作为管理者，在平时就要了解自己的员工，发现他们的优点。

（3）适度和适中

高帽和表扬一定要讲求适度和适中的原则，如图 10-19 所示，否则就不会达到提高员工执行力的目的。

对象适中

我们在为员工戴高帽或表扬时，一定要把握对象人数的适中，只是表扬那些值得表扬的人员，不能过多，也不能过少。过少则会出现应该被表扬的人没有被表扬，那么这部分人就会心冷，觉得付出是白费的。同样的，过多则会让没有卖力的人觉得原来干没干好是一个样，就会产生钻空子的心态。

标准适中

戴高帽和表扬时，一定要把握度，必须根据相关人员的能力、实际情况来决定表扬的尺度。若过高，则会让人望而生畏，感觉触摸不到，从而失去执行的动力。若过低，则会让人觉得唾手可得，不用努力也行。所以，作为表扬的人，一定要把握好这个度。

次数适当

在一段时间内，我们要看到员工的执行力并确认其在不断地上升，我们可以在不同节点为其戴高帽，让其产生强烈的动力，继续努力。但若多次反复对同一节点或阶段进行表扬，则会让人觉得乏味和不真实，从而导致执行力下降。

图 10-19　适度、适中地"戴高帽"

10.4.5　亲身指导，在共事中让员工感受专业

在管理中，无论是新员工还是老员工，对于一些工作上的事情都可以对其进行亲身指导，帮助他们解决目前面临的疑惑和困难，让其感受到管理人员对其的关心和呵护，在心灵上拉近距离。

同时，让当事人或其他同事感受到管理人员在这方面是专业的、精通的，从而产生一种佩服和依赖感，有助于激发工作激情，提高执行力。

【亲身指导的老张】

老张是一家工作室的老板，他对自己的业务非常熟练和精通，但他不直接参与员工的管理，而是交给一般管理员。但有时候，他会特意对一些员工，特别是老员工的工作进度和情况进行抽查，并帮助当事员工解决一些问题或疑问，有时还会示范一些具体操作等。

这样，无论是新员工还是老员工都对其表示称赞，佩服他的业务能力，同时，由衷地感到这位老板很关心和在意他的员工，从而增加了员工们的凝聚力、执行力和工作动力。